大数据条件下的轨道交通网络化客流组织理论与方法

蔡昌俊　许心越　刘　军　著

科学出版社

北　京

内 容 简 介

本书面向超大规模路网、超大规模客流的运输组织，系统介绍大数据条件下的轨道交通运营数据的融合处理方法、乘客行为挖掘方法、客流预测分析方法、路网状态识别及控制的理论和方法，阐述大数据条件下乘客画像的构建方法、面向大数据的多场景乘客出行行为建模理论、数据驱动的路网状态识别、路网协同限流控制与精准诱导理论和方法。

本书可作为轨道交通专业研究者的参考资料，也可供轨道交通运营管理企业、轨道交通客流管理人员和技术人员参考。

图书在版编目（CIP）数据

大数据条件下的轨道交通网络化客流组织理论与方法 / 蔡昌俊, 许心越, 刘军著. —北京: 科学出版社, 2022.8
ISBN 978-7-03-072605-6

Ⅰ. ①大… Ⅱ. ①蔡…②许…③刘… Ⅲ. ①城市铁路–旅客运输–客流–研究 Ⅳ. ①U239.5

中国版本图书馆 CIP 数据核字（2022）第 103109 号

责任编辑：魏英杰 / 责任校对：崔向琳
责任印制：吴兆东 / 封面设计：陈 敬

科 学 出 版 社 出版
北京东黄城根北街 16 号
邮政编码：100717
http://www.sciencep.com
北京中石油彩色印刷有限责任公司 印刷
科学出版社发行 各地新华书店经销

*

2022 年 8 月第 一 版　开本：720×1000　B5
2023 年 10 月第二次印刷　印张：13 3/4
字数：275 000
定价：108.00 元
（如有印装质量问题，我社负责调换）

前　言

　　随着新技术(5G、大数据等)的快速发展，各大城市纷纷提出智慧轨道交通运营理念(如北京地铁、广州地铁、上海地铁、深圳地铁等)，利用更加丰富和完善的多源信息和服务引导，方便乘客出行，试图解决超大规模轨道交通的客流组织问题。但这些智慧运营成果还处于起步阶段，其有效性尚需验证。特别是，这些多源信息对客流组织的影响效果，以及大数据下的客流组织缺乏相应的理论和方法支撑。

　　面向大数据条件下超大规模路网客流管控优化研究，有助于准确掌握多源信息作用下超大规模超大运量轨道交通乘客出行行为特征和巨量客流的多尺度动态演化机理，揭示乘客出行信息与供需匹配的作用机理，实现客流诱导和客流控制的协同优化，满足乘客的个性出行需求，提升轨道交通的运营水平，促进轨道交通从群体性服务发展为个性化定制的精准服务。这不但对保障超大型城市运行效率具有重要的应用价值，而且对丰富发展智慧轨道交通客流组织理论和方法也具有重要价值。

　　本书从轨道交通客流组织的起源和变化过程出发，在知识结构上循序渐进，在内容表达上深入浅出，注重轨道交通需求管理基本理论的介绍，内容覆盖全面。在叙述原理和方法的同时，以国内超大城市广州市、北京市地铁为例，进行具体实例分析，对大数据条件下的轨道交通需求分析和管理理论方法深入探讨，并对未来大数据下客流组织发展趋势和技术进行展望。每章内容既是轨道交通客流组织理论不可或缺的部分，又是一个相对独立的研究方向，读者在把握整体知识架构的同时，可对感兴趣的部分进行深入研究。

　　本书是作者团队研究成果的总结，相关研究得到国家自然基金面上项目"客流控制下路网供需匹配的协同优化机制研究"(71871012)、国家自然基金青年项目"轨道交通网络的主动型客流控制方法研究"(71601018)、北京市自然基金面上项目"基于数据驱动的轨道交通路网精准客流诱导方法及应用"(9212014)、广州地铁集团有限公司的"新一代线网运营服务规划"等项目和轨道交通安全与控制国家重点实验室的支持。在超大规模路网超大规模运量下，轨道交通运输组织方面，作者团队从理论研究到工程应用方面积累了一系列研究经验。本书旨在介绍大数据条件下轨道交通多源数据的融合、挖掘方法，数据驱动的轨道交通需求分析技术和乘客行为建模理论，实时客流状态的演化、评估理论，以及新技术支撑下的供需匹配理论、应用和实践，可以为在轨道交通运营组织和大数据挖掘研究等领域专业的科技人员提供参考。

本书第一、四、七章由蔡昌俊负责，第二、三、五章由许心越负责，第六章由刘军负责。课题组成员李海鹰教授、蒋熙副教授和王雪琴、糜子越、张可、夏霖琪、徐旭、张亚敏、张安忠、沈钰颖等也为本书的出版提供了很大帮助，在此表示特别感谢。

限于作者水平，书中难免存在不妥之处，恳请读者批评指正。

作 者

目　　录

前言

第一章　大数据条件下轨道交通网络化客流组织理论 ……………………… 1
　1.1　大数据条件下轨道交通网络化客流组织理论框架 ………………… 2
　1.2　国内外综述 …………………………………………………………… 4
　　　1.2.1　大数据条件下的乘客行为特性建模 …………………………… 4
　　　1.2.2　大数据条件下的路网客流预测方法 …………………………… 6
　　　1.2.3　大数据条件下的路网状态识别方法 …………………………… 7
　　　1.2.4　大数据条件下的路网客流控制理论 …………………………… 8
　　　1.2.5　大数据条件下的路网客流诱导方法 …………………………… 9
　　参考文献 ……………………………………………………………… 10

第二章　轨道交通客流大数据挖掘 …………………………………………… 15
　2.1　旅行时间异常分析 …………………………………………………… 15
　　　2.1.1　基于箱线图的标准时间带分析 ………………………………… 15
　　　2.1.2　基于集成算法的旅行时间异常检测 …………………………… 16
　　　2.1.3　案例分析 ………………………………………………………… 18
　2.2　路网客流异常分析 …………………………………………………… 25
　　　2.2.1　基于数据驱动方法的客流模式异常识别 ……………………… 25
　　　2.2.2　客流异常识别案例分析 ………………………………………… 28
　2.3　乘客用户"画像"构建 ……………………………………………… 32
　　　2.3.1　乘客"画像"卡账户指标体系的构建 ………………………… 32
　　　2.3.2　卡账户出行时空分布特征分析 ………………………………… 33
　　　2.3.3　活跃卡账户职住地估计 ………………………………………… 36
　　　2.3.4　案例分析 ………………………………………………………… 36
　2.4　以地理数据为主的多源数据采集 …………………………………… 42
　　　2.4.1　轨道交通站点相关数据及来源 ………………………………… 42
　　　2.4.2　电子地图地理数据采集 ………………………………………… 43
　　　2.4.3　其他数据采集 …………………………………………………… 43
　2.5　本章小结 ……………………………………………………………… 44
　　参考文献 ……………………………………………………………… 44

第三章 基于数据驱动的乘客出行行为分析与建模……45
3.1 基于决策场理论的乘客出发车站选择行为建模……45
3.1.1 决策场理论……45
3.1.2 基于多备择决策场理论封站条件下乘客出发车站选择模型……49
3.1.3 基于极大似然估计的模型参数标定方法……52
3.1.4 案例分析……54
3.2 考虑旅行时间可靠性的乘客出发时间选择行为建模……64
3.2.1 旅行时间可靠性定义……64
3.2.2 基于可预测性的旅行时间可靠性度量方法……65
3.2.3 考虑旅行时间可靠性的乘客出发时间选择模型……70
3.2.4 案例分析……77
3.3 拥挤大客流下具有反向行为的乘客路径选择行为建模……85
3.3.1 乘客反向乘车行为分析……85
3.3.2 乘客两阶段选择行为模型……85
3.3.3 基于高斯混合分布的贝叶斯模型……89
3.3.4 参数标定算法……91
3.3.5 案例分析……92
3.4 本章小结……96
参考文献……97

第四章 面向大数据的轨道交通客流预测方法……99
4.1 面向土地利用数据的轨道交通进出站量预测方法……99
4.1.1 候选变量的探索回归……100
4.1.2 站点客流量预测结果……105
4.2 基于图卷积神经网络的短时客流预测……107
4.2.1 短时客流的时空图卷积预测方法……108
4.2.2 案例分析……111
4.3 客流控制下轨道交通出站量预测方法……118
4.3.1 基于动态径向基函数的出站量预测模型……118
4.3.2 数据集……122
4.3.3 案例分析……125
4.4 封站场景下轨道交通进出站量预测方法……134
4.4.1 封站场景下客流预测方法……134
4.4.2 案例分析……137
4.5 本章小结……151
参考文献……151

第五章　面向数据驱动的轨道交通路网状态识别方法 ·················· 153
5.1　基于谱聚类的路网能力瓶颈识别方法 ····························· 153
5.1.1　轨道交通拓扑网络构建 ··· 153
5.1.2　车站评价指标选取 ·· 154
5.1.3　基于换乘网的车站拥堵识别模型构建 ···························· 154
5.1.4　拥堵识别模型求解流程 ··· 155
5.1.5　案例分析 ·· 156
5.2　基于密度聚类的轨道交通路网状态识别方法 ······················· 162
5.2.1　路网状态评价指标构建 ··· 162
5.2.2　基于历史数据的路网评价指标分级 ······························· 163
5.2.3　基于 KNN 算法的路网状态评估 ·································· 167
5.2.4　案例分析 ·· 167
5.3　基于密度聚类的轨道交通关键车站状态识别方法 ·················· 169
5.3.1　车站状态评价指标构建 ··· 169
5.3.2　关键车站识别流程 ·· 170
5.3.3　基于密度聚类形成关键车站区域 ·································· 170
5.3.4　基于线性回归验证车站关联度分析有效性 ······················· 172
5.3.5　案例分析 ·· 172
5.4　本章小结 ··· 182
参考文献 ·· 182

第六章　基于强化学习的轨道交通路网协同限流方法 ····················· 183
6.1　城市轨道交通路网协同限流模型建立 ································ 183
6.1.1　符号定义 ·· 183
6.1.2　模型假设 ·· 184
6.1.3　目标函数 ·· 184
6.1.4　约束条件 ·· 184
6.2　城市轨道交通路网协同限流模型求解 ································ 187
6.3　案例分析 ··· 190
6.4　本章小结 ··· 193
参考文献 ·· 194

第七章　数据驱动的轨道交通精准诱导方法及系统 ······················· 195
7.1　城市轨道交通路网精准诱导理论 ····································· 195
7.2　路网精准诱导信息生成方法 ·· 196
7.2.1　诱导信息内容生成方法 ··· 196
7.2.2　诱导信息展现形式确定方法 ······································· 197

7.3 路网精准诱导信息发布方法 ·· 199
 7.3.1 诱导信息发布时空范围确定 ·· 199
 7.3.2 个性化诱导信息发布方法 ·· 201
 7.3.3 个性化诱导信息发布优化 ·· 203
7.4 广州地铁多场景下客流精准诱导信息系统 ······························ 205
 7.4.1 系统体系结构设计 ··· 205
 7.4.2 系统关键功能服务描述 ··· 206
7.5 本章小结 ·· 209
参考文献 ·· 209

第一章　大数据条件下轨道交通网络化客流组织理论

随着城市轨道交通线网的拓展与延伸，网络通达性增强，城市轨道交通从可选项逐步发展成市民出行的必选项。截至 2020 年底，全国(不含港澳台)共有 45 个城市开通城市轨道交通运营线路 233 条，运营总长度达 7918.79 公里。以北京为例，2019 年全年累计完成客运量 39.6 亿人次，每天的平均运量超过 1100 万人次，客流强度超过 1.8(客运量/运营里程)。特大城市依靠大规模修建地铁线路新增的路网运力远不能满足客流的剧增，高峰时段部分线路及车站能力不足已成为北京、上海、广州等大城市地铁运营的常态。因此，如何组织超大规模轨道交通路网的客流已经成为地铁管理者迫切需要解决的关键问题。

随着新技术的快速发展，在互联网+、物联网、大数据、云计算等科技不断发展的背景下，城市轨道交通数据爆炸式增长，5G 网络作为新型基建的底层技术，为整个信息基础设施建设带来革命性转变，给轨道交通智能化升级、海量数据资源连接带来新的基础能力。各大城市纷纷提出智慧轨道交通运营理念。广州地铁将精准把握新一代技术发展方向，利用多层领域感知、人工智能、移动互联、主动协调等技术，聚焦智慧服务、智慧运行等领域，推进轨道交通网络向网联化、协同化、智慧化发展。上海地铁提出基于 5G 技术的城市轨道交通智慧运营服务体系，从多源数据采集与自由流转的数字化，逐渐升级到数据价值流动的智能化，以及进一步创造经济与社会价值的智慧化三化升级路线，最终实现新技术、新生态合作共筑下的业务智能联动、资源智慧匹配。同时，利用更加丰富、完善的多源信息和服务引导、方便乘客出行，试图解决超大规模轨道交通的客流组织问题。但这些智慧运营成果还处于起步阶段，有效性尚需验证。特别是，这些多源信息对客流组织的影响效果缺乏相应理论和方法的支撑。

面向超大规模轨道线网乘客出行行为特征和巨量客流演化规律问题，既有研究在多场景个体、群体行为的变化机理(如极端拥挤乘客反常和突发下乘客超常行为)刻画等方面可能失效。同时，超大规模轨道线网存在非受控和受控两类客流，即兼具道路客流的随机性和铁路客流的确定性(人、路、列车的匹配)，导致这些多尺度(点线网不同层次)客流的演化机理难掌握。此外，既有的轨道线网供需匹配方法难以适应服务和不均衡需求的要求，无法实现超大规模轨道线网的精准供需匹配。

综上所述，在交通强国战略及轨道交通一体化(如粤港澳大湾区、京津冀等)

运营背景下，准确掌握多源信息作用下超大规模超大运量轨道交通乘客出行行为特征及巨量客流的多尺度动态演化机理，揭示乘客出行信息与供需匹配的作用机理，实现客流诱导和客流控制的协同优化，满足乘客的个性出行需求和提升轨道交通的运营水平，促进轨道交通从群体性服务发展为个性化定制的精准服务，不但对保障超大型城市运行效率具有重要的应用价值，而且对丰富发展智慧轨道交通客流组织理论和方法也具有重要价值。

1.1 大数据条件下轨道交通网络化客流组织理论框架

针对轨道交通线网多源运营数据复杂，乘客反常、超常行为识别难，需求把握不准和供需匹配粗放等问题，本书研究超大规模、超大运量轨道线网下客流大数据分析、乘客出行行为决策、需求演化和供需匹配评估机理的科学问题，提出超大规模轨道线网的多场景乘客出行行为建模、多尺度客流演化和不均衡供需匹配理论和方法。

第二章从宏观和微观角度进行轨道交通客流大数据挖掘。在宏观分析方面，面向城市轨道交通自动售检票(auto fare collection, AFC)数据的旅行时间异常分析，首先提出标准时间带构建方法，并以正常的出行时间范围为标准消除异常数据。然后，提出基于集成算法的旅行时间异常检测算法，识别封站时段旅行时间异常的客流量。在路网客流量异常分析方面，提出识别封站情况下异常的地铁车站进站客流的方法。最后，介绍面向地理数据的多源数据采集方法，包括城市全域的住宅小区数据、建筑面积数据、轨道站点路网可达性数据，以及路网密度数据等，从微观角度对乘客个体进行深入分析挖掘，构建乘客用户画像体系，以满足不同的运营组织需求。

第三章阐述数据驱动的乘客出行行为分析和建模方法。首先，建立封站条件下乘客出发车站选择行为模型；研究不同客流特征的旅行时间可靠性，基于累积前景理论建立考虑旅行时间可靠性的乘客出发时间选择模型；对拥挤大客流情况下的乘客乘车班次比例、拥挤大客流情况下的乘客反向乘车行为、拥挤条件下的路径选择行为进行研究，并对提出的模型进行验证。

第四章提出面向大数据的轨道交通客流预测方法，解决多场景、多粒度、高精度客流预测的问题，包括面向土地利用数据的轨道交通进出站量预测、时空短时客流预测、客流控制下轨道交通出站量预测和封站场景下轨道交通进出站量预测方法。在面向土地利用数据的轨道交通进出站量预测方法中，提出一种新的融合循环门控单元的图卷积网络(graph convolutional networks and gate recurrent unit, GCGRU)模型精准预测轨道交通的短时客流。该模型可以通过循环门控单元提取时间特征，通过图卷积网络(graph convolutional networks，GCN)提取空间特征，具有较好的精度和可解释性。同时，为了解决客流控制下的客流预测问题，我们提出利用列车时刻表、客流、客流控制数据对车站出站流量进行预测的神经网络模型。该模型对调整客流控制策略、缓解拥堵问题具有重要意义。在封站场景下的轨道交通进出站量预测方法中，我们提出基于新的封站情况下的轨道交通客流预测方法。与其他机器学习(machine learning，ML)模型相比，该方法预测精度较高，能较好地预测封站情况下轨道交通客流的情况。

第五章提出面向数据驱动的轨道交通路网状态识别方法，建立车站拥堵的评估指标。通过轨道交通路网、车站的历史数据对路网和车站状态分级，并结合预测交通状态评价指标判别路网预测状态的拥挤等级。根据 OD (origin destination)量对车站进行关联度分析，形成关键区域，进一步识别关键车站。

第六章提出基于强化学习的轨道交通路网协同限流方法，深入探讨线网各车站协同客流组织的机理，明确各车站的关联和互动关系，构建适应超大规模路网拥挤客流管控的求解模型和算法。

第七章针对供需匹配不平衡，介绍数据驱动的轨道交通精准诱导方法及系统。具体而言，提出乘客出行前、中、后过程中结合乘客画像的精准诱导信息发布策略，提出基于 Q-learning 的结合乘客偏好的诱导信息发布优化方法。

本书在新技术条件下开展超大规模轨道客流组织研究，具有如下科学意义和应用价值。

(1) 探索超大规模轨道线网乘客反常和超常行为的作用机理，围绕超大规模线网服务失效下乘客行为机理未知的科学问题，提出考虑乘客旅行时间可靠性的乘客出发时间选择行为模型，封站场景下基于决策场理论的乘客出发车站选择行为模型，反向乘客及其反常行为的分析理论和突发情况下乘客超常行为决策方法，解决超大规模、超大运量轨道线网极度拥挤和突发情况下的乘客轨迹估计不准确、断面客流量估计不准的难题。

(2) 围绕受控和非受控客流在超大规模轨道线网的演化机理难掌握的难题，构建满足多场景(包括平日、客流控制、大型活动等)、多尺度的短时客流预测方法，克服外部因素考虑少和预测结果可解释性差的缺点，实现线网客流的精准估计，弥补既有研究估计不准确的缺陷。

(3) 面向轨道交通路网和车站状态数据多、阈值难以确定的问题，提出基于数据驱动的聚类分级方法，解决海量数据的挖掘和点线网状态的内在关系挖掘等难题，利用数据驱动方法构建路网关键车站时空关联度的分析和计算方法，为进一步高效协同客流组织提供支撑。

(4) 提出能力受控下的轨道交通区域多站协同限流方法和考虑实时信息作用的诱导策略优化方法，深入刻画限流策略、诱导策略与乘客行为、线网客流状态演化之间的互馈关系，开创满足不同服务需求的超大规模线网不均衡运输组织理论，实现大规模线网的精准复合客流组织理论。

(5) 尝试解决长期以来轨道交通领域无法高效利用多源信息进行客流组织的难题，在提高轨道交通运营效率、乘客出行服务品质等方面带来间接的社会及经济效益。

本书涉及的多场景、多尺度需求和新技术+轨道交通客流组织是各轨道交通企业响应国家新技术在行业应用战略，构建智慧地铁迫切需要掌握的基础理论。

1.2 国内外综述

1.2.1 大数据条件下的乘客行为特性建模

结合本书研究的目标和内容，主要总结实时感知下的乘客出发车站、出发时间及路径选择行为的变化规律。

地铁乘客出行时间和出发车站选择行为的研究正在日益兴起，建模方法主要有多项 logit(multinomial logit, MNL)模型、交叉嵌套 logit(cross nested logit, CNL)模型等离散选择模型[1]。Thorhauge 等[2]考虑出行者时间的灵活性因素，基于混合 logit 模型构建出行时间选择模型。Li 等[3]研究高峰时段乘客的出发时间选择行为，采用两阶段控制函数方法构建解决价格内生性的乘客出发时间选择行为模型，分析社会经济和乘客个体特性对不同乘客的出发时间影响，为早高峰制定个性化的需求控制策略提供理论依据。乘客路径选择行为方面的研究相对较多，常见的方法有数学建模和数据挖掘两大类。Fosgerau 等[4]采用 MNL 模型描述乘客的路径选择问题，并在大规模地铁网络应用中验证。Raveau 等[5]考虑换乘主观感知、列车拥挤程度、网络拓扑和社会人口因素构建基于地铁网络的乘客路径选择 logit 模型，结合伦敦地铁和圣地亚哥地铁数据对模型参数进行校验和比较分析。Mai 等[6]在此基础上进一步构建动态规划的方法，解决大规模路网下的路径选择问题，并以嵌套 logit(nested logit, NL)模型为基准验证模型算法的有效性。近年来，数据挖掘方法成为乘客行为研究的热点。Kusakabe 等[7]通过构建朴素贝叶斯概率模型估计乘客的出行行为特性，特别是出行目的的挖掘分析。Minseo 等[8]利用贝叶斯方法和马尔可夫链蒙特卡罗法估计乘客选择路径行为。Xu 等[9]考虑列车拥挤程度对乘客路径选择的影响，建立乘客出行选择行为的 logit 模型，并利用 AFC 数据、列车时刻表和满载率数据进行建模的参数标定。然而，这些研究乘客出行行为的模型均未考虑动态信息对乘客的影响，利用感知信息研究地铁乘客出行行为还处于起步阶段。

信息感知对出行者行为影响的研究在轨道交通领域不多,大多集中在道路和公共交通领域。很多研究都假设每名出行者可以根据收到的信息自动做出理性的选择。然而,个体并不总是采纳或服从收到的信息,只有一小部分乘客的出行路径是按照信息建议选择的[10,11]。近年来,Ben-Elia 等[12]使用混合 logit 模型研究道路旅行时间的不确定性和信息的准确性对驾驶员路径选择的影响。van Essen 等[13]从个人和路网系统角度综述出行信息对出行者行为的潜在影响,并重点强调有限理性和非自私行为在路径选择和信息反馈中的作用。对基于道路的先进出行信息系统,不少学者也进行了相关研究。Dell'Orco 等[14]提出一种基于模糊数据融合的驾驶员动态选择行为模型,根据当前网络状况动态模拟用户对旅行时间变化的感知。Ma 等[15]利用强化学习和贝叶斯学习构建出行者的日常路径选择模型,考虑内在的信息系统可靠性、外在的多源信息、用户历史经验,以及心理因素。案例结果表明,信息系统的可靠性越高,出行者越遵循系统的路线推荐。

随着互联网和移动大数据的发展,利用社交媒体和智能手机第三方应用程序(application,APP)进行道路相关信息感知的研究也相继出现。Rashidi 等[16]综述了如何将社交媒体的各种资源和数据用于分析乘客出行特性,如出行目的、出行方式、活动时间、目的地选择,以及社会属性等。Zhang 等[17]基于社交网分享的实际路线旅行时间、每条路线选择的数量和百分比等因素构建融合累积预期理论和朋友社交互动信息的乘客路径选择学习模型,探讨社交互动信息对道路通勤者日常路径选择的影响机理。这些新技术在道路和公共交通领域的乘客行为研究中进行了很多卓有成效的探索和应用,可以为轨道交通领域信息感知下乘客的出行行为研究提供宝贵的方法借鉴。

综上,既有的地铁乘客出发时间(车站)选择模型大多考虑旅行时间、拥挤程度、上班时间、票价等因素,对路网运能配置等内在因素也有一定的研究,但这些因素大多基于历史数据进行量化分析,缺乏对动态实时感知信息的研究。特别是,缺乏对客流诱导等感知信息如何影响乘客出发时间(车站)行为进行建模和标定。同时,对客流控制和客流诱导下不同路径的时空可达性及效用动态变化研究不足,特别是早高峰时刻因为无法上车,地铁乘客做回头车,以及乘客如何响应实时信息进行路径重规划问题。因此,如何考虑实时信息反映的多方面动态因素对乘客行为的影响机理,动态刻画分级客流管控下乘客出行全过程各环节的感知体验和出行效用,构建适应拥挤绕路、封站避让等实时信息感知下的地铁乘客出行选择模型,并利用 AFC、时刻表、清分、APP 轨迹和路网实时运营信息等海量数据标定模型的相关参数,是未来研究的重点和关键。

1.2.2 大数据条件下的路网客流预测方法

地铁以其运量大、速度快、可靠性高等运行特点，已成为人口密集大城市的首选交通方式[18]。我国城市轨道交通建设快速增长，诱发了客流急剧上升[19]、轨道交通拥挤、服务质量降低等问题。因此，如何分析管理地铁客流，特别是把握客流的短时变化规律已成为运营管理者提高地铁运行效率、缓解拥堵、提高服务质量等[20]迫切需要解决的问题。

地铁客流短时预测方法主要分为经典的统计模型和ML模型。经典的统计模型主要包括自回归综合移动平均(autoregressive integrated moving average，ARIMA)模型和指数平滑模型[21]。Ni等[22]将线性回归和ARIMA模型相结合，对纽约地铁的短期客流进行预测。Williams等[23]基于季节ARIMA模型预测交通流量。然而，这些统计方法大多属于线性时间序列模型，无法捕捉客流的非线性演化，短时客流预测的误差较大[24]。

为解决这一非线性预测难题，ML方法应运而生。该方法包括支持向量机(support vector machine，SVM)、贝叶斯网络、K最邻近(K-nearest neighbor，KNN)、人工神经网络(artificial neural network，ANN)等。例如，Sun等[25]提出一种小波-SVM混合方法对北京地铁系统的换乘客流进行预测。Roos等[26]提出一种利用不完整历史观测数据预测短期客流的动态贝叶斯网络方法。Li等[27]提出用径向基函数(radial basis function，RBF)神经网络预测单站客流。然而，所有这些模型都基于浅层结构，无法捕获大数据中的复杂非线性关系[28,29]。

近年来，循环神经网络、长短期记忆网络(long short term memory network，LSTM)、门控递归单元(gated recurrent unit，GRU)神经网络和卷积神经网络(convolutional neural networks，CNN)等在捕捉时空关系方面具有优越的性能，受到广泛重视[30,31]。在时间预测方面，循环神经网络利用输入序列和时间步长之间的连续反馈获得时间相关性。LSTM和GRU神经网络可以处理比循环神经网络更长的序列，同时可以借助门控机制解决循环神经网络中的梯度消失和梯度爆炸问题[32]。在空间预测方面，由于参数共享机制和连接稀疏性，CNN具有很好的空间信息特征。因此，结合LSTM、GRU神经网络和CNN进行客流预测可以同时分析客流的时空特征。

移动大数据时代，利用历史数据和ML方法对交通状态的动态估计和预测研究逐渐兴起。Zhu等[33]利用马尔可夫链构建期望最大化(expectation maximization，EM)的交通状态预测模型，并验证该方法的预测效果。Antoniou等[34]基于数据驱动方法研究道路交通状态的动态估计和预测技术，提出弹性可扩展的分类区域交通流状态估计和预测方法，并用案例验证该方法比传统方法的性能更好。Polson等[35]提出短时客流预测的强化学习方法，研究客流状态在自由交通流、恶化、恢复和拥挤的时空转移关系,给出正常和突发事件下短时客流状态的预测方法。

然而,上述相关研究主要集中在道路领域,虽然近年来有部分学者在轨道交通领域进行了有效地探索,但利用历史数据研究轨道交通领域客流状态估计和预测的很少。例如,Shang 等[36]通过拉格朗日观测值和欧拉观测值相结合的方法估算客流状态,通过关键节点乘客数量和出行轨迹的计算,评估网络时变的拥挤水平,并以北京地铁网络为例进行模型和算法的验证。

1.2.3 大数据条件下的路网状态识别方法

轨道交通网络客流状态识别与评估方面的研究较多,但这些研究大多采用某些指标进行分析,缺乏对状态评价指标的定量分析,以及对历史数据的挖掘和分析。Sun 等[37]基于复杂网络理论研究地铁能力瓶颈的识别和评估方法,考虑路网运营状态和网络结构,给出地铁关键车站识别的具体流程。Wang 等[38]基于扩展卡尔曼滤波和多种交通监测的算法对高速公路网络进行状态评估、旅行时间的评估和排队长度的评估。Hiribarren 等[39]在 LWR(Lighthill-Whitham-Richards)交通流理论的基础上,利用全球定位系统(global positioning system,GPS)获取某路段下车辆运行轨迹数据,提出道路交通主干道状态评估的方法。Hashemi 等[40]采用闭环滚动框架,基于交通网络仿真模型和启发式搜索算法,对当前网络状态评估,并提出路网性能提升的方法。张雷元等[41]在总结分析现有研究的交通状态评价指标和方法的基础上,利用加权平均法综合计算干线通行状态的综合评价指数,并根据指数值确定对应的通行状态等级。王志建等[42]提出主成分分析和基于时间序列数据预测相结合的模糊综合评价方法,并对区域路网的拥堵状况进行评估。肖雪梅[43]以路网拓扑结构为基础,通过建立城市轨道交通动态有向加权的路网模型与运输网模型,分析城市轨道交通网络化的运营风险,提出对城市轨道交通网络化运营中关键区间和车站进行识别的方法,并基于逼近理想值的排序方法(technique for order preference by similarity to an ideal solution,TOPSIS)与灰色关联分析的方法建立网络化运营安全状态的时序动态综合评价模型,利用相对贴近度对不同时段网络化运营的安全状态进行评估。李俊辉等[44]基于概率神经网络构建车站客流安全状态的评估模型,并利用 VISSIM 仿真车站客流的运行状态,获取站台拥挤度、平均客流速度和车站客流承载度等评价指标的数据。王梓[45]融合由传统结构化数据形成的安全数据指标和 ML 技术,从新的角度综合评价轨道交通安全的状态,并在轨道交通安全评价指标的基础上利用 SVM 对轨道交通安全进行综合评价,建立基于 SVM 的轨道交通安全综合评价模型。马莉[46]在对轨道交通枢纽客流状态理论分析的基础上,基于熵理论在行人系统评估方面的适用性,构建以顺畅、均衡和稳定程度作为准则层的轨道交通枢纽客流评估指标体系。黄雅坤[47]在分析城市轨道交通运营网络安全的基础上,提出基于城市轨道交通网络化运营的安全影响要素评价指标体系,并建立运营安全网络的模型,利用熵值法和模糊综合评价的方法对城市轨道交通运营网络安全进行评价。孙晓亮[48]基于交通流数据对交通状态指标进行计算,并利用模糊聚类和模糊综合评价的方法对路网交通状态进行评价。孙世炜[49]通过构建路网评价指标并利用系统聚类的方法确定指标的阈值,评价路网的拥挤水平。在拥挤路网的基础上,他们又构建了关键车站识别指标,对拥挤路网中的关键车站进行识别,并利用熵权-TOPSIS进行综合评价。

近年来,利用历史数据和强化学习方法对交通状态动态估计的研究逐渐兴起。Ma 等[50]基于数据驱动方法研究道路交通状态的动态估计技术,提出弹性可扩展的分类区域交通流状态估计方法,并用案例验证该方法,比传统方法的性能更好。Lee 等[51]基于历史运营数据研究高密度铁路系统的晚点原因,利用 C4.5 方法构建晚点原因的决策树,并基于潜变量分析识别关键因素,最后给出列车运行图调整的方法。Quan 等[52]从客流的通畅舒适度和设备利用水平两个方面选取城市轨道交通车站运营状态评估的关键评价指标,基于模糊 C 均值(fuzzy C-means, FCM)聚类方法识别车站评价指标的分级阈值,并利用模糊综合评价方法对城市轨道交通车站运营状态进行评估。

1.2.4 大数据条件下的路网客流控制理论

既有的地铁单站和多站的客流控制研究较多。王淑伟等[53]提出针对轨道交通站点的超大客流管控线性规划模型,并进行仿真验证。Xu 等[54]研究不确定客流需求下单个车站的客流组织问题,给出面向进站、出站和换乘客流的三种不同的限流策略生成方法。近年来,多站协同限流的研究已逐渐成为趋势。Xu 等[55]提出单线多站协同限流方法,但未考虑乘客路径选择的动态变化,无法真实反映路网中的动态客流情况。Jiang 等[56]对多线协同限流进行了初步研究,但对限流策略与客流时空分布的动态反馈机理未能提出定量描述。石俊刚等[57,58]通过建立有效的双目标整数线性规划模型刻画客流控制过程,以期望所有相关车站的总乘客等待时间和乘客积累风险最小化。目前,考虑实时信息对轨道交通路网客流控制的研究还不多。Paz 等[59]通过实时信息化的路网控制策略提高车辆系统的性能,提出一种基于模糊控制的方法确定基于信息的网络控制策略和估计驾驶员的行为。Paz 等[60]通过模拟器向驾驶员提供实时路由信息,提高交通路网性能,并使用模糊控制建模方法确定基于行为一致性的信息网络控制策略。实验结果表明,行为一致性方法在系统运行时间和信息策略遵从性方面优于传统方法,也比标准的用户或系统最优信息策略具有更稳定的性能。

近年来,强化学习理论在交通控制领域的应用渐渐增多。Zhu 等[61]基于强化学习方法研究不确定需求和供应下道路运行速度的动态控制方法,构建道路网络的交通流演化模型，利用马尔可夫决策过程描述运行速度问题。Zhu 等[62]基于多智能体协同框架提出道路多交叉口交通流控制的联合树强化学习方法，验证该方法比自主学习、实时自适应等多交叉口协同控制算法性能优越。Šemrov 等[63]基于强化学习理论提出 Q-learning 方法对列车时刻表调整，并以 Slovenia 的铁路网络为例验证其有效性。Andres 等[64]研究了 bus bunching 问题的数据学习方法，提出数据驱动的车辆间隔时间预测和车辆限制策略的动态生成方法。Jiang 等[65]提出基于单线客流控制的强化学习理论，初步实现了进站客流的动态控制和优化，但该方法的限流策略过于简单，仅限于给定的限流等级，并且未考虑路网的协调优化客流控制。

1.2.5 大数据条件下的路网客流诱导方法

从运营方的角度看，诱导可以缓解一些特定车站和区间在早晚高峰或突发事件下的拥挤程度，以提高安全性和路网运营效率。从乘客角度来看，运营方通过不同模式的诱导信息发布可以使乘客精准掌握轨道交通路网状态，并通过运营方提供的查询功能选择最优路径，以提高出行效率。因此，研究精准的客流诱导方法非常迫切和必要。

国内外轨道交通的诱导理论研究并不多，尚处于起步阶段。胡志赛[66]在研究轨道交通客流时空分布的基础上，搭建面向管理者和乘客的诱导信息演示系统。孙宇星[67]提出基于时变客流密集度指标的客流路径引导模型。郭建媛[68]给出供给网络约束和出行需求驱动下的可达性诱导模型框架与诱导信息集合，提出求解最晚出发时间、最优可达路径和 K 最优可达路径的算法，并以北京市轨道交通路网为例，验证可达性信息发布的有效性。徐杰等[69]在分析影响换乘末班车可达路径及信息发布因素的基础上，建立基于列车时刻表的换乘路径可达性模型，并从乘客和运营部门两个角度建立诱导系统。以上这些研究主要集中在路网可达性和配流方面，在信息优化、反馈、城市轨道交通不同类别乘客对诱导信息的辨识度方面均存在不足。Yin 等[70]提出一种基于仿真的客流诱导信息优化模型，解决应在何处、何时、何地向乘客发布指导信息。赵若愚[71]对轨道交通诱导信息下乘客感知情况，以及诱导信息发布优化方法进行探索研究，并基于以上理论成果构建基于路网拥堵识别的轨道交通客流诱导系统。目前很少有涉及乘客在接受诱导信息后的响应，尚无个性化、定制化的精准诱导信息策略方面的研究。

相比之下，国内外道路交通领域在诱导理论方面的研究有一定的进展。例如，Angelelli 等[72]认为出行信息策略应根据个体的理性水平和自私程度来制定，以此实现在路网层面接近系统最优状态。van Essen 等[73]提出前瞻性的驾驶员出行路径诱导方法，最大限度地减少交通拥堵。该方法集成了动态的交通路段行驶时间，可以更准确地模拟各路段的旅行时间，但并未直接考虑信息对诱导方法的影响。

van Essen 等进一步提出四种系统最优的信息策略,可以实现在不限制个体选择自由的情况下影响个体的路径选择行为,并提高网络效率。信息策略的范围从低信息量内容到高信息量内容。Zhao 等[74]通过研究可变信息板的内容和形式对出租车和私家车司机的行为影响,得到不同场景下驾驶员对信息板颜色和内容的偏好。

综上,轨道交通的客流诱导研究目前仅偏重于对有效路径集的计算、路径可达性和系统功能设计,对于前瞻性诱导、主动诱导,以及对不同乘客发布精准诱导信息、乘客对诱导信息的响应等涉及很少,面向实时感知信息的轨道交通客流诱导理论尚未建立完整体系。同时,由于城市道路交通与轨道交通的巨大差异,当前关于城市道路交通的诱导理论无法直接套用于轨道交通。面对新技术,APP等新手段在诱导信息中发挥作用的机理还没研究。为解决实际运营中存在的问题,发挥实时信息的作用,使轨道交通在有限的运力资源下达到最大收益的同时,提高路网整体服务水平,降低路网的负载不均衡状况,迫切需要研究乘客对诱导信息的认知和接收机理,提出不同场景下诱导时空范围的动态确定方法,建立面向不同人群、差异化的动态诱导信息生成、评估及发布方法。

参 考 文 献

[1] Dicke-Ogenia M. Psychological aspects of travel information presentation, a psychological and ergonomic view on travelers' response to travel information. Amsterdam: Universiteit Delft, 2012.

[2] Thorhauge M, Cherchi E, Rich J. How flexible is flexible? accounting for the effect of rescheduling possibilities in choice of departure time for work trips. Transportation Research Part A: Policy and Practice, 2016, 86:177-193.

[3] Li H Y, Li X, Xu X Y, et al. Modeling departure time choice of metro passengers with a smart corrected mixed logit model-a case study in Beijing. Transport Policy, 2018, 69: 106-121.

[4] Fosgerau M, Frejinger E, Karlstrom A. A link based network route choice model with unrestricted choice set. Transportation Research Part B: Methodological, 2013, 56: 70-80.

[5] Raveau S, Guo Z, Muñoz J C, et al. A behavioural comparison of route choice on metro networks: time, transfers, crowding, topology and socio-demographics. Transportation Research Part A: Policy and Practice, 2014, 66: 185-195.

[6] Mai T, Frejinger E, Fosgerau M, et al. A dynamic programming approach for quickly estimating large network-based MEV models. Transportation Research Part B: Methodological, 2017, 98: 179-197.

[7] Kusakabe T, Asakura Y. Behavioural data mining of transit smart card data: a data fusion approach. Transportation Research Part C: Emerging Technologies, 2014, 46: 179-191.

[8] Minsceo L, Keemin S. Inferring the route-use patterns of metro passengers based only on travel-time data within a Bayesian framework using a reversible-jump Markov chain Monte Carlo simulation.Transportation Research Part B: Methodological, 2015, 81: 1-17.

[9] Xu X Y, Xie L P, Li H Y, et al. Learning the route choice behavior of subway passengers from

AFC data. Expert Systems with Applications, 2018, 95: 324-332.

[10] Kattan L, Habib K M, Tazul I, et al. Information provision and driver compliance to advanced traveller information system applications: case study on the interaction between variable message sign and other sources of traffic updates in calgary. Canadian Journal of Civil Engineering, 2011, 38(12): 1335-1346.

[11] Charoniti E, Kim J, Rasouli S, et al. Intrapersonal heterogeneity in car-sharing decision-making processes by activity-travel contexts: a context-dependent latent class random utility-random regret model. International Journal of Sustainable Transportation, 2021, 15(7): 501-511.

[12] Ben-Elia E, Roberta D P, Gennaro N B, et al. The impact of travel information's accuracy on route-choice. Transportation Research Part C: Emerging Technologies, 2013, 26: 146-159.

[13] van Essen M, Thomas T, van Berkum E, et al. From user equilibrium to system optimum: a literature review on the role of travel information, bounded rationality and non-selfish behaviour at the network and individual levels. Transportation Reviews, 2016, 36(4): 527-548.

[14] Dell'Orco M, Marinelli M. Modeling the dynamic effect of information on drivers' choice behavior in the context of an advanced traveler information system. Transportation Research Part C: Emerging Technologies, 2017, 85: 168-183.

[15] Ma T Y, Pace R D. Comparing paradigms for strategy learning of route choice with traffic information under uncertainty. Expert Systems with Applications, 2017, 88: 352-367.

[16] Rashidi T H, Abbasi A, Maghrebi M, et al. Exploring the capacity of social media data for modelling travel behaviour: opportunities and challenges. Transportation Research Part C: Emerging Technologies, 2017, 75: 197-211.

[17] Zhang C, Liu T L, Huang H J, et al. A cumulative prospect theory approach to commuters' day-to-day route-choice modeling with friends' travel information. Transportation Research Part C: Emerging Technologies, 2018, 86: 527-548.

[18] Liu Y, Liu Z Y, Jia R. A deep learning based architecture for metro passenger flow prediction. Transportation Research Part C: Emerging Technologies, 2019, 101: 18-34.

[19] 刘莎莎, 姚恩建, 李斌斌, 等. 基于行为分析的突发事件下城轨站间客流分布预测. 铁道学报, 2018, 40(9): 22-29.

[20] Pan S, Li R M, Guo J F, et al. Integrating lagrangian and eulerian observations for passenger flow state estimation in an urban rail transit network: a space-time-state hyper network based assignment approach. Transportation Research Part B: Methodological, 2019, 121: 135-167.

[21] 白丽. 城市轨道交通常态与非常态短期客流预测方法研究. 交通运输系统工程与信息, 2017, 17(1): 127-135.

[22] Ni M, He Q, Gao J. Forecasting the subway passenger flow under event occurrences with social media. IEEE Transactions on Intelligent Transportation Systems, 2016, 18(6): 1623-1632.

[23] Williams B M, Hoel L A. Modeling and forecasting vehicular traffic flow as a seasonal ARIMA process: theoretical basis and empirical results. Journal of Transportation Engineering, 2003, 129(6): 664-672.

[24] Gu Y L, Lu W Q, Xu X Y, et al. An improved Bayesian combination model for short term traffic prediction with deep learning. IEEE Transactions on Intelligent Transportation Systems, 2020,

21(3): 1332-1342.

[25] Sun Y X, Leng B, Guan W. A novel wavelet SVM shorttime passenger flow prediction in Beijing subway system. Neurocomputing, 2015, 166: 109-121.

[26] Roos J, Bonnevay S, Gavin G. Short term urban rail passenger flow forecasting: a dynamic Bayesian network approach//The 15th IEEE International Conference on Machine Learning and Applications, Anaheim, 2016: 1034-1039.

[27] Li H Y, Wang Y T, Xu X Y, et al. Short term passenger flow prediction under passenger flow control using a dynamic radial basis function network. Applied Soft Computing, 2019, 83: 1-13.

[28] 杨静, 朱经纬, 刘博, 等. 基于组合模型的城市轨道交通短时客流预测. 交通运输系统工程与信息, 2019, 19(3): 119-125.

[29] 周家中, 张殿业. 基于空间加权的LSSVM城市轨道交通车站客流量预测. 铁道学报, 2014, 36(1): 1-7.

[30] Huang W, Song G, Hong H, et al. Deep architecture for traffic flow prediction: deep belief networks with multitask learning. IEEE Transactions on Intelligent Transportation Systems, 2014, 15(5): 2191-2201.

[31] Lecun Y, Bottou L, Bengio Y, et al. Gradient based learning applied to document recognition. Proceedings of the IEEE, 1998, 86(11): 2278-2324.

[32] Wen H, Liu Y, Che W, et al. Sequence to sequence learning for task oriented dialogue with dialogue state representation. Transportation Research Part C: Emerging Technologies, 2018, 107: 287-300.

[33] Zhu G, Song K, Zhang P, et al. A traffic flow state transition model for urban road network based on hidden Markov model. Neurocomputing, 2016, 214: 567-574.

[34] Antoniou C, Koutsopoulos H N, Yannis G. Dynamic data-driven local traffic state estimation and prediction. Transportation Research Part C: Emerging Technologies, 2013, 34(9): 89-107.

[35] Polson N G, Sokolov V O. Deep learning for short-term traffic flow prediction. Transportation Research Part C: Emerging Technologies, 2017, 9: 1-17.

[36] Shang P, Yao Y, Yang L, et al. Integrated model for timetabling and circulation planning on an urban rail transit line: a coupled network-based flow formulation. Networks and Spatial Economics, 2021, 3:1-34.

[37] Sun S W, Li H Y, Xu X Y. A key station identification method for urban rail transit: a case study of Beijing subway. Promet-Traffic & Transportation, 2017, 29(3): 267-273.

[38] Wang Y, Papageorgiou M, Messmer A. RENAISSANCE-a unified macroscopic model-based approach to real-time freeway network traffic surveillance. Transportation Research Part C: Emerging Technologies, 2006, 14(3): 190-212.

[39] Hiribarren G, Herrera J C. Real time traffic states estimation on arterials based on trajectory data. Transportation Research Part B: Methodological, 2014, 69: 19-30.

[40] Hashemi H, Abdelghany K F. Real-time traffic network state estimation and prediction with decision support capabilities: application to integrated corridor management. Transportation Research Part C: Emerging Technologies, 2016, 73: 128-146.

[41] 张雷元, 树爱兵, 祖永昶. 基于实测车的城市交通干线通行状态评价方法. 中国人民公安

大学学报(自然科学版), 2017, 23(2): 82-87.
- [42] 王志建, 李敏, 董路熙. 基于数据预测的区域道路状态模糊判别. 交通信息与安全, 2014, 32(1): 48-52, 63.
- [43] 肖雪梅. 城市轨道交通网络化运营风险与安全评估. 北京: 北京交通大学, 2014.
- [44] 李俊辉, 黎新华, 谢小星. 基于概率神经网络的轨道交通车站客流安全状态评价. 都市快轨交通, 2015, 28(4): 65-69.
- [45] 王梓. 基于机器学习的轨道交通安全综合评估模型研究. 北京: 北京交通大学, 2014.
- [46] 马莉. 城市轨道交通枢纽乘客交通流状态分析与评价. 北京: 北京交通大学, 2009.
- [47] 黄雅坤. 城市轨道交通路网运营安全评价方法研究. 北京: 北京交通大学, 2014.
- [48] 孙晓亮. 城市道路交通状态评价和预测方法及应用研究. 北京: 北京交通大学, 2013.
- [49] 孙世炜. 城市轨道交通路网关键车站识别方法研究. 北京: 北京交通大学, 2017.
- [50] Ma T, Antoniou C, Toledo T. Hybrid machine learning algorithm and statistical time series model for network-wide traffic forecast. Transportation Research Part C: Emerging Technologies, 2020, 111:352-372.
- [51] Lee W H, Yen L H, Chou C M. A delay root cause discovery and timetable adjustment model for enhancing the punctuality of railway services. Transportation Research Part C: Emerging Technologies, 2016, 73: 49-64.
- [52] Quan J, Li H, Xu X. Evaluation of operation status of urban rail transit stations based on historical data//2018 IEEE Smart World, Ubiquitous Intelligence & Computing, Advanced & Trusted Computing, Scalable Computing & Communications, Cloud & Big Data Computing, Internet of People and Smart City Innovation, Guangzhou, 2018: 2125-2129.
- [53] 王淑伟, 孙立山, 荣建. 轨道交通站点超大客流管控措施研究. 都市快轨交通, 2014, 27(1): 16-18.
- [54] Xu X Y, Liu J, Li H Y, et al. Analysis of subway station capacity with the use of queueing theory. Transportation Research Part C: Emerging Technologies, 2014, 38(4): 28-43.
- [55] Xu X Y, Liu J, Li H Y, et al. Capacity-oriented passenger flow control under uncertain demand: algorithm development and real-world case study. Transportation Research Part E: Logistics and Transportation Review, 2016, 87: 130-148.
- [56] Jiang M, Li H Y, Xu X Y, et al. Metro passinger flow control with station-to-station cooperation based on stop-skipping and boarding limiting. Journal of Central South University, 2017, 24: 236-244.
- [57] 石俊刚, 杨俊, 杨立兴. 以安全为导向的地铁高峰时段多车站客流协同控制模型. 交通运输系统工程与信息, 2019, 19(1): 125-131.
- [58] Shi J G, Yang L X, Yang J, et al. Cooperative passenger flow control in an oversaturated metro network with operational risk thresholds. Transportation Research Part C: Emerging Technologies, 2019, 107: 301-336.
- [59] Paz A, Peeta S. Behavior-consistent real-time traffic routing under information provision. Transportation Research Part C: Emerging Technologies, 2009, 17(6): 642-661.
- [60] Paz A, Peeta S. Information-based network control strategies consistent with estimated driver behavior. Transportation Research Part B:Methodological, 2009, 43(1): 73-96.

[61] Zhu F, Ukkusuri S V. Accounting for dynamic speed limit control in a stochastic traffic environment: a reinforcement learning approach. Transportation Research Part C: Emerging Technologies, 2014, 41(2): 30-47.

[62] Zhu F, Aziz H M A, Qian X W, et al. A junction-tree based learning algorithm to optimize network wide traffic control: a coordinated multi-agent framework. Transportation Research Part C: Emerging Technologies, 2015, 58: 487-501.

[63] Šemrov D, Marsetič R, Žura M, et al. Reinforcement learning approach for train rescheduling on a single-track railway. Transportation Research Part B: Methodological, 2016, 86: 250-267.

[64] Andres M, Nair R, Mannering F. A predictive-control framework to address bus bunching. Transportation Research Part B: Methodological, 2017, 104: 123-148.

[65] Jiang Z B, Fan W, Liu W, et al. Reinforcement learning approach for coordinated passenger inflow control of urban rail transit in peak hours. Transportation Research Part C: Emerging Technologies, 2018, 88: 1-16.

[66] 胡志赛. 城市轨道交通线路客流分布的实时预测及诱导研究. 广州: 华南理工大学, 2012.

[67] 孙宇星. 轨道交通网络换乘路径选择方法研究. 北京: 北京交通大学, 2015.

[68] 郭建媛. 城市轨道交通网络客流调控方法. 北京: 北京交通大学, 2016.

[69] 徐杰, 张新, 郭建媛, 等. 基于末班车时刻表的城市轨道交通客流诱导系统的研究. 中国铁道科学, 2014, 35(2): 111-119.

[70] Yin H D, Wu J J, Liu Z Y, et al. Optimizing the release of passenger flow guidance information in urban rail transit network via agent-based simulation. Applied Mathematical Modelling, 2019, 72(8): 337-355.

[71] 赵若愚. 拥堵条件下城市轨道交通客流诱导方法与系统研究. 北京: 北京交通大学, 2019.

[72] Angelelli E, Arsik I, Morandi V, et al. Proactive route guidance to avoid congestion. Transportation Research Part B: Methodological, 2016, 94: 1-21.

[73] van Essen M, Thomas T, van Berkum E, et al. Travelers' compliance with social routing advice: evidence from SP and RP experiments. Transportation, 2018, 47(3): 1047-1070.

[74] Zhao W J, Quddus M, Huang H L, et al. Analyzing drivers' preferences and choices for the content and format of variable message signs. Transportation Research Part C: Emerging Technologies, 2019, 100: 1-14.

第二章 轨道交通客流大数据挖掘

2.1 旅行时间异常分析

2.1.1 基于箱线图的标准时间带分析

对于路网中的每一对 OD，每一次出行都应该有最短旅行时间和最长旅行时间，即 OD 标准时间带。OD 标准时间带的研究分为三个步骤。首先，考虑每个 OD 有一条或多条不同的路径，将每条路径的各阶段时间(如进站时间、等待时间、行车时间、走行时间)相加，计算理论正常旅行时间的范围。然后，使用 AFC 数据通过箱线图计算实际的正常旅行时间范围。最后，对这两个时间范围进行分析，得出最终的 OD 标准时间带。

1. 路径时间带

对于路网中的每一条路径，由于乘客走行速度、路网拥挤状态不同，路径的旅行时间存在波动，但总在一个时间范围内，这就构成路径时间带。对于某个 OD 对 (o,d) 的第 r 条路径，其路径旅行时间 $t_{o,d}^{r}$ 应在路径时间带内，即

$$t_{o,d}^{r} \in \left(t_{o,d,r}^{\text{Min}}, t_{o,d,r}^{\text{Max}}\right) \tag{2-1}$$

$$t_{o,d,r}^{\text{Min}} = \text{APT}_{o,d,r}^{\text{Min}} + \text{IVT}_{o,d,r} + \text{TWLT}_{o,d,r}^{\text{Min}} + \text{EXT}_{o,d,r}^{\text{Min}} \tag{2-2}$$

$$t_{o,d,r}^{\text{Max}} = \text{APT}_{o,d,r}^{\text{Max}} + \text{PWT}_{o,d,r}^{\text{Max}} + \text{IVT}_{o,d,r} + \text{TWLT}_{o,d,r}^{\text{Max}} + \text{TWT}_{o,d,r}^{\text{Max}} + \text{EXT}_{o,d,r}^{\text{Max}} \tag{2-3}$$

其中，$t_{o,d,r}^{\text{Min}}$ 为第 r 条路径的最短旅行时间，即路径时间带下限；$t_{o,d,r}^{\text{Max}}$ 为第 r 条路径的最长旅行时间，即路径时间带上限；$\text{APT}_{o,d,r}^{\text{Min}}$ 为第 r 条路径的最短进站走行时间；$\text{IVT}_{o,d,r}$ 为第 r 条路径的乘车时间；$\text{TWLT}_{o,d,r}^{\text{Min}}$ 为第 r 条路径的最短换乘走行时间；$\text{EXT}_{o,d,r}^{\text{Min}}$ 为第 r 条路径的最短出站走行时间；$\text{APT}_{o,d,r}^{\text{Max}}$ 为第 r 条路径的最长进站走行时间；$\text{PWT}_{o,d,r}^{\text{Max}}$ 为第 r 条路径的最长起始站站台等车时间；$\text{TWLT}_{o,d,r}^{\text{Max}}$ 为第 r 条路径的最长换乘走行时间；$\text{TWT}_{o,d,r}^{\text{Max}}$ 为第 r 条路径的最长换乘站站台等车时间；$\text{EXT}_{o,d,r}^{\text{Max}}$ 为第 r 条路径的最长出站走行时间。

2. OD 标准时间带

理论上，OD 旅行时间应在其所有可行路径的旅行时间范围内，它的最短旅行时间应为最短可行路径的最短旅行时间，最长旅行时间应为最长可行路径的最长旅行时间，即

$$t_{o,d}^{\text{Min}} = \text{Min}(t_{o,d,1}^{\text{Min}}, t_{o,d,2}^{\text{Min}}, \cdots, t_{o,d,R}^{\text{Min}}) \tag{2-4}$$

$$t_{o,d}^{\text{Max}} = \text{Max}(t_{o,d,1}^{\text{Max}}, t_{o,d,2}^{\text{Max}}, \cdots, t_{o,d,R}^{\text{Max}}) \tag{2-5}$$

其中，$t_{o,d}^{\text{Min}}$ 为理论 OD 最短旅行时间；$t_{o,d}^{\text{Max}}$ 为理论 OD 最长旅行时间；R 为 OD 的路径总条数。

上述理论中的 OD 最长旅行时间是基于最大留乘时间计算得到的，即乘客可能在站台上等待四五班列车之后才上车。这在日常生活中发生的概率很小，所以单纯依据路径时间带计算的理论结果过于宽泛，需要进一步利用实际数据进行修正。

目前确定正常旅行时间范围的方法主要有比例筛选法和拉依达准则法。由于旅行时间服从右偏分布，不服从正态分布，因此基于正态分布的拉依达准则确定正常旅行时间范围会造成较大误差；比例筛选法因主观性较强有失公允。Zhuang[1]提出应该采用一种不受分布特征和主观性影响的方法进行正常范围的确定。基于上述分析，本章采用箱线图法对 AFC 数据进行处理，得到基于 AFC 数据的 OD 旅行时间范围，即实际出行中某 OD 对的正常旅行时间范围。

2.1.2 基于集成算法的旅行时间异常检测

本节提出一种检测旅行时间在封站期间和正常期间分布异常的集成算法。独立样本 T 检验、威尔科克森符号秩检验[2]和曼-惠特尼 U 检验作为基学习器对异常检测结果进行加权组合，得到最终结果。我们将独立样本 T 检验、威尔科克森符号秩检验、曼-惠特尼 U 检验的异常指数分别定义为 AI_4、AI_5、AI_6。集成算法流程如图 2-1 所示。

1. 基于威尔科克森符号秩检验的旅行时间异常检测方法

令正常时间段内的平均旅行时间为 $\bar{T}$，由于封站期间的旅客人数与正常时间不同，因此需要先配对数据。匹配规则如下，首先根据乘客的旅行时间对客流数据进行排序。然后，对封站期间的第 i 个数据与正常时间段内的数据 $\text{round}\left(\dfrac{in_2}{n_1}\right)$ 进行匹配，其中 $\text{round}(x)$ 为 x 的四舍五入，n_1 为该 OD 封站时期的出行人次，n_2 为该 OD 正常时期的出行人次。最后，进行威尔科克森符号秩检验。

Step 1，计算观测数据对之间的差值，将对应的绝对值按大小排序。

Step 2，计算所有出行时间数据与正常时间段内平均出行时间的差值。如果

差值为正，则分配该值正符号T+；否则，分配负符号T−。

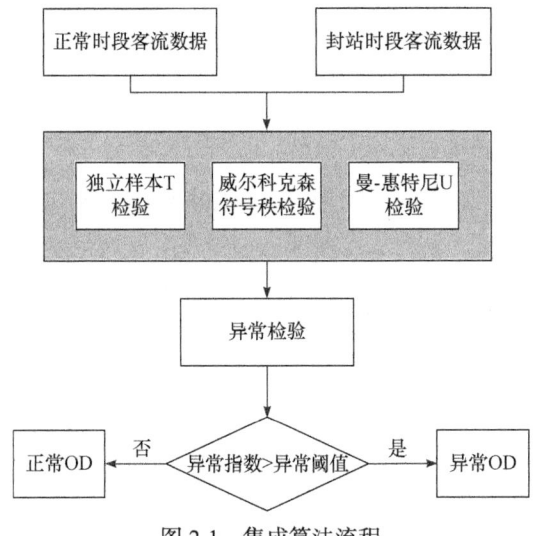

图 2-1 集成算法流程

Step 3，分别恢复T+和T−，求正、负等级的和。取T+与T−之间的较小值作为威尔科克森检验统计量T。

Step 4，根据威尔科克森检验统计量T进行判断。

威尔科克森检验统计量T为异常指数AI_5。

2. 基于曼-惠特尼U检验的旅行时间异常检测方法

曼-惠特尼 U 检验作为一种非参数检验方法，常用于检验两个独立样本的总体是否存在显著性差异。与威尔科克森符号秩检验相比，曼-惠特尼 U 检验对数据分布没有任何假设。同时，对两个样本的数据量没有要求，不需要配对，可以充分利用样本中的信息。

曼-惠特尼 U 检验的步骤如下。

Step 1，将正常时间段的出行时间数据与封站期间的出行时间数据进行合并，按照数据大小R_i的升序进行排序。最小数据级别为1，次低数据级别为2，依此类推。

Step 2，确定所有样本的等级总和，如R_1、R_2。

Step 3，计算正常时间段内的旅行时间数据U_1和封站期间的旅行时间数据U_2，即

$$U_1 = R_1 - n_1(n_1+1)/2 \tag{2-6}$$

$$U_2 = R_2 - n_2(n_2+1)/2 \tag{2-7}$$

Step 4，选择U_1和U_2的较小值，与临界值表中的临界值U_α进行比较。如果

选择的值大于临界值,则建立假设,旅行时间没有显著差异。取U_1和U_2的较小值为异常指数AI_6。

2.1.3 案例分析

1. 标准时间带案例分析

以北京地铁为例,对 OD 时间带的计算做具体的实例分析。计算路径时间带所用的进出站走行时间、换乘走行时间、站台等车时间、乘车时间等,采用北京地铁的调研数据,计算 OD 时间带所用的数据是 AFC 数据。

以回龙观东大街-六道口、回龙观东大街-奥林匹克公园、回龙观东大街-将台这三个 OD 为例,2018 年某三个月的数据为基础,进行 OD 时间带的计算。这三个 OD 特征如表 2-1 所示。OD 路径如图 2-2 所示。

表 2-1 OD 特征

OD	路径条数	ID	路径	换乘站
回龙观东大街-六道口	1	1	回龙观东大街(8 号线)-奥林匹克公园(8 号线)-奥林匹克公园(15 号线)-六道口(15 号线)	奥林匹克公园
回龙观东大街-奥林匹克公园	1	1	回龙观东大街(8 号线)-奥林匹克公园(8 号线)	—
回龙观东大街-将台	2	1	回龙观东大街(8 号线)-奥林匹克公园(8 号线)-奥林匹克公园(15 号线)-望京(15 号线)-望京(14 号线)-将台(14 号线)	奥林匹克公园 望京
		2	回龙观东大街(8 号线)-霍营(8 号线)-霍营(13 号线)-望京西(13 号线)-望京西(15 号线)-望京(15 号线)-望京(14 号线)-将台(14 号线)	霍营 望京西 望京

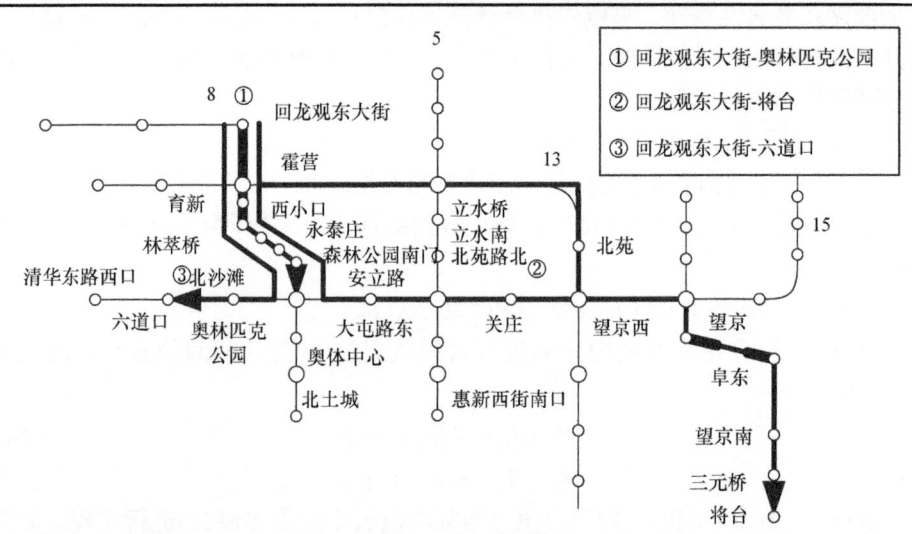

图 2-2 OD 路径图

(1) 基于全天的 OD 标准时间带

首先，计算 OD 时间带。路径最短旅行时间、路径最长旅行时间、理论旅行时间、基于 AFC 数据的 OD 旅行时间，以及 OD 标准时间带如表 2-2～表 2-6 所示。计算的箱线图如图 2-3 所示。

表 2-2 路径最短旅行时间

OD	回龙观东大街-六道口	回龙观东大街-奥林匹克公园	回龙观东大街-将台	
	路径 1	路径 1	路径 1	路径 2
进站走行时间/s	35	35	35	35
换乘走行时间/s	226	0	379	565
乘车时间/s	1459	1186	1368	1544
出站走行时间/s	26	21	98	98

表 2-3 路径最长旅行时间

OD	回龙观东大街-六道口	回龙观东大街-奥林匹克公园	回龙观东大街-将台	
	路径 1	路径 1	路径 1	路径 2
进站走行时间/s	91	91	91	91
换乘走行时间/s	402	0	691	978
乘车时间/s	1459	1186	1368	1544
站台等车时间/s	960	402	1594	2569
出站走行时间/s	230	393	133	133

如表 2-4 所示，OD 理论旅行时间范围较大，回龙观东大街-将台的最长旅行时间比最短旅行时间多近 60min。进一步，利用箱线图法计算基于 AFC 数据的 OD 旅行时间范围(表 2-5)。

表 2-4 理论旅行时间

O 站	D 站	最短旅行时间/s	最长旅行时间/s
	六道口	1746	3142
回龙观东大街	奥林匹克公园	1242	2072
	将台	1880	5315

表 2-5 基于 AFC 数据的 OD 旅行时间

O 站	D 站	OD 旅行时间下限/s	OD 旅行时间上限/s
回龙观东大街	六道口	1737	2690
	奥林匹克公园	1157	1933
	将台	2766	4401

用基于 AFC 数据的 OD 旅行时间范围修正理论 OD 旅行时间范围可以得到最终的 OD 标准时间带(表 2-6)。

表 2-6 OD 标准时间带

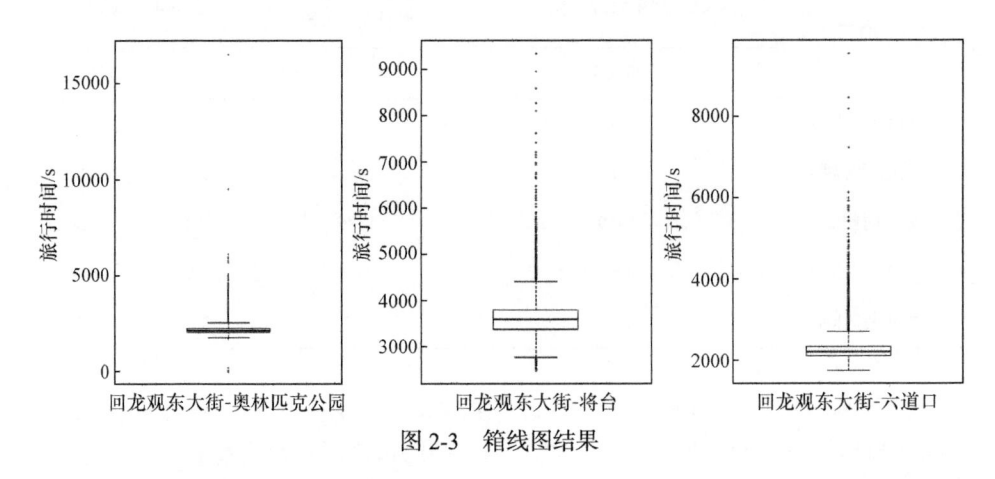

O 站	D 站	OD 时间带下限/s	OD 时间带上限/s
回龙观东大街	六道口	1746	2690
	奥林匹克公园	1242	1933
	将台	2766	4401

图 2-3 箱线图结果

(2) 基于分时段的 OD 标准时间带

不同时段的轨道交通旅行时间分布规律呈现不同的特征，可以将全天分为五个特征时段，即早发车(5：00～7：00)、早高峰(7：00～9：00)、平峰(9：00～17：00)、晚高峰(17：00～19：00)、晚收车(19：00～24：00)。基于全天的 OD 时间带可以反映一般规律，但不能反映每个时段的差异。因此，需要计算不同时段 OD 时间带的变化情况。

下面以回龙观东大街-六道口为例，将基于全天和基于分时段的 OD 时间带进行对比，对比结果如图 2-4~图 2-6 所示。在分时段粒度下，OD 时间带呈现波动趋势，且时间粒度越细，波动越大。大部分时段的 OD 时间带上限都要高于全天粒度下的 OD 时间带上限，说明全天粒度的 OD 时间带只能反映一般的规律，不能反映日常客流的变化规律。

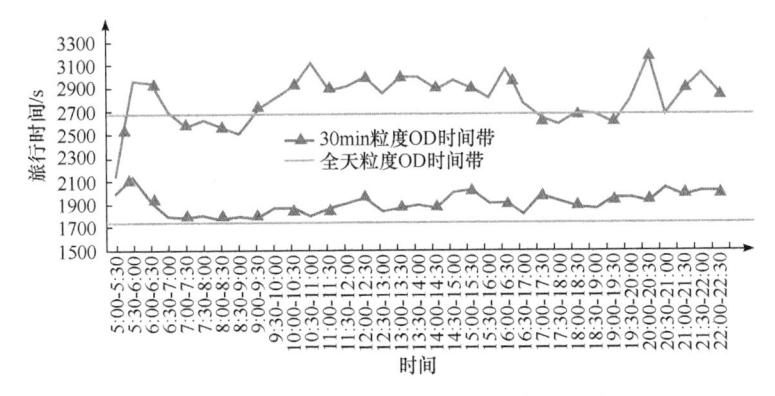

图 2-4　基于 30min 粒度与全天粒度对比图

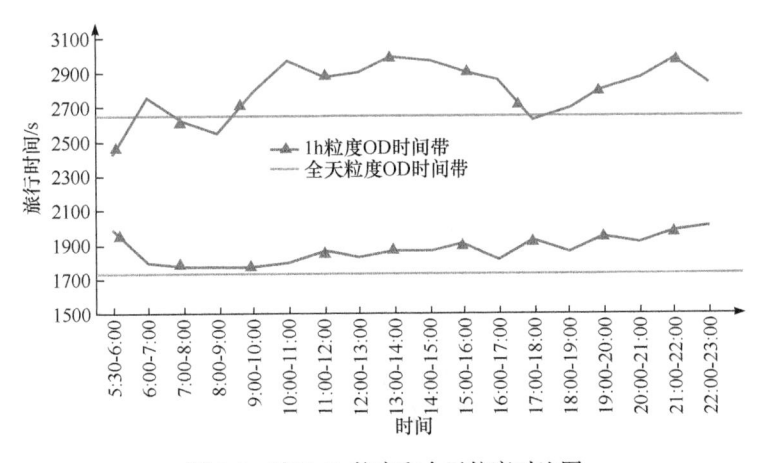

图 2-5　基于 1h 粒度和全天粒度对比图

(3) 可靠性检验

为验证 OD 标准时间带结果的可靠性，采用 95% 的区间置信度作为指标，即乘客在规定的时间范围内成功到达目的地的概率达到 95%，则该旅行时间范围是可靠的。基于此，利用实际 AFC 数据分析 OD 标准时间的可靠性。

用基于全天的 OD 标准时间带计算结果对 AFC 数据进行筛选，得到的时间带覆盖情况如表 2-7 所示。由此可知，OD 标准时间带的覆盖率均大于 95%，说明 OD 时间带的可靠性较高。

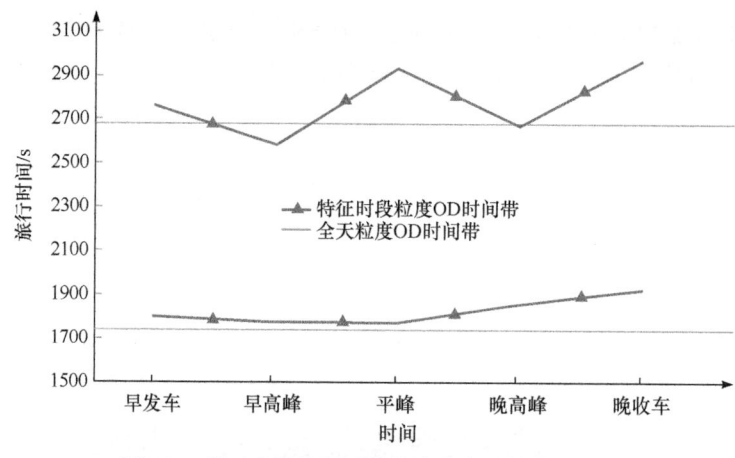

图 2-6 基于客流特征时段粒度和全天粒度对比图

表 2-7　OD 时间带覆盖情况

OD	回龙观东大街-奥林匹克公园	回龙观东大街-六道口	回龙观东大街-将台
总 OD 数/条	73188	24737	17558
最小时间/s	1157	1737	2471
最大时间/s	9855	9541	9344
OD 时间带下限/s	1242	1746	2766
OD 时间带上限/s	1933	2690	4401
覆盖率/%	95.33	95.13	96.04

进一步，将回龙观东大街-六道口基于分时段的 OD 标准时间带的覆盖率和全天粒度的 OD 标准时间带进行对比。不同时间粒度下的覆盖比例如表 2-8 所示。

表 2-8　不同时间粒度下的覆盖比例

时间粒度	全天	1h	30min	客流特征时段
覆盖比例/%	95.13	95.20	95.20	95.32

不同粒度下的 OD 标准时间带覆盖比例均大于 95%，代表较高的可靠性。全天粒度的覆盖比例最低，说明其可靠性不如分时段粒度下的 OD 标准时间带。客流特征时段粒度的覆盖比例最高，说明其可靠性最高。基于上述分析，在日常运营中，应采用基于客流特征时段粒度下的 OD 标准时间带进行分析。基于分时段的 OD 标准时间带如表 2-9 所示。

表 2-9 基于分时段的 OD 标准时间带

O 站	D 站	时间	早发车	早高峰	平峰	晚高峰	晚收车
回龙观东大街	奥林匹克公园	下限/s	1189	1217	1157	1285	1267
		上限/s	1886	1820	1982	1911	1994
回龙观东大街	将台	下限/s	2672	2833	2651	2517	2583
		上限/s	4250	4348	4540	4538	4655
回龙观东大街	六道口	下限/s	1800	1777	1776	1859	1920
		上限/s	2758	2580	2925	2669	2963

2. 基于集成算法的旅行时间异常检测案例

以奥林匹克公园站从 2019 年 4 月 23 日 6：00～2019 年 4 月 26 日 20：00 封站为例，利用集成算法识别旅行时间异常 OD。

下面以育新到将台的 OD 旅行时间的异常检测为例，介绍该集成算法的实现过程。基于旅行时间的 T 检验、基于旅行时间的威尔科克森符号秩次检验、基于旅行时间的曼-惠特尼 U 检验的结果如表 2-10～表 2-12 所示。首先，根据第一个 T 检验检测算法，封站期间的平均旅行时间(即 3287s)大于正常期间的平均旅行时间(即 3900s)；该 OD 的出行时间方差也增大；P 值远低于 0.05 的显著性水平，因此拒绝原假设，不能认为两个样本具有相同的分布。因此，封站对 OD 的旅行时间有显著影响。然后，威尔科克森符号秩次检验拒绝原假设，即检验结果无显著差异，OD 旅行时间为异常。最后，根据威尔科克森符号秩检验结果，U_1 与 U_2 均小于临界值，说明正常情况下 OD 出行时间与封站情况下的 OD 出行时间存在显著差异。

表 2-10 基于旅行时间的 T 检验结果

旅行时间	均值	方差	P 值
正常旅行时间/s	3287	95834	0.000
封站期间旅行时间/s	3900	429340	0.000

表 2-11 基于旅行时间的威尔科克森符号秩次检验结果

标准误差	标准化检验统计量	P 值
39.373	−4.325	0.000

表 2-12 基于旅行时间的曼-惠特尼 U 检验结果

U_1	U_2	U_α	结果
19	27	64	异常

利用上述集成算法可以从整个 OD 对中检测出具有异常旅行时间的 OD 对，如图 2-7 所示。如果网格颜色偏白，说明 OD 对的旅行时间异常。此外，我们可以发现一些站点很容易出现异常，如奥体中心。这些站点中的大多数在进出站量的异常识别中被识别为异常站点。

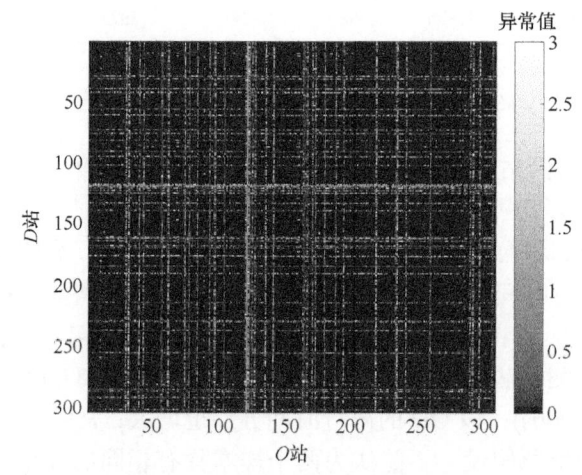

图 2-7 集成算法的异常检测结果

T 检验检测到 746 对异常 OD，威尔科克森符号秩检验检测到 665 对异常 OD，曼-惠特尼 U 检验检测到 921 对异常 OD，集成算法检测到 571 对异常 OD。旅行时间异常的 OD 对的起点站基本分布在 8 号线，而旅行时间异常的终点站分布在 14 号线。这是因为 14 号线只与 15 号线连通。奥林匹克公园封站后，8 号线的乘客将换乘 14 号线，而 14 号线只能绕行至 13 号线，这导致旅行时间出现异常。

进一步将集成算法的结果与单独算法的结果进行比较，基于旅行时间的部分车站检测结果如表 2-13 所示。基于旅行时间的异常检测算法相似率如表 2-14 所示。

表 2-13 基于旅行时间的部分车站检测结果

起始站	终点站	T 检验	威尔科克森符号秩检验	曼-惠特尼 U 检验	集成算法	正常旅行时间/s	封站期间旅行时间/s
北京南站	安立路	异常	正常	正常	正常	3922	4020
芍药居	清华东路西口	正常	正常	正常	正常	1871	1847
新街口	望京东	异常	异常	正常	异常	3213	3615

表 2-14 基于旅行时间的异常检测算法相似率

算法	T 检验/%	威尔科克森符号秩检验/%	曼-惠特尼 U 检验/%
集成算法	67.48	62.1	56.97

以上结果表明，各单项异常检测算法均存在一定的误判。例如，北京南站到安立路的 OD 对有多条路径，可能不满足正态分布，由此检测结果存在误判情况(表 2-14)。同时，正常运行时的旅行时间数据数量并不一定等于封站时的旅行时间数据数量，造成一定程度的信息丢失和数据变化。因此，从芍药居到清华东路西口的 OD 对是错误的。此外，曼-惠特尼 U 检验将数据混合，以等级的形式处理信息，因此可能丢失信息，产生误判(如从新街口到望京东的 OD 对)。因此，集成算法具有更好的检测效果。

2.2 路网客流异常分析

2.2.1 基于数据驱动方法的客流模式异常识别

客流模式异常通常分为两种情况，即总量异常和趋势异常。本节提出符号近似聚合-动态时间规整(symbolic aggregate approximation-dynamic time warping, SAX-DTW)方法，实现对这两种客流异常的综合识别，全面度量历史封站日与正常日客流模式的差异。具体算法步骤如下。

① 计算各站所有正常日客流序列平均值，作为各站正常日的客流时间序列。设样本中正常日数量为 Z，即

$$\tilde{X}_i = \left\{ \frac{1}{Z}\sum_{z=1}^{Z}x_{zi1}, \frac{1}{Z}\sum_{z=1}^{Z}x_{zi2}, \cdots, \frac{1}{Z}\sum_{z=1}^{Z}x_{zit}, \cdots, \frac{1}{Z}\sum_{z=1}^{Z}x_{ziT} \right\} \stackrel{\text{def}}{=\!=} \{\tilde{x}_{i1}, \tilde{x}_{i2}, \cdots, \tilde{x}_{it}, \cdots, \tilde{x}_{iT}\} \quad (2\text{-}8)$$

其中，x_{zit} 为第 z 个正常日第 i 个车站 t 时刻的进站量；$z=1,2,\cdots,Z$；$\tilde{X}_i = \{\tilde{x}_{i1}, \tilde{x}_{i2}, \cdots, \tilde{x}_{it}, \cdots, \tilde{x}_{iT}\}$ 为第 i 个车站正常日的原始客流时间序列。

② 序列标准化。将原始输入序列转换为符合标准正态分布的数据，以便比较具有不同偏移量和振幅的时间序列。转换函数为

$$x_{it}^* = \frac{\tilde{x}_{it} - \mu_i}{\sigma_i} \quad (2\text{-}9)$$

其中，μ_i 为第 i 个车站的进站量均值；σ_i 为第 i 个车站进站量的标准差；x_{it}^* 为标准化后进站量数据。

此时，第 i 个车站的标准化进站量序列为 $X_i^* = \{x_{i1}^*, \cdots, x_{it}^*, \cdots, x_{iT}^*\}$。

③ 对输入序列进行分段聚集近似(piecewise aggregate approximation, PAA), 将长度为 T 的进站量序列 X_i^* 分为 W 段, 即

$$p_{ih} = \frac{W}{T} \sum_{v=1}^{\frac{Tt}{W}} x_{iv}^*, \quad x_{iv}^* \in X_i^* \tag{2-10}$$

其中, p_{ih} 为第 i 个车站第 h 段的进站量均值, $h=1,2,\cdots,W$, W 为 PAA 后的序列分段数。

④ 计算各个车站正常日与历史封站日进站量序列的符号化距离 D_s, 衡量客流序列的数量差异。Lin 等[3]利用 SAX 算法计算, 步骤如下。

Step 1, 离散化序列。设符号集为 $\Pi = \{a,b,c,d,\cdots\}$, 集合的元素数量为 α。根据概率将标准正态分布的概率密度曲线划分为区间函数 $[\beta_{k-1}, \beta_k]$, $k=1,2,\cdots,\alpha$, 确保曲线下各区间面积等于 $1/\alpha$。

Step 2, 符号化序列。按照以下方式将 PAA 表示的分段序列映射到相应的符号, 即

$$s_{ih} = \Pi_k, \quad \beta_{k-1} \leqslant p_{ih} \leqslant \beta_k \tag{2-11}$$

其中, s_{ih} 为第 i 个车站第 h 段序列映射后的字符; Π_k 为符号集 Π 的第 k 个元素。

因此, 第 i 个车站的进站量符号化后序列 $s_i = \{s_{i1}, s_{i2}, \cdots, s_{iW}\}$ 就转化为字符串序列。

Step 3, 距离度量。计算各车站正常日与历史封站日符号化序列之间的距离, 计算公式为

$$D_l(\tilde{s}_i, s_i) = \sqrt{\frac{T}{W} \sum_{h=1}^{W} (\Omega(\tilde{s}_{ih}, s_{ih}))^2} \tag{2-12}$$

$$\Omega(\tilde{s}_{ih}, s_{ih}) = \begin{cases} 0, & |k-k'| \leqslant 1 \\ \beta_{\max(k',f)-1} - \beta_{\min(k',f)}, & \text{其他} \end{cases} \tag{2-13}$$

其中, $\tilde{s}_{ih}$ 与 s_{ih} 为车站 i 第 h 分段正常日与历史封站日的字符值, 分别为 Π_k、$\Pi_{k'}$, k, $k'=1,2,3,\cdots$; ~代表正常日。

⑤ 计算各车站正常日与历史封站日进站量时间序列的趋势距离 D_2。Hiroaki[4] 提出 DTW 方法识别两时间序列相似度, 因此本节在分段内利用 DTW 计算序列各分段的趋势距离, 步骤如下。

Step 1, 定义动态规整路径 C。车站 i 第 h 分段正常日与历史封站日的标准化进站量序列分别为 $\tilde{X}_{ih}^* = \{\tilde{x}_{ih1}^*, \cdots, \tilde{x}_{ihm}^*, \cdots, \tilde{x}_{ihl}^*\}$, $X_{ih}^* = \{x_{ih1}^*, \cdots, x_{ihm'}^*, \cdots, x_{ihl}^*\}$, 其中 $\tilde{x}_{ihm}^*$ 为 $\tilde{X}_{ih}^*$ 中第 m 个数据点; $x_{ihm'}^*$ 为 X_{ih}^* 中第 m' 个数据点; $l=T/W$ 为每个分段内

序列的长度,则动态规整路径为

$$C = (c_1, c_2, \cdots, c_u, \cdots, c_U), \quad l \leqslant U \leqslant 2l-1 \tag{2-14}$$

其中,$c_u = d(\tilde{x}_{ihm}, x_{ihm'}) = (\tilde{x}_{ihm} - x_{ihm'})^2$ 表示动态规整路径第 u 步为 $\tilde{X}_{ih}^*$ 的第 m 个点和 X_{ih}^* 的第 m' 个点之间的欧氏距离。

Step 2,动态规整路径 C 的约束条件。C 需要满足边界性条件(式(2-15)),即路径搜索的起始点和终止点需要与两个时间序列的起始点和终止点一致,即

$$c_1 = d(\tilde{x}_{ih1}^*, x_{ih1}^*), \quad c_U = d(\tilde{x}_{ihl}^*, x_{ihl}^*) \tag{2-15}$$

同时,也要满足单调连续性条件(式(2-16)),即当前第 u 步匹配点为 $\tilde{x}_{ihm}^*$ 与 $x_{ihm'}^*$ 时,下一步 $u+1$ 的匹配点只能有三种情况,即 $\tilde{x}_{ihm}^*$ 的下一个点 $\tilde{x}_{ih(m+1)}^*$ 与 $x_{ihm'}^*$ 的下一个点 $x_{ih(m'+1)}^*$;$\tilde{x}_{ihm}^*$ 的下一个点 $\tilde{x}_{ih(m+1)}^*$ 与 $x_{ihm'}^*$;$\tilde{x}_{ihm}^*$ 与 $x_{ihm'}^*$ 的下一个点 $x_{ih(m'+1)}^*$。该条件可以保证动态规整路径不越点匹配,并按照序列时间顺序正向搜索。

若 $c_u = d(\tilde{x}_{ihm}^*, x_{ihm'}^*)$,则

$$c_{u+1} \in \left\{ d(\tilde{x}_{ih(m+1)}^*, x_{ih(m'+1)}^*), d(\tilde{x}_{ih(m+1)}^*, x_{ihm'}^*), d(\tilde{x}_{ihm}^*, x_{ih(m'+1)}^*) \right\} \tag{2-16}$$

Step 3,趋势度量,即动态规整目标函数。趋势距离 D_2 为满足上述条件且对应点距离和最小的动态规整路径 C,即

$$D_2(\tilde{X}_{ih}^*, X_{ih}^*) = \min\left(\sum_{u=1}^{U} c_u \right) \tag{2-17}$$

⑥ 计算综合考虑进站量序列的数量与趋势差异的新距离,即

$$D' = \sqrt{\frac{T}{W} \sum_{h=1}^{W} \left[(\Omega(\tilde{s}_{ih}, s_{ih}))^2 + \frac{W}{T} D_2(\tilde{X}_{ih}^*, X_{ih}^*) \right]} \tag{2-18}$$

其中,$\Omega(\tilde{s}_{ih}, s_{ih})$ 为基于 SAX 算法的符号化距离,度量序列总量的差异;$D_2(\tilde{X}_{ih}^*, X_{ih}^*)$ 为基于 DTW 的趋势距离,度量序列的趋势差异。

新距离 D' 在既有的符号化距离的基础上与趋势距离 D_2 进行动态加权,动态反映分段数量的大小:当分段数量 W 较小时,每段包含的时刻较多,趋势相对较复杂。在考虑趋势对序列进行匹配时,会相应增大错误点对应概率,D' 对趋势距离 D' 赋予较小的权值来减少趋势影响。当分段数量 W 变大时,每段趋势接近线性,段内趋势相对较简单,此时新距离 D' 对趋势距离 D_2 赋予较大的权值来增加趋势影响。因此,我们提出的新距离利用权值 $\dfrac{W}{T}$ 实现平衡序列总量与趋势,比 SAX 距离更接近真实距离。

2.2.2 客流异常识别案例分析

本节选取 2019 年 4 月 23 日 5：00～2019 年 4 月 26 日 23：00 的北京地铁 8 号线、15 号线奥林匹克公园站的封站事件进行研究，进一步选取 2019 年 4 月 20 日～2019 年 4 月 29 日的车站 5min 粒度的进站客流数据进行封站影响范围分析。进站量数据如表 2-15 所示。利用历史数据和经验，可以分析得到奥林匹克公园周围 10 个可能受到影响的车站，包括安立路、奥体中心、北沙滩、北土城、霍营、林萃桥、六道口、森林公园南门、永泰庄、育新(图 2-8)，并进一步预测 4 月 24 日这 10 个受影响车站的进站量数据。

表 2-15 进站量数据

进站量	日期	时间	车站
1	2019/4/20	5:10～5:15	安立路
1	2019/4/20	5:20～5:25	安立路
1	2019/4/20	5:25～5:30	安立路
2	2019/4/20	5:30～5:35	安立路
1	2019/4/20	5:35～5:40	安立路
4	2019/4/20	5:40～5:45	安立路

对选取的 10 个车站进行进站量客流特征分析，并把一天的运营时间长度划分为 8 段。首先，计算这些车站正常情况各天对应时间的进站量均值，构建正常情况下的进站量时间序列。然后，对正常情况的进站量时间序列和封站日(4 月 23 日)的进站量时间序列进行 PAA 降维，把波动的时间序列转化为分段的阶梯型数据，并将 PAA 序列进行符号离散化。我们选定符号集为 $\{a,b,c,d,e\}$，将各段 PAA 序列分别进行映射，形成包括 8 个字符的符号化序列，通过不同的字符顺序组合代表不同的客流模式。北沙滩进站客流符号化对比如图 2-9 所示。

分析 SAX-DTW 算法和既有 SAX 算法的性能，对所有车站封站情况下与正常情况下各时段客流差异性进行距离度量。进站量序列距离度量及封站影响范围识别结果如表 2-16 所示。从整体结果来看，SAX-DTW 比既有的 SAX 算法能够实现更全面的识别结果，不仅考虑客流数量的变化，还考虑客流趋势的变化。

图2-8 北京地铁示意图

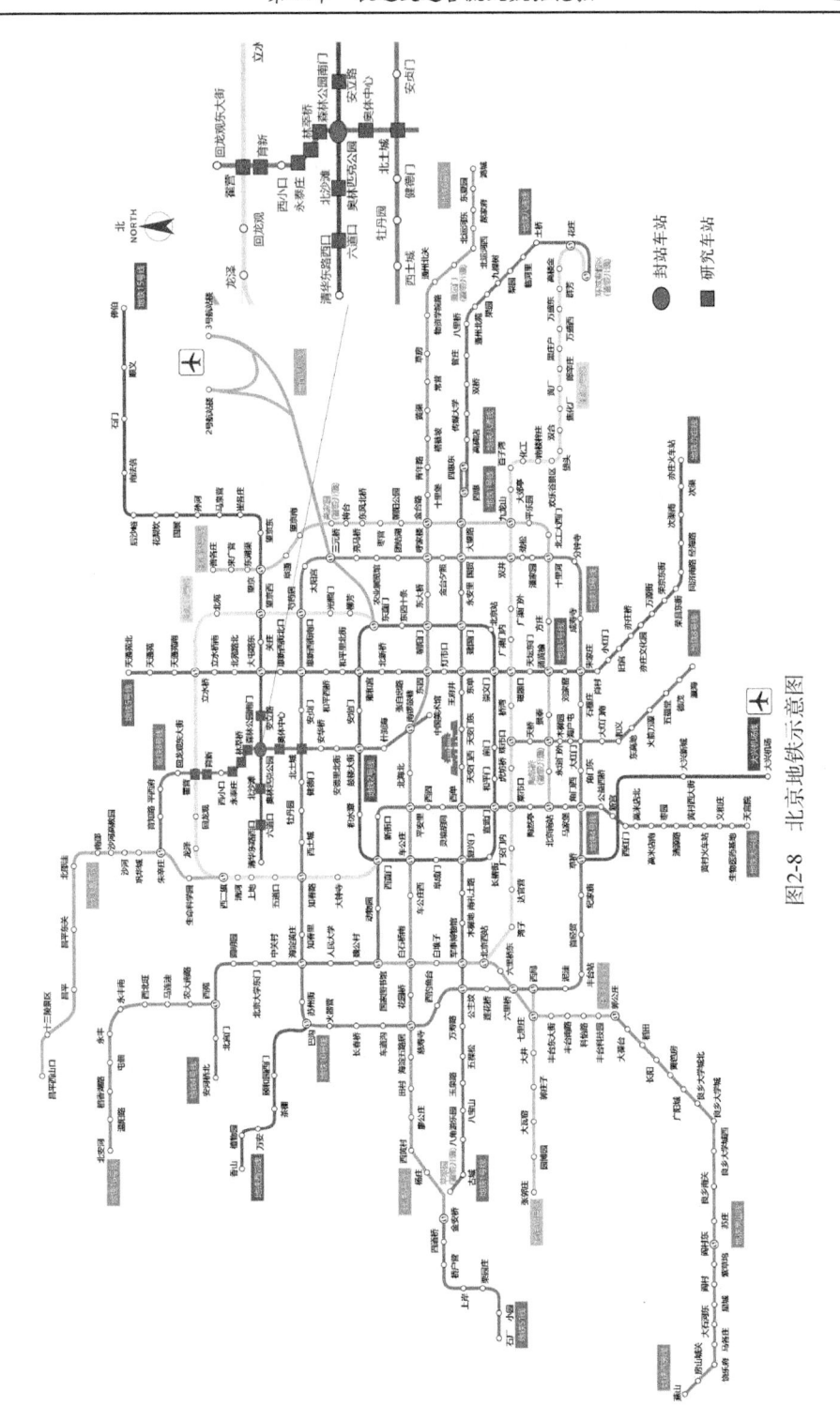

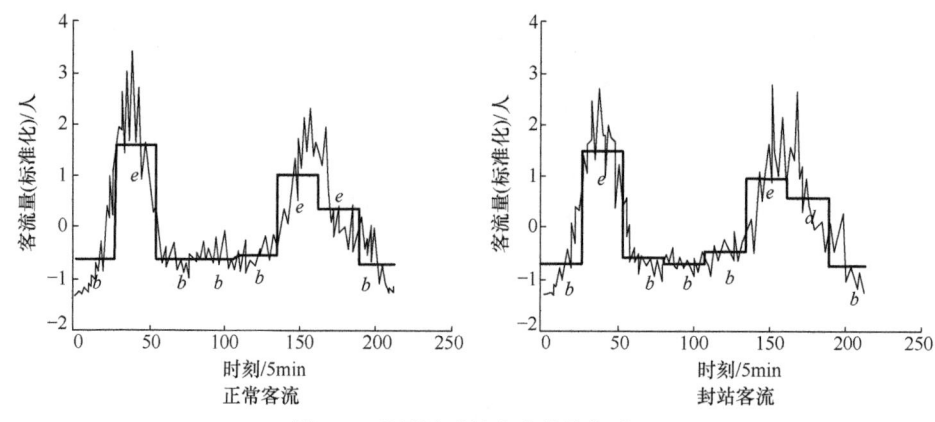

图 2-9　北沙滩进站客流符号化对比

表 2-16　进站量序列距离度量及封站影响范围识别结果

算法	安立路	奥体中心	北沙滩	北土城	霍营	林萃桥	六道口	森林公园南门	永泰庄	育新
SAX	0.13	0.01	0.05	0.13	0.00	0.04	0.12	0.25	0.07	0.16
	0.31	0.10	0.10	0.00	0.01	0.08	0.17	0.24	0.03	0.05
	0.04	0.44	0.04	0.04	0.01	0.10	0.02	0.26	0.11	0.22
	0.05	0.08	0.11	0.02	0.01	0.07	0.01	0.05	0.00	0.03
	0.01	0.25	0.06	0.00	0.01	0.07	0.01	0.05	0.02	0.04
	0.13	0.26	0.05	0.32	0.04	0.13	0.26	0.39	0.03	0.14
	0.18	0.01	0.23	0.28	0.04	0.17	0.14	0.28	0.03	0.01
	0.04	1.16	0.02	0.13	0.04	0.04	0.11	0.78	0.01	0.08
SAX-DTW	0.52	0.15	0.37	0.25	0.04	0.96	0.27	0.57	0.26	0.25
	0.96	0.28	2.11	2.21	0.55	2.41	1.13	0.67	0.99	2.18
	0.35	5.33	0.44	0.15	0.04	0.30	0.15	2.14	0.21	0.39
	0.21	0.56	0.46	0.18	0.01	0.21	0.37	0.38	0.10	0.08
	0.29	1.19	0.28	0.30	0.02	0.42	0.22	0.83	0.10	0.10
	2.41	2.99	1.66	2.44	0.14	1.54	1.72	3.38	0.25	0.41
	0.75	13.30	1.37	2.17	0.01	4.15	1.18	4.30	0.25	0.16
	0.14	20.32	0.29	0.57	0.01	0.58	0.65	4.75	0.06	0.11

进一步分析 SAX-DTW 算法在各车站异常时段的识别效果，并以奥体中心和森林公园南门识别的异常时段识别结果为例进行说明。奥体中心第七时段客流量如图 2-10 所示。森林公园南门第一、二时段客流量如图 2-11 所示。基于三西格玛准则将 SAX 阈值设定为 0.21，由于 SAX-DTW 存在远高于其他值的指标，因此基于三西格玛准则将去除部分极大值的 SAX-DTW 算法阈值设定为 0.99。利用

SAX 算法可以识别出奥体中心封站日期的第七分段的客流数据不存在差异(对应的指标值为 0.01)，但 SAX-DTW 算法可以识别出该站在该分段的客流存在差异(对应的指标值为 13.30)。结合该站第七时段的客流数据分析可以看出，第七时段后半部分封站客流存在明显降低且客流趋势存在显著变化，因此该时段的客流存在明显差异。同样，利用这两种方法识别森林公园南门的客流变化，利用 SAX 算法识别出封站客流在第一和第二时段的客流有异常(对应的指标分别为 0.25、0.24)，但是 SAX-DTW 算法识别出的这两个时段并不存在异常(对应的指标分别为 0.57、0.67)。分析森林公园南门第一、二时段的客流数据发现，第一分段的客流趋势较为近似，第二分段的客流趋势类似，且变化也不明显(15min 内最大客流减少量不超过 30，可以视为客流的正常波动)，因此这两个分段的客流没有明显差异。

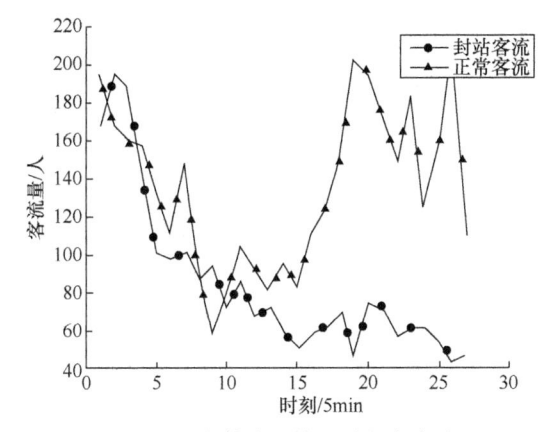

图 2-10 奥体中心第七时段客流量

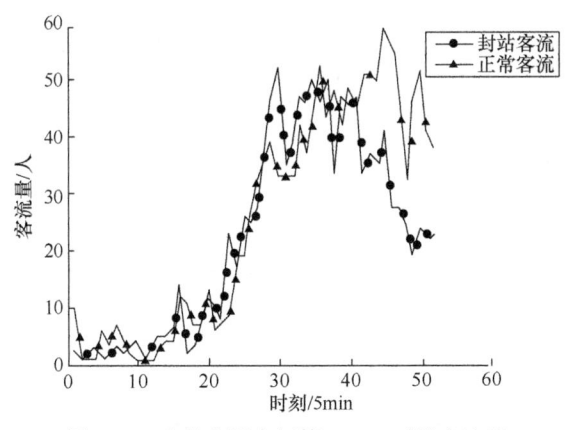

图 2-11 森林公园南门第一、二时段客流量

综上，SAX-DTW 算法考虑客流的数量及趋势等多种特征，在封站影响时空范围的识别上比 SAX 算法更加准确合理。

2.3 乘客用户"画像"构建

2.3.1 乘客"画像"卡账户指标体系的构建

为了掌握乘客的出行时空分布和偏好特性等规律，建立卡账户标签体系对乘客画像进行描绘。通过对卡账户累积出行记录的分析和挖掘，基于数理统计、贝叶斯推断等方法为乘客生成相应的标签。进一步对标签分析，可以得到乘客对出行时间、出行 OD 等的选择偏好，以及出行行为特性。

为每个卡账户生成反映其个体属性和出行时空分布特征的卡账户标签，首先建立全方位多维度的标签体系，对乘客画像进行描绘。通过结合多元出行大数据，构建乘客画像卡账户模型，建立适用于多应用的开放共享型实名制乘客画像信息库，设计乘客画像注册管理平台，为乘客个性化、精准化服务提供基础。结合城市轨道交通的功能定位和未来发展，总结城市轨道交通乘客画像的需求及对应的业务内容如表 2-17 所示。

表 2-17 城市轨道交通乘客画像的需求及对应的业务内容

乘客画像类型	基础信息	业务信息	衍生信息
画像内容	性别、年龄、职业、学历等	出行记录(出行次数、出行频率、出行时间分布、出行 OD 分布、出行路径分布)、交易记录(交易次数、交易金额、支付方式分布、票价减免记录、违约记录)、增值服务记录(参与次数、参与频率、交易金额、支付方式分布、商家类型分布、减免金额、最后参与时间)	卡账户活跃度、忠诚度、出行需求类型、消费能力、居住区域、上班区域、增值服务参与度
功能及相关业务	生成衍生信息	多元票务服务、乘客进站前、出行中的诱导信息推送、预约进站服务、生活增值服务	乘客出站后的增值业务推送、预约进站服务、安全防控服务

在上述卡账户要素的需求背景下，设计卡账户的指标体系及相应设置原则。首先，根据不同行业中用户画像的使用现状，结合轨道交通的业务需求，构建服务于精准化乘客服务的卡账户模型，制定乘客画像卡账户的三级指标体系。卡账户标签体系如图 2-12 所示。

关于乘客卡账户的管理平台，需要明确不同类型画像卡账户数据的更新流程不同。对于基础信息，只有当乘客修改其个人信息时才更新；对于业务信息，其中出行记录、交易记录和增值服务记录随着乘客每次出行和使用增值服务进行实时更新。同时，每个月将业务信息同步更新至数据库。对于衍生信息，分析基础信息和业务信息，每个月更新一次。管理平台示意图如图2-13所示。

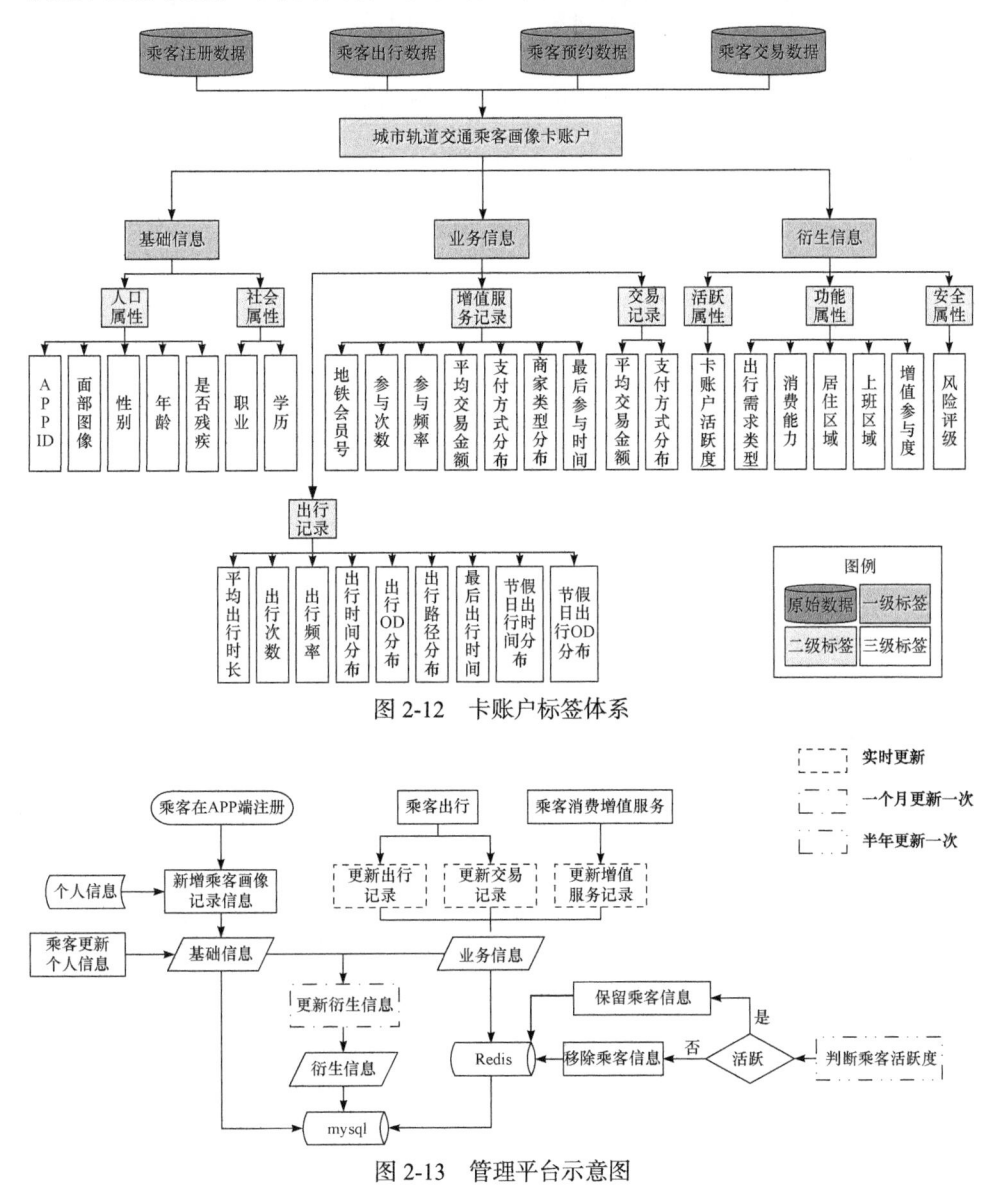

图 2-12　卡账户标签体系

图 2-13　管理平台示意图

2.3.2　卡账户出行时空分布特征分析

基于上述乘客卡账户管理平台对统计期间有出行记录的全部卡账户分别统计月均出行天数和月均出行次数，可以实现对整体出行分布的描述。这也是区分活跃卡账户与非活跃卡账户的基础。由于出行天数或出行次数较少的卡账户对整个路网客流量的贡献度较小,而那些占少数的活跃卡账户贡献了路网中绝大多数的客流量,因此需要对活跃卡账户进行识别,从而进一步研究卡账户出行规律。

卡账户类型分为活跃卡账户和非活跃卡账户。活跃卡账户和非活跃卡账户通过统计不同月均次数和月均天数卡账户对客流量的累积出行比例确定。同时,将出行频次大于等于判断阈值的卡账户标注为活跃卡账户。阈值的设置依据是对构成全网客流总量70%左右的乘客对应的月均出行次数 N 进行设置;结合月均出行天数情况进行调整,形成最终的活跃卡账户判断阈值。

对卡账户在不同时段、不同 OD 的出行频次进行统计,估计参数,计算指标,得到乘客出行的时空分布特征。出行时间与空间分布特征的标签分析流程如图 2-14 所示。

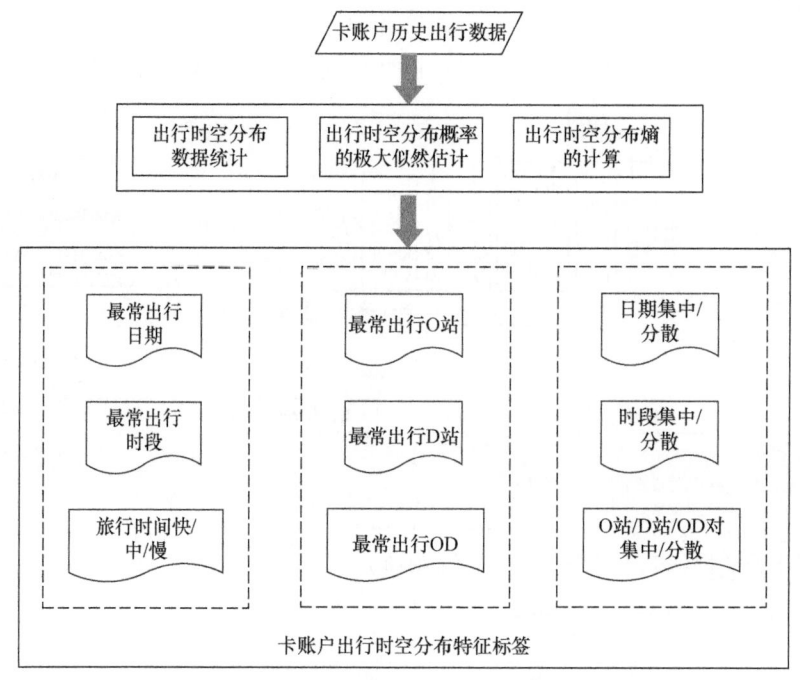

图 2-14　出行时间与空间分布特征的标签分析流程

1. 出行时间分布

通过卡账户乘客在不同特征日的出行记录,统计卡账户乘客在不同特征日的出行比例,以及在不同特征日下各时段的出行比例,根据统计结果进一步识别最常出行日期、不同特征日的最常出行时段。

工作日和非工作日出行比例为

$$P_{\text{date}} = (\alpha_1, \alpha_2) \tag{2-19}$$

其中，α_1 和 α_2 为工作日和非工作日出行比例。

工作日各时段出行比例为

$$P_{\text{workday}} = (\beta_1, \beta_2, \beta_3, \beta_4, \beta_5) \tag{2-20}$$

其中，$\beta_1 \sim \beta_5$ 为工作日早发车、早高峰、平峰、晚高峰、晚收车出行比例。

非工作日各时段出行比例为

$$P_{\text{non-workday}} = (\gamma_1, \gamma_2, \gamma_3, \gamma_4, \gamma_5) \tag{2-21}$$

其中，$\gamma_1 \sim \gamma_5$ 为非工作日早发车、早高峰、平峰、晚高峰、晚收车出行比例。

针对统计结果，比例大于 0.5 的特征日(或时段)定义为最常出行特征日(或时段)。

2. 出行空间分布

通过卡账户乘客的累积出行记录，统计卡账户乘客在不同 O 站、D 站，以及 OD 的出行比例，根据统计结果计算分布熵评估卡账户乘客出行空间分布的集中性，进一步识别常出行 O 站、D 站，以及 OD。

O 站出行比例为

$$P_O = (\delta_{O1}, \cdots, \delta_{On}) \tag{2-22}$$

其中，δ_{Oi} 为 O_i 站的出行比例；n 为卡账户有出行记录的 O 站数。

D 站出行比例为

$$P_D = (\varepsilon_{D1}, \cdots, \varepsilon_{Dm}) \tag{2-23}$$

其中，ε_{Di} 为 D_i 站的出行比例；m 为卡账户有出行记录的 D 站数。

OD 出行比例为

$$P_{OD} = (\epsilon_{OD1}, \cdots, \epsilon_{ODl}) \tag{2-24}$$

其中，ϵ_{ODi} 为第 i 个 OD 的出行比例；l 为卡账户有出行记录的 OD 数。

针对统计得到的卡账户出行记录空间分布，利用分布熵公式计算卡账户出行空间的分布熵 H，评估出行空间分布的集中性，即

$$H = -\sum_{i=1}^{n} p_i \log p_i \tag{2-25}$$

定义分布熵大于 1 的分布为分散，否则为集中。

2.3.3 活跃卡账户职住地估计

1. 居住地估计

为了推测卡账户乘客的居住地，设定四个规则，筛选满足条件的车站，即每天第一条出行记录的 O 站、每天最后一条出行记录的 D 站、每天第一条出行记录的 O 站与最后一条出行记录的 D 站为同一车站、每天第一条出行记录的 O 站与上一个出行日最后一条出行记录的 D 站为同一车站。基于各个规则下车站分布利用贝叶斯推断方法推断不同车站作为卡账户乘客居住地的概率。

2. 工作地估计

基于推测的居住地分布，通过筛选以居住地车站为 O 站或 D 站的 OD，利用全概率公式计算不同车站作为卡账户乘客工作地的概率，即

$$P(B_j) = \sum_{i=1}^{n} P(B_j | A_i) P(A_i) \qquad (2\text{-}26)$$

其中，$P(B_j)$ 为 B_j 站是工作地的概率；$P(B_j|A_i)$ 为 A_i 站是居住地的条件下 B_j 站是工作地的概率；$P(A_i)$ 为 A_i 站是居住地的概率。

为建立更全面的乘客画像，对已标注为通勤活跃卡账户从频次特征和规律性特征两个方面对乘客抽象的出行链提取出行模式特征向量，即

$$[F1, F2, F3, T1, T2] \qquad (2\text{-}27)$$

其中，$F1$ 为统计周期内，居住地到工作地且出发时间在 1h 内的出行记录占总出行次数的比例；$F2$ 为统计周期内，工作地到居住地且出发时间在 1h 内的出行记录占总出行次数的比例；$F3$ 为统计周期内，其他出行记录占总出行次数的比例；$T1$ 为统计周期内，若居住地到工作地且出发时间在 1h 内的出行记录间隔分布的特征值；$T2$ 为统计周期内，若工作地到居住地且出发时间在 1h 内的出行记录间隔分布的特征值。

使用小批 K 均值(mini batch K-means，MBK)算法，进行乘客出行模式的聚类。根据聚类结果，分析主要的出行类别及占比；根据聚类中心，分析不同类别特征，并根据卡账户所属类别，提取卡账户在不同类别出行比例、通勤方向、通勤规律性等方面的特征标签。

2.3.4 案例分析

以北京地铁 2018 年 9、10 月 AFC 数据为例，统计有出行记录的一卡通卡账户共有 16875861 个。用户月均出行天数分布如图 2-15 所示。用户月均出行次数分布如图 2-16 所示。从统计结果看，月均出行天数和月均出行次数较少的卡账户

数占总卡账户数的大多数。然而，出行天数或出行次数较少的卡账户对整个路网客流量的贡献度较小，而那些占少数的活跃卡账户贡献了路网中绝大多数的客流量，因此需要对活跃卡账户进行识别，进一步研究乘客出行规律。

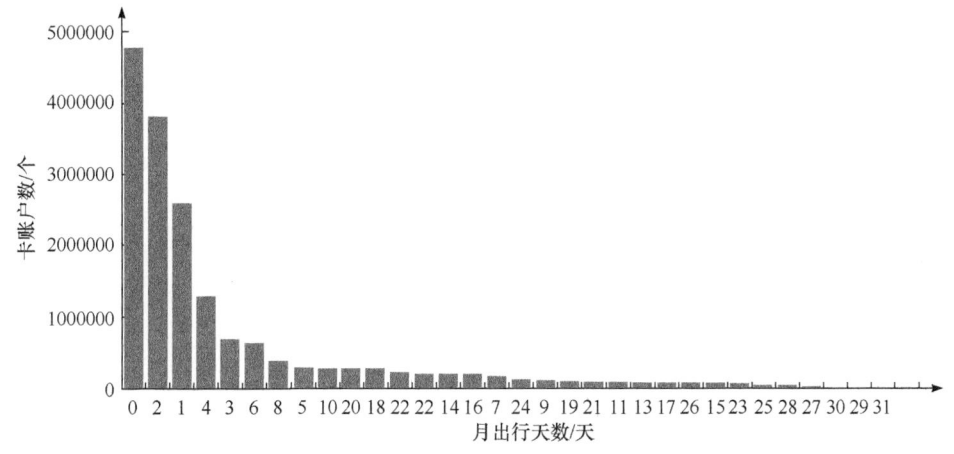

图 2-15　用户月均出行天数分布

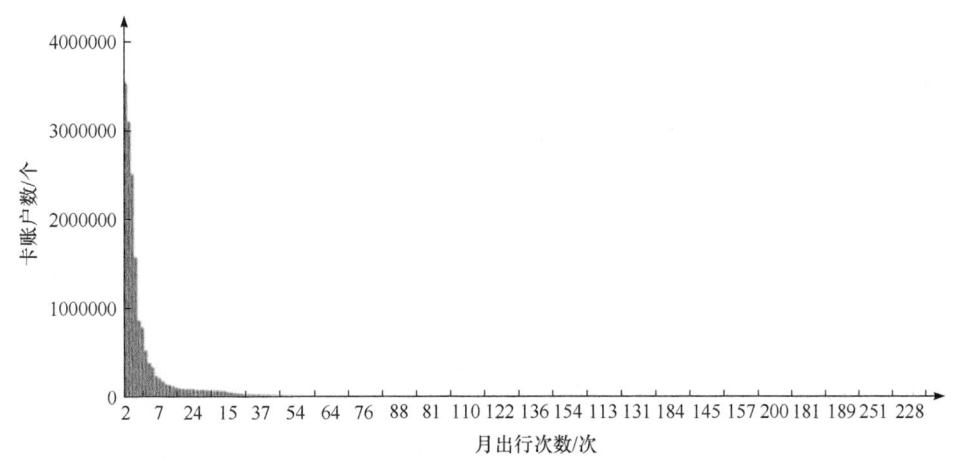

图 2-16　用户月均出行次数分布

月均出行次数分布与累积交易贡献度如图 2-17 所示。月均出行天数分布与累积交易贡献度如图 2-18 所示。月均出行次数 10 次及以上的卡账户占总出行记录的 68.31%，共 3198285 个，占卡账户总数的 19%；月均出行天数 6 天及其以上的卡账户占总出行记录的 67.74%，共 3438504 个，占卡账户总数的 20.4%。在这里，定义月均出行次数大于等于 10 次且月均出行天数大于等于 6 天的卡账户为活跃卡账户(常旅客)，共 3040648 个，占总卡账户数的 18%。

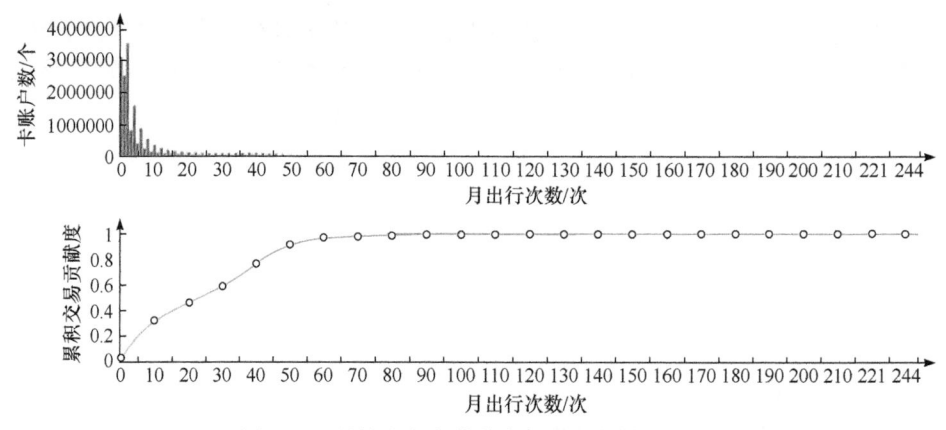

图 2-17　月均出行次数分布与累积交易贡献度

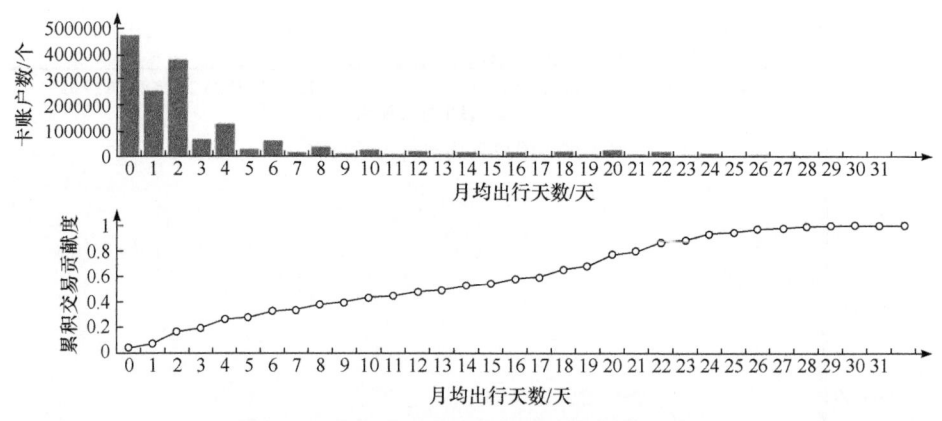

图 2-18　月均出行天数分布与累积交易贡献度

进一步分析卡账户出行时空分布。以典型的卡账户为例对出行空间分布进行分析。卡账户出行时间分布示例如表 2-18 所示。卡账户出行 O 站分布示例如表 2-19 所示。卡账户出行 D 站分布示例如表 2-20 所示。卡账户出行 OD 分布示例如表 2-21 所示。

表 2-18　卡账户出行时间分布示例

卡账户号	工作日,非工作日比例参数	工作日时段比例参数	非工作日时段比例参数	最常日期类型	工作日最常出行时段	非工作日最常出行时段
21387565	0.921, 0.079	0.557, 0, 0, 0.443, 0	0.167, 0.167, 0.332, 0.167, 0.167	工作日	早发车	平峰
5738029	0.925, 0.075	0.204, 0.550, 0.042, 0.204, 0	0.500, 0.250, 0, 0.250, 0	工作日	早高峰	早发车
70406922	0.797, 0.203	0.436, 0.128, 0, 0.436, 0	0.142, 0.286, 0.286, 0.286, 0	工作日	无	无
81444831	0.421, 0.579	0.186, 0.375, 0.063, 0.313, 0.063	0.182, 0.182, 0.273, 0.090, 0.273	非工作日	无	无

第二章 轨道交通客流大数据挖掘

表 2-19 卡账户出行 O 站分布示例

卡账户号	出行 O 站分布比例参数	最常 O 点标签	分布熵	标签
21387565	长椿街=0.544, 阜成门=0.423, 东四十条=0.011, T3航站楼=0.011, 东直门=0.011	长椿街	0.845	O 站集中
5738209	公益西桥=0.701, 长椿街=0.254, 宣武门=0.030, 灵境胡同=0.015	公益西桥	0.765	O 站集中
70406922	金台路=0.062, 东夏园=0.425, 呼家楼=0.412, 潞城=0.075, 国展=0.013, 六里桥=0.013	无	1.207	O 站分散
81444831	育新=0.295, 平安里=0.068, 五道口=0.091, 阜成门=0.045, 积水潭=0.023, 立水桥=0.159, 和平里北街=0.091, 复兴门=0.068, 宋家庄=0.023, 南锣鼓巷=0.023, 光熙门=0.068, 潘家园=0.023, 知春路=0.023	无	2.212	O 站分散

表 2-20 卡账户出行 D 站分布示例

卡账户号	D 站分布比例参数	最常 D 点标签	分布熵	标签
21387565	阜成门=0.533, 长椿街=0.378, 东四十条=0.011, 宣武门=0.067, 东直门=0.011	阜成门	0.984	D 站集中
5738209	长椿街=0.672, 公益西桥=0.254, 马家堡=0.015, 石榴庄=0.044, 灵境胡同=0.015	长椿街	0.881	D 站集中
48642146	崇文门=0.297, 长阳=0.158, 大红门=0.070, 前门=0.070, 北京站=0.053, 蒲黄榆=0.070, 刘家窑=0.120, 西钓鱼台=0.018, 十里堡=0.018, 四惠东=0.018, 首经贸=0.018, 广安门内=0.018, 北京西站=0.018, 六里桥=0.018, 高米店北=0.018, 东单=0.018	无	2.273	D 站分散
81444831	长椿街=0.182, 育新=0.227, 石榴庄=0.023, 五道口=0.136, 阜成门=0.045, 新街口=0.023, 和平里北街=0.091, 立水桥=0.113, 将台=0.023, 柳芳=0.023, 十里河=0.023, 知春路=0.045, 永泰庄=0.023, 北土城=0.023	无	2.273	D 站分散

表 2-21 卡账户出行 OD 分布示例

卡账户号	OD 分布比例参数	最常 OD 对标签	分布熵	标签
21387565	长椿街－阜成门=0.533, 阜成门－长椿街=0.356, 长椿街－东四十条=0.011, 东四十条－长椿街=0.011, 阜成门－宣武门=0.067, T3航站楼－东直门=0.011, 东直门－长椿街=0.011	长椿街-阜成门	1.084	OD 对集中

续表

卡账户号	OD 分布比例参数	最常 OD 对标签	分布熵	标签
48642146	前门－崇文门=0.123, 崇文门－长阳=0.07, 长阳－大红门=0.070, 崇文门－前门=0.018, 北京站－前门=0.035, 前门－长阳=0.035, 长阳－长阳=0.018, 崇文门－崇文门=0.018, 崇文门－北京站=0.035, 长阳－前门=0.018, 刘家窑－崇文门=0.077, 崇文门－蒲黄榆=0.018, 东单－刘家窑=0.018, 崇文门－西钓鱼台=0.018, 北京站－崇文门=0.070, 崇文门－刘家窑=0.035, 北京站－长阳=0.018, 长阳－刘家窑=0.018, 北京站－刘家窑=0.018, 崇文门－十里堡=0.018, 十里堡－蒲黄榆=0.018, 东单－四惠东=0.018, 四惠东－刘家窑=0.018, 刘家窑－北京站=0.018, 北京西站－刘家窑=0.018, 刘家窑－首经贸=0.018, 首经贸－蒲黄榆=0.018, 刘家窑－广安门内=0.018, 广安门内－长阳=0.018, 长阳－北京西站=0.018, 北京西站－六里桥=0.018, 刘家窑－高米店北=0.018, 高米店北－东单=0.018, 东单－蒲黄榆=0.018	无	3.298	OD 对分散

在活跃卡账户职住地估计部分，为了推测卡账户乘客的居住地，利用贝叶斯推断方法推断不同车站作为卡账户乘客居住地的概率。表 2-22 所示为部分卡账户居住地推测结果。

表 2-22 部分卡账户居住地推测结果

卡账户号	居住地
10144081	九龙山：0.83，广渠门外：0.17
26690470	沙河：0.97，朱辛庄：0.02，沙河高教园：0.004，昌平：0.006
28765670	张自忠路：0.81，北京西站：0.19
32524871	沙河：0.89，南锣鼓巷：0.05，枣园：0.05，清源路：0.01
86741207	草桥：0.83，公益西桥：0.17
89675504	惠新西街南口：0.83，芍药居：0.17

基于推测的居住地分布，通过筛选以居住地车站为 O 站或 D 站的 OD，利用全概率公式计算不同车站作为卡账户乘客工作地的概率。表 2-23 所示为部分卡账户的工作地推测结果。

表 2-23 部分卡账户工作地推测结果

卡账户号	工作地
17884508	林萃桥：0.96，方庄：0.04
17914931	林萃桥：0.96，永泰庄：0.04
21387565	阜成门：0.914，长椿街：0.05，东四十条：0.02，东直门：0.01，宣武门：0.002，T3 航站楼：0.004
24602644	阜成门：0.84，复兴门：0.16
88477000	阜成门：1
89967317	崇文门：0.87，呼家楼：0.07，东直门：0.06

最后进行通勤模式聚类可以得到分析结果。线网的通勤模式可以分为 10 类，并给出描述通勤比例、通勤方向和通勤均衡性的标签。通勤比例标签包含通勤主导和混合型。通勤主导标签指通勤出行占总出行数的 50%以上。混合型标签指非通勤出行占总出行数的 50%以上。通勤方向标签包含单向上班通勤、单向下班通勤、双向通勤。单向上班通勤标签指居住地到工作地的出行记录占总通勤记录数的 80%以上。单向下班通勤标签指工作地到居住地的出行记录占总通勤记录数的 80%以上。双向通勤标签指居住地到工作地的出行记录数和工作地到居住地的出行记录数分布较为均匀。通勤均衡性标签通过聚类结果评定不同等级的均衡性。

通勤模式各类标签分布及比例如表 2-24 所示。在聚类结果中，特征为通勤主导/双向通勤/均衡性高和通勤主导/双向通勤/均衡性较高的卡账户数约占总通勤卡账户数的 50%。可以推断，大部分通勤乘客的通勤行为是其主导出行目的，且上下班都依靠轨道交通，并按照一定的周期通勤。

表 2-24 通勤模式各类标签分布及比例

类别	标签	比例/%
8	通勤主导/双向通勤/均衡性高	24.61
0	通勤主导/双向通勤/均衡性较高	23.82
6	混合型/双向通勤/均衡性较低	13.61
7	通勤主导/双向通勤/均衡性极高	13.49
1	通勤主导/单向上班通勤/均衡性较低	8.06
4	通勤主导/双向通勤/均衡性极低	4.82
2	混合型/双向通勤/均衡性低	4.78
3	通勤主导/单向上班通勤/均衡性低	3.68
5	通勤主导/单向下班通勤/均衡性低	1.69
9	通勤主导/单向上班通勤/均衡性极低	1.44

2.4 以地理数据为主的多源数据采集

2.4.1 轨道交通站点相关数据及来源

1. 地理兴趣点数据

地理兴趣点(point of interests，POI)表示真实存在地理实体的点状数据，如写字楼、医院、加油站、公交车站等。每个 POI 数据包括名称、经纬度、POI 类型等信息。区域内的 POI 类型和数量可以在很大程度上反映该区域的土地利用性质。目前主流的电子地图都会提供完备的 POI 信息。通过对各电子地图产品的数据进行对比分析，高德地图在数据量的丰富性、数据组织的有序性等方面均有优异的性能，因此我们选择高德地图作为 POI 数据的来源。

2. 地产网站居民小区数据

选择从地产网站获取居民小区数据，原因有两个：一是大数据背景下，网络爬虫技术的发展使获取各种行业网站上的数据变得更加易于实现；二是相较于传统方式获取的数据，互联网数据更新快，数据更符合研究需要。

居民小区数据包括小区的名称、房价、租金、户数等信息。

3. 建筑面积数据和道路数据

互联网上有很多第三方开发的地图下载器，提供矢量类数据下载。通过对比国内主流地图下载器，太乐地图下载器支持建筑基底轮廓、层数等矢量数据的下载，通过基地轮廓和层高两项数据便可以计算目标建筑的建筑面积。另外，太乐地图下载器还提供国道、省道、城市快速路、高速路、乡镇道路等道路数据，可以用来计算站点周边的道路密度。因此，选取太乐地图作为建筑面积和道路数据的数据源。

4. 站点客流量数据和路网可达性数据

站点客流量数据是对城市轨道交通 AFC 数据经过统计得到的，站点的路网可达性表示站点间出行的便捷性与通达性。对某一车站，用从该车站出发并在一段时间内可达的路网其他站点数量表示，也是通过 AFC 数据统计得到的。我们将城市轨道交通系统的 AFC 数据作为站点历史客流量和站点路网可达性的来源。

2.4.2 电子地图地理数据采集

POI 数据采集的目标是获取轨道交通路网各站点周边的众多类型 POI 信息。考虑数据规模，这里选用高德地图提供的数据接口服务获取 POI 数据。高德地图 JS API(application programming interface，应用程序接口)是一套使用 JavaScript 语言开发的地图应用编程接口，提供 POI 搜索开放服务接口 AMap.PlaceSearch，支持某一指定区域的位置查询服务，可以通过自定义回调函数得到查询结果。

不同类型的土地利用对轨道交通客流的影响程度是不同的。POI 在一定程度上代表土地利用情况，因此可以用 POI 数据表征不同类型土地的利用。结合研究需要，从高德地图 API_POI 类别划分表中选取能够代表居住土地利用、行政办公土地利用、其他类土地利用，以及交通设施的 POI 类型作为抓取的目标 POI 类型。具体 POI 系统的设计基于 Django 框架开发高德 POI 抓取系统[5]。

2.4.3 其他数据采集

1. 地产网站居民小区数据的抓取

地产网的居民小区页面上有居民小区的详细信息(小区名称、户数、房价、租金、建筑年代等)。以北京市为例，使用 Python 编写爬虫程序，获取地产网上城市全域居民小区的详细属性信息。

通过以上流程，抓取 11382 个小区的数据，抓取的字段为小区名称、房价、栋数、户数、物业价格、建筑年代、平均租金。地产网抓取数据示例如表 2-25 所示。

表 2-25 地产网抓取数据示例

小区名称	房价/元	栋数	户数/户	物业价格/(元/m²)	建筑年代/年	平均租金/(元/m²)
新龙城	55025	41	6460	1.00~2.00	2006	75.21
天通苑东一区	41153	66	7786	0.55~2.00	2000	71.37
流星花园三区	54145	39	3154	1.70~2.80	2001	75.62
天通苑中苑	40325	60	6761	0.55~1.50	2007	70.92

2. 建筑数据的获取

太乐地图下载器提供的建筑数据是原始的矢量数据。每个矢量图形都有层高这一属性。根据研究需要，通过矢量轮廓数据和层高数据可以得到建筑面积，计算流程如下。

Step1，在太乐地图下载器中获得北京市建筑信息文件。

Step2，将建筑文件导入 ArcGIS，利用坐标转化工具将地理坐标系转成投影坐标系。

Step3，利用 ArcGIS 的地理处理工具计算建筑物投影面积。

2.5 本章小结

本章基于轨道交通多源大数据，提出面向 AFC 数据的旅行时间异常分析方法、面向 AFC 数据的路网客流异常分析方法，以及以 POI 数据为主的多源数据采集方法。

在面向 AFC 数据的旅行时间异常分析方面，首先提出基于箱线图的标准时间带，确定正常的出行时间范围，并以此为标准消除异常数据。然后，将独立样本 T 检验、威尔科克森符号秩检验、曼-惠特尼 U 检验三种算法集成，提出基于集成算法的旅行时间异常检测算法，识别封站时段旅行时间异常的 OD。

在面向 AFC 数据的路网客流异常分析，提出基于 SAX-DTW 的算法来识别封站情景下的地铁短时客流。该算法可以克服 SAX 在趋势量化方向的问题，实现封站下各地铁车站进站客流的有效异常识别。

参 考 文 献

[1] Zhuang Z Q. BOXPLOT-an easytool of describing statistics. Statal Education, 2003, 6: 56-57.

[2] Taheri S M, Gholamreza H. A generalization of the Wilcoxon signed-rank test and its applications. Statal Papers, 2013, 54(2): 457-470.

[3] Lin J, Keogh E, Lonardi S, et al. A symbolic representation of time series, with implications for streaming algorithms//Proceedings of the 8th ACM SIGMOD Workshop on Research Issues in Data Mining and Knowledge Discovery, California, 2003: 239-247.

[4] Hiroaki S. Two-level DP-matching-a dynamic programming-based pattern matching algorithm for connected word recognition. Readings in Speech Recognition, 1990, 27(6): 180-187.

[5] 万峰. 基于多方式影响域与吸引强度的城市轨道交通站点客流预测. 北京：北京交通大学，2020.

第三章 基于数据驱动的乘客出行行为分析与建模

本章首先研究乘客出发车站选择行为建模；然后分析研究乘客出发时间选择行为建模；最后对路径选择行为进行细化，对拥挤条件下的乘客路径选择行为等进行建模，形成数据驱动的轨道交通乘客行为建模理论。

3.1 基于决策场理论的乘客出发车站选择行为建模

3.1.1 决策场理论

决策场理论(decision field theory，DFT)描述决策者在作出决策前，其偏好的变化过程[1]。在某个思考时间内，决策者的注意力集中在某个属性上(如车上时间、等车时间和票价等)。在此期间，决策者将每个备选方案的这个属性值与其他方案进行比较，并依据某个选项在该属性上的优势或劣势，相应地增加或减少每个方案的偏好值。在下一个思考时间内，决策者的注意力可能转移到另一个属性上，或者仍停留在这个属性上，并重复比较环节。最终，通过时间约束或偏好阈值选择偏好值最大的方案。

1. 决策场理论决策模型

根据 DFT 的主要思想，每个可用的备选方案都有一个偏好值 P。偏好值会随着时间的推移而更新。在这个变化过程中，偏好状态可能从积极(趋向状态)到消极(回避状态)，偏好值的大小代表趋避倾向的强弱。

在 DFT 的每次迭代中，当前时刻的偏好值等于上一个时刻的偏好值乘以反馈矩阵 S，再加上当前时刻的效价向量 V_t。其基本形式为

$$P_t = SP_{t-1} + V_t \tag{3-1}$$

其中，P_t 为 t 时刻各备选项当前偏好值的列矩阵；S 为包含 3 个参数的反馈矩阵；P_{t-1} 为上一阶段偏好向量，P_0 为初始偏好向量，表示在考虑有关备择的任何信息之前的偏好，如决策问题之前的经验记忆，一般定为 $[0,\cdots,0]'$；V_t 为 t 时刻的效价向量。

效价 V_t 表示第 t 次决策时间内，决策者对于各个方案的偏好，数学定义为

$$V_t = CMW_t + \varepsilon_t \tag{3-2}$$

其中，C 为比较矩阵，用来计算每个选项在当前考虑属性上相对于其他选项的优势或劣势值，是一个对角元素为 1，其他元素为 $-1/(N-1)$ 的常数方阵，N 为备选方案数，即

$$C = \begin{bmatrix} 1 & \cdots & -\dfrac{1}{N-1} \\ \vdots & & \vdots \\ -\dfrac{1}{N-1} & \cdots & 1 \end{bmatrix} \quad (3\text{-}3)$$

式(3-2)中 M 为属性矩阵，包含每个选项的属性值，其中每一行代表一个备选方案，每一列代表一类影响因素；权向量 $W_t = [0, \cdots, 1, \cdots, 0]'$（第 j 个元素为 1）表示在 t 时刻，决策者将注意力转移到 j 属性上。

决策者的关注权向量会随着时间的变化而变化，反映决策过程中决策者的关注会随着时间变化在属性间转移。DFT 认为，决策者对于每个属性的关注程度是不均等且随机的，将注意力转移至第 j 个属性的概率记为 w_j，属性的关注度或重要性权重向量为 $w = [w_1, w_2, \cdots, w_E]'$，$E$ 为属性的数量。此外，还有一个随机误差向量 $\varepsilon_t = [\varepsilon, \cdots, \varepsilon]'$，误差的方差通常为 1[2]。

反馈矩阵 S 反映对给定选项先前偏好状态的记忆程度(对角元素)和选项的相互影响(非对角元素)，通常小于 1，定义为

$$S = I - \phi_2 \times \exp(-\phi_1 \times D^2) \quad (3\text{-}4)$$

其中，I 为单位矩阵；ϕ_1 和 ϕ_2 为灵敏度和记忆参数；D 为备选项之间属性距离的某种度量；灵敏度参数 ϕ_1 影响备选方案之间的竞争程度；记忆参数 ϕ_2 影响反馈矩阵 S 的对角元素。

2. 多备择决策场理论的联结主义

使用 DFT 对三个及以上的问题进行分析，也称为多备择决策场理论(multiple alternative decision field theory, MDFT)。MDFT 是一个联结网络模型[3,4]。图 3-1 反映包含三个备选方案(A、B 和 C)，以及两种属性(1 和 2)的决策过程。可以看出，MDFT 主要涉及两个子网络。

第一个子网络是联结主义前馈网络。图左侧的评估节点($M_{i,j}$, $i=1,2,3$; $j=1, 2$)表示每个备选项在当前时刻每个属性的评估值(如当前的等待时间、前往目的地的车上时间等)。这些属性评估值通过与属性关联的注意力权重随机生成的瞬时注意力矩阵(W)进行过滤处理(人在一个决策时间内只考虑一个因素)。然后，通过对比系数 C 转换为加权评价，以反映不同方案之间的相互影响。第一层的输出称为效价(V_A、V_B、V_C)，表示在特定时刻为每个备选方案考虑的优势或劣势。当决策者的

注意力不可预测地从一种属性转移到另一种属性时，这些效价会随时间随机变化。

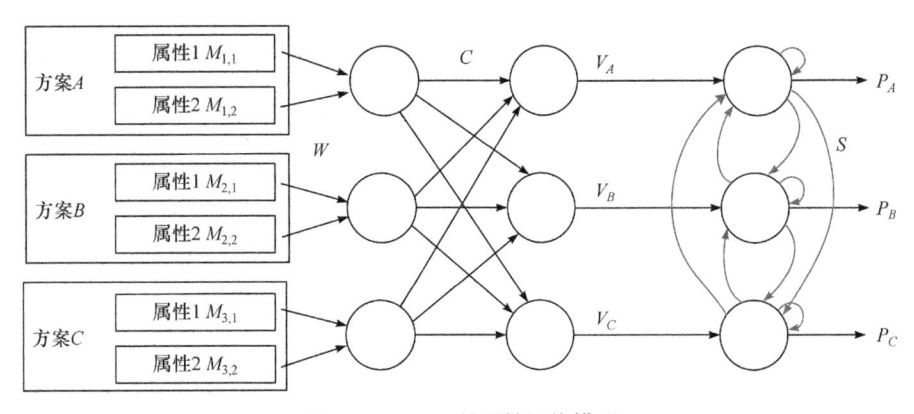

图 3-1　MDFT 的联结网络模型

第二个子网络是一个竞争递归网络。递归网络中的一个决策节点(标记为 A、B、C)对应于一个选择方案(如不同出发车站)。每个决策节点的输入是来自第一层输出的效价。每个决策节点的输出激活表示在特定时间点对相应备选方案的偏好强度(P_A、P_B、P_C)，这个强度会随着正效价(优势)升高，随着负效价(劣势)降低。

网络中的每个决策节点都与其他节点相连，同时每个决策节点都有一个自反馈回路。节点之间的相互连接代表一个竞争系统，因此一个节点的激活会抑制其他节点。这也是联结网络的典型特点。

3. 多备择决策场理论决策规则

MDFT 是决策者反复权衡的过程。在每次权衡中，决策者会根据重要性权重选择需要考虑的因素，不断更新偏好，直至决策停止。决策停止规则包括两种。

内部停止规则认为，决策者的偏好值具有一个阈值，只要在思考过程中，某一备选方案的偏好值超过此阈值，便立即选择此备选方案，不再重复思考过程。

外部停止规则为所有决策者设定最大思考时间。在决策者思考过程中，无论偏好值如何变化，只有思考时间达到最大思考时间，决策过程才会终止并选取备选方案中偏好值较大的作为最终选择。

这两种规则可以分开使用，也可以独立使用，应根据实际情景和计算的需要合理选择。

4. 多备择决策场理论各备选方案选择概率计算

运用粒子群算法对权重矩阵进行标定(三个备选项三种属性，其余参数已提前设定),500 组调研数据进行 200 次迭代约耗时 18h。因此,需要对于 MDFT 的备选方案选择概率计算过程进一步推导简化。其推导过程如下。

在不考虑内部决策阈值的影响,即不考虑某一备选方案偏好超过偏好阈值,使决策过程提前终止的情形时,可根据 $P_t = SP_{t-1} + V_t$ 进行推导。

第 1 次迭代为

$$P_1 = SP_0 + V_1 \tag{3-5}$$

第 2 次迭代为

$$P_2 = S(SP_0 + V_1) + V_2 \tag{3-6}$$

依此类推,第 t 次迭代为

$$P_t = \sum_{k=0}^{t-1} S^k V_{t-k} + S^t P_0 \tag{3-7}$$

因为迭代过程中的偏好权重向量 w_i 是固定的,所以 W 可以认为是一个平稳的随机过程。这意味着,V_t 也是一个均值为 $E(V_t)$ 和协方差矩阵为 $\mathrm{Cov}(V_t)$ 的平稳随机过程[5]。

在这种情况下,可计算 V_t 均值 $E(V_t)=\mu=CMw$,以及协方差 $\mathrm{Cov}(V_t)=\Phi=CM\Psi M'C'+s$,其中 $\Psi=\mathrm{Cov}(W_t)$,$s=\mathrm{Cov}(\varepsilon_t)$。然后,计算 P_t 的期望值 $E(V_t)$ 和协方差矩阵 $\mathrm{Cov}(V_t)$。

$E(V_t)$ 可化简为

$$\begin{aligned} E(P_t) &= \xi_t \\ &= \sum_{k=0}^{t-1} S^k \mu + S^t P_0 \\ &= (1-S)^{-1}(1-S^t)\mu + S^t P_0 \end{aligned} \tag{3-8}$$

$\mathrm{Cov}(V_t)$ 可简化为

$$\begin{aligned} \mathrm{Cov}(P_t) &= \Omega_t \\ &= \mathrm{Cov}(\sum_{k=0}^{t-1} S^k V_{t-k} + S^t P_0) \\ &= \sum_{k=0}^{t-1} (S^k \Phi S^{k'}) \end{aligned} \tag{3-9}$$

根据决策场论的思想,如果 A 在 t 时刻的偏好值高于 B 和 C,则从集合 $\{A, B, C\}$ 中选择 A。A 的选择概率为

$$\begin{aligned} &\Pr(P_t(A) - P_t(B) > 0 \cap P_t(A) - P_t(C) > 0) \\ &= \int_{X>0} \exp(-(X-\Gamma)'\Lambda^{-1}(X-\Gamma)/2)/(2\pi|\Lambda|^{0.5})\mathrm{d}X \end{aligned} \tag{3-10}$$

其中，$X=[P_t(A)-P_t(B),P_t(A)-P_t(C)]'$；$\Gamma=L\xi_t$；$\Lambda=L\Omega_t L'$，$L$ 由 1 组成的列向量和一个负单位矩阵乘上 $E-1$ 组合而成，全是 1 的列向量被放在矩阵的第 i 列，即

$$l=\begin{bmatrix} 1 & -1 & 0 \\ 1 & 0 & -1 \end{bmatrix} \tag{3-11}$$

求解上述积分的难点在于，求出偏好值 P_t 的期望值和协方差矩阵(ξ_t 和 Ω_t)，在计算的时候会涉及 S 的幂的累加过程。

Rieskamp[6]证明，在无内部停止阈值和思考决策时间趋于无穷大的时候，如果 $S<1$，有 $S^t \to 0$，ξ_t 和 Ω_t 可以进行如下简化。

根据数学推导，即

$$\xi_\infty = (1-S)^{-1}\mu \tag{3-12}$$

$$\overline{\Omega_\infty} = (1-Z)^{-1}\overline{\Phi} \tag{3-13}$$

其中，$\overline{\Phi}$ 为 Φ 转化为一个 $1 \times E^2$ 列向量得到的；Z 为满足 $\overline{S\Omega_\infty S} = Z\overline{\Omega_\infty}$ 的 $E^2 \times E^2$ 矩阵。

根据上述公式可以避免繁杂的求和计算，但代价是假设所有决策者都需要无限长的决策时间做出选择。为避免将思考决策时间设置为无穷大，对式(3-13)进一步地简化和推导，即

$$\begin{aligned} \Omega_t &= \sum_{k=0}^{t-1}(S^k \Phi S^{k'}) \\ &= \sum_{k=0}^{t-1}(Z^k \overline{\Phi}) \\ &= (I-Z)^{-1}(I-Z^t)\overline{\Phi} \end{aligned} \tag{3-14}$$

式(3-14)与 Rieskamp[6]的研究相比，对 Z 进行调整，使 Z 满足 $\overline{S^E \Phi S^{E'}} = Z^E \overline{\Phi}$。这意味着，概率计算过程中耗时的计算已经被移除，同时实现了有限决策时间 t 情况下各方案选择概率的计算。

在得到计算量较小的选择概率计算方法后，便可应用启发式算法等，根据实际问题对各项参数进行标定。

3.1.2 基于多备择决策场理论封站条件下乘客出发车站选择模型

1. 乘客备选车站集及决策过程考虑因素确定

对于进站量异常的车站集合，需进一步根据车站的吸引范围进行筛选，从而得到封站下乘客备选出发车站集合。既有研究表明[7-9]，城市轨道交通乘客的加权

平均接运距离为 2.47 公里左右，合理吸引范围为 2.1 公里左右。考虑封站的特殊情况，适当加大吸引范围，我们设定为 3 公里，即距离封站车站 3 公里内，与封站车站存在有效衔接方式且受影响严重的车站(一般不考虑与封站车站不在同一线路的车站)作为此模型研究的备选车站集合。

在封站条件下，影响乘客选择出发车站的因素大致可以分为两大类，即备选车站的可达性，以及从备选车站前往目的地的各项属性。

备选车站可达性主要考虑封站车站前往该车站的便捷程度。考虑地铁车站附近基本都有公交站台，以及共享单车停放点，因此可达性因素主要选取步行、公交和骑车相关的几类属性。

从备选车站出发前往目的地的各项属性主要考虑从备选车站前往目的地的便捷程度等因素，包括票价、换乘次数、平均满载率和时间因素。时间方面，根据 Xu 等[10]的研究，未受到限流影响的乘客出行环节花费的旅行时间包括进站走行、站台等待、车上时间、换乘走行、换乘等待，以及出站走行时间。对于闸机到站台的走行时间，根据调研数据，其绝对差别并不明显，换乘走行同样如此，因此不将走行时间考虑在内。综上，在时间方面主要考虑车上时间、等车时间。出发车站选择行为影响因素如表 3-1 所示。

表 3-1 出发车站选择行为影响因素

项目	影响因素
备选车站可达性	备选车站各进出口 500m 内公交线路数
	从关闭的车站乘公交到邻近的车站所花的时间
	从关闭的车站骑单车到邻近的车站所花的时间
	从关闭的车站步行到邻近的车站所花的时间
备选车站前往目的地的各项属性	平均等车时间
	车上时间
	平均满载率
	换乘次数
	票价

2. 基于随机森林的决策过程关键因素识别

如果考虑每个备选方案都有一套影响因素，那么影响因素的数量会非常大，因此需要对影响因素进行缩减，识别出对出发车站决策影响较大的几类关键因素，然后代入模型进行定量分析。

随机森林(random forest, RF)在对样本进行分类时，会提供每个特征的重要性。其变量重要性度量可以通过变量重要性评分反映。使用 RF 对封站情况下出发车站选择的影响因素进行重要度分析，根据变量重要性评分值的大小对各类影响因素的重要度进行排序，并取出排序靠前的几种因素作为关键因素，代入模型进一步计算。

设定 Atr_j 表示第 j 个影响特征，VIM(variable importance measures)为变量重要性评分，VIM_j 表示 RF 中所有决策树中第 j 个特征的节点分裂不纯度的平均改变量，那么第 j 个特征中节点 m 的基尼系数 GI_{jm} 为

$$\text{GI}_{jm} = \sum_{k=1}^{K} \hat{p}_{jmk}(1 - \hat{p}_{jmk}) \tag{3-15}$$

其中，K 为自助样本集类别数(此问题中为备选车站数量)；$\hat{p}_{jmk}$ 为样本第 j 个特征在节点 m 处属于第 k 类的概率估计值。

特征 Atr_j 在节点 m 的重要度(节点分裂前后的基尼指数变化量)为

$$\text{VIM}'_{jm} = \text{GI}_{jm} - \text{GI}_{jl} - \text{GI}_{jr} \tag{3-16}$$

其中，GI_{jl} 和 GI_{jr} 为第 j 个特征中节点 m 分裂产生的两个新节点的基尼指数。

假设有 g 棵树，特征 Atr_j 在决策树 i 中对应的节点总数为 $T_i(j)$，那么第 i 颗树中特征 Atr_j 的重要度为

$$\text{VIM}^2_{ij} = \sum_{m=1}^{T_i(j)} \text{VIM}'_{jm} \tag{3-17}$$

汇总所有决策树的重要度，进行归一化，最终所有决策树中第 j 个特征的变量重要性评分为

$$\text{VIM}^3_j = \sum_{i=1}^{g} \text{VIM}^2_{ij}/g \tag{3-18}$$

将不同车站同一类属性的重要度评分求和，并根据筛选出的重要度评分较大的关键因素，可构建 DFT 属性矩阵，其中每一行代表一个备选项，每一列代表一种影响因素，即

$$M = \begin{bmatrix} m_{11} & \cdots & m_{1E} \\ \vdots & & \vdots \\ m_{k1} & \cdots & m_{kE} \end{bmatrix} \begin{matrix} \text{备选车站}1 \\ \vdots \\ \text{备选车站}k \end{matrix} \quad \begin{matrix} \text{因素}1 \cdots \text{因素}E \end{matrix} \tag{3-19}$$

3. 确定相似度函数

Hancock 等[11]通过实际数据标定验证，使用欧氏距离在预测精度和使用 Rieskamp[6]提出的心理距离相差不大的情况下，可较为显著地提高计算效益。由于 MDFT 标定本身的计算量偏大，为保证计算效率，我们选择使用欧氏距离计算

不同备选方案的属性之间的相似度，即

$$D = \sqrt{\sum_{l=1}^{E}(m_{il}-m_{jl})^2} \tag{3-20}$$

其中，D 为第 i 个方案和第 j 个方案之间的欧氏距离；m_{il} 和 m_{jl} 为 M 矩阵中的元素。

4. 出发车站可行性约束

在封站情景下，许多特殊情形(例如从封站车站前往备选车站的客流受到封站影响)导致某个或某几个备选方案不可行，因此针对这种情况需要额外增加约束。

给 MDFT 引入可行性约束 AVAIL，描述备选方案在此次决策中的可行性，即 $\text{AVAIL}_{AD}=0$ 表示对于以 D 站为目的地的乘客，备选车站 A 不可行，$\text{AVAIL}_{AD}=1$ 表示可行。引入此参数后，选择概率计算公式会发生变化，更新所有备选项的偏好，即

$$P_t(A) = \text{AVAIL}_{AD} \cdot P_t(A) \tag{3-21}$$

D 去向的乘客选择备选方案 A 的概率为

$$\begin{aligned}\Pr(A) = \Pr(\text{AVAIL}_{AD} \cdot P_t(A) - \text{AVAIL}_{BD} \cdot P_t(B) > 0 \bigcap \text{AVAIL}_{AD} \\ \cdot P_t(A) - \text{AVAIL}_{CD} \cdot P_t(C) > 0)\end{aligned} \tag{3-22}$$

当计算 D 去向的乘客选择备选方案 A 的概率时，如果 $\text{AVAIL}_{AD}=0$，则积分域为 0，所以 $\Pr(A)=0$。同时，在其余备选方案概率计算过程中，均会去除 AVAIL=0 的备选方案的行或者列进行计算。

5. 决策中止规则及反馈矩阵设定

决策终止规则即决策中不考虑内部停止规则，不需要设定偏好阈值。对于外部停止规则，我们使用实际数据对参数进行标定，可以不事先设定最大决策时间，而是将 t_{timestep} 作为待标定参数，使用实际数据进行学习标定。

根据反馈矩阵 $S = I - \phi_2 \times \exp(-\phi_1 \times D^2)$，反馈矩阵的设定对结果会有一定的影响，在既有的 DFT 应用中，一般将 ϕ_1 和 ϕ_2 取为固定值。在使用实际数据标定参数时，如果不固定 ϕ_1 和 ϕ_2，进行标定时能略微提升模型的优度[11]。因此，我们不需要对 ϕ_1 和 ϕ_2 进行设定，而是同偏好权重和决策时间一并作为参数进行标定。

3.1.3 基于极大似然估计的模型参数标定方法

根据上节的模型设定便可通过实际 AFC 数据对 MDFT 参数进行标定。算法输入数据共有如下字段，即各个备选车站前往乘客目的地的可行性、筛选出的各

个备选车站的关键属性，以及乘客最终选择的车站。算法输入数据如表 3-2 所示。

表 3-2 算法输入数据

ID	$AVAIL_{LCQ}$	$Transfer_{LCQ}$	$walkTime_{LCQ}$	$vehicleTime_{LCQ}$	$price_{LCQ}$	...	choice
1	1	1	55	30	4	...	1

通过计算式可以推出各个决策者选择每个备选方案的选择概率，同时各决策者的最终选择为已知，可以基于极大似然法对模型的各个参数进行标定。

考虑偏好权重必须大于 0 且和为 1，为简化标定流程，对偏好权重做如下变换，即

$$w_i = \frac{\exp(b_i)}{\sum_{j=1}^{E}\exp(b_j)} \tag{3-23}$$

综上，DFT 模型待标定参数如表 3-3 所示。

表 3-3 DFT 模型待标定参数表

待标定参数	含义
$t_{timestep}$	乘客决策时间
ϕ_1	反馈矩阵灵敏度
ϕ_2	反馈矩阵记忆参数
$asc_{station}$	各备选车站初始偏好
$b_{transfer}$	换乘权重
b_{price}	票价权重
$b_{walkingTime}$	封站车站前往备选车站走行时间权重
$b_{inVehicleTime}$	备选车站前往目的车站时间权重
...	...

注：实际标定中需要将初始偏好和权重中各取一个值固定，对其他参数进行标定。

采取极大似然估计进行参数优化，对 DFT 模型参数进行标定，具体分为以下步骤。

① 求解 DFT 模型的似然函数。令 x_i 为乘客 i 做出的选择，θ 为需要标定的参数，则有似然函数，即

$$L(\theta) = L(\theta; x_1, \cdots, x_n) = \prod_{i=1}^{n} p(x_i; \theta)$$

$$= \prod_{i=1}^{n} \int_{X>0} \exp(-(X-\varGamma)'\Lambda^{-1}(X-\varGamma)/2)/(2\pi|\Lambda|^{0.5})\mathrm{d}X \tag{3-24}$$

② 为便于计算，将其转换为对数似然函数，可得

$$LL(\theta) = \ln \sum_{i=1}^{n} p(x_i; \theta)$$

$$= \sum_{i=1}^{n} \ln \left(\int_{X>0} \exp(-(X-\varGamma)'\Lambda^{-1}(X-\varGamma)/2)/(2\pi|\Lambda|^{0.5})\mathrm{d}X \right) \tag{3-25}$$

③ 极大似然估计的核心在于使似然函数值最大化，因此可以使用 Broyden-Fletcher-Goldfarb-Shanno 优化算法对待标定参数进行标定调整。该参数标定过程可以使用 R 语言 maxLik 程序包[12]进行编程实现。

④ 通过迭代计算可以得到使似然函数值最大的 $\hat{\theta}$ 向量，即该模型的标定结果。主要参数检验量包括修正极大似然函数值，记为 $LL(0)$；极大似然函数值，记为 $LL(\hat{\theta})$；拟合优度，记为 ρ^2，即

$$\rho^2 = 1 - \frac{LL(\hat{\theta}) - Q}{LL(0)} \tag{3-26}$$

其中，Q 为模型待估计参数的自由度；当 ρ^2 取值为[0,1]，并且越是接近 1，模型的拟合度越好，一般 ρ^2 处于[0.3,0.5]的时候，说明模型拟合度可以较好地接受。

为了和其他模型进行对比，同时还需要计算模型的赤池信息准则[13](Akaike information criterion，AIC)和贝叶斯信息准则[14](Bayesian information criterion，BIC)，即

$$AIC = 2k - 2\ln(L) \tag{3-27}$$

$$BIC = k\ln(n) - 2\ln(L) \tag{3-28}$$

其中，k 为模型参数数量；n 为样本量；L 为似然函数；$k\ln(n)$ 为惩罚项。

对不同模型进行对比时，AIC 和 BIC 都是越小越好。

3.1.4 案例分析

1. 数据收集及预处理

2018 年 9 月 3 日，奥林匹克公园站 0~16 点关闭，8 号线和 15 号线列车在该站均不停站，我们选取该封站作为案例，对封站影响范围和乘客出发车站选择行为进行研究。北京地铁路网及奥林匹克公园周边车站图如图 3-2 所示。选取受影

响较大且位于奥林匹克公园站附近的五个车站作为备选车站进行分析,包括林萃桥、安立路、北沙滩、奥体中心、森林公园南门,采用 MDFT 对乘客出发车站进一步定量分析选择。

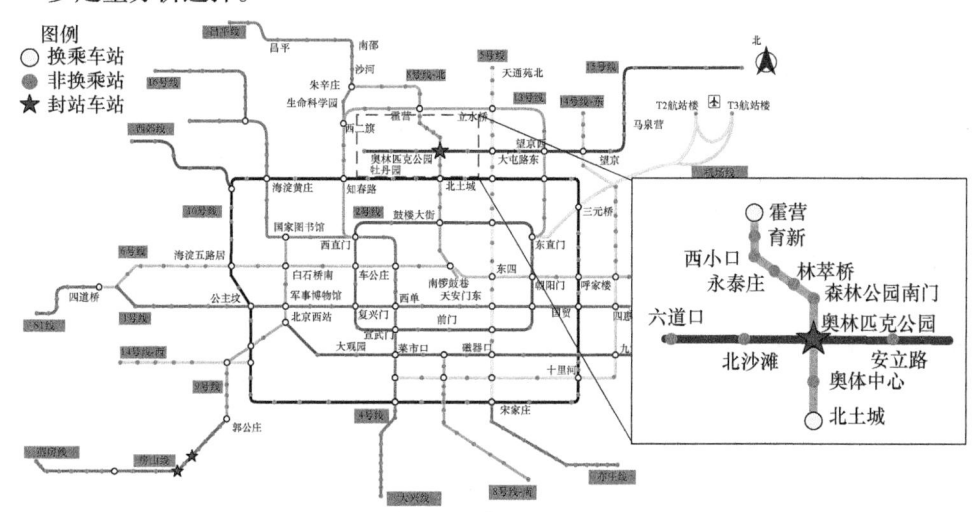

图 3-2　北京地铁路网及奥林匹克公园周边车站图

分析需要的数据包括北京地铁 AFC 数据、满载率数据、备选车站前往其余车站的基本信息(车上时间、等车时间、换乘次数、票价等),从封站车站使用公交、自行车,以及步行等方式前往周边车站的时间,备选车站出入口公交线路数,并从上述数据中提取平均等车时间等数据。

2018 年 9 月 3 日,林萃桥地铁站实际进站量与 8 月 20 日、8 月 27 日、9 月 10 日和 9 月 17 的 6:00~10:30 的平均进站量变化较大的典型车站示例如表 3-4 所示。

表 3-4　林萃桥地铁站出发进站量变化较大典型车站示例

目的地车站	9月3日进站量/人	平均进站量/人	进站量变化/人
奥林匹克公园	0	16	−16
清华东路西口	2	14	−12
森林公园南门	51	3	48
北土城	50	20	30

对比封站当日与其他几天平均进站量,筛选进站量增加超过 5 的(平常日期进站量变化小于等于 5 的 OD 占总 OD 的 98%以上)作为进站增加量。根据汇总数据能够看到,周边五个车站受封站影响增加的进站量为 3456 人次。奥林匹克公园周边地铁车站 10:30 前增加进站量数据概况如表 3-5 所示。

表 3-5 奥林匹克公园周边地铁车站 10：30 前增加进站量数据概况

项目	林萃桥	安立路	北沙滩	奥体中心	森林公园南门
选择中可行的总次数/人次	3402	3086	2701	3419	3375
被选择次数/人次	287	1449	1129	169	422
整体选择百分比/%	8.30	41.93	32.67	4.89	12.21
可行时选择百分比/%	8.44	46.95	41.80	4.94	12.54

根据之前的分析，封站情况下乘客选择出发车站时，需要考虑从备选车站前往目的地车站的各类属性，如花费时间、换乘次数、票价等。

北京地铁 OD 路径集属性示例如表 3-6 所示。表中每个 OD 最多具有五条备选路径，每个 OD 的可行路径根据清分比例从大至小对路径进行编号，由于绝大多数 OD 的第一条最短路径清分比例都大于 2/3，因此默认乘客选取路径编号为 1 的最短路径出行。

表 3-6 北京地铁 OD 路径集属性示例

O 站编号	D 站编号	路径编号	车上时间/min	换乘次数	票价/元	换乘站编号	清分比例
821	9025	1	48	1	6	829	0.996
821	9025	2	53	2	6	839、647	0.004

由于奥林匹克公园站是一个换乘车站，需要在奥林匹克公园站换乘的路径，在封站发生时均为无效路径，因此需要先去除换乘站编号包括奥林匹克公园(编号 825 和 1531)的路径。如果去除无效路径后，存在 OD 无可行路径，则记此 OD 的 $AVAIL_{OD}=0$。

根据北京地铁的进出站走行时间，以及换乘站走行时间调研数据，结合总旅行时间和车上时间等可以推测出平均等车时间等数据。北京地铁进出站走行时间调研数据如表 3-7 所示。北京地铁换乘走行时间调研数据如表 3-8 所示。

表 3-7 北京地铁进出站走行时间调研数据

地铁站	换入站编号	换出站编号	月份/月	换入位置	换出位置	速度	时间/s
古城	104	104	7~9	上行站台	闸机	快	21

表 3-8 北京地铁换乘走行时间调研数据

换乘起始站编号	换乘目的站编号	星期	日期类型编号	快速/s	中等/s	慢速/s
721	929	2	3	58	106	75

根据上述数据，能够获取乘客车上时间、旅行时间，以及进出站和换乘走行时间，可以反推出乘客从某个车站出发的平均等车时间，即

$$WT = TT - WWT - WTT - CT \tag{3-29}$$

其中，WT 为等车时间；TT 为旅行时间；WWT 为进出站走行时间；WTT 为换乘走行时间；CT 为车上时间。

对各备选车站进站乘客的等车时间求平均值，可得最终的平均等车时间。等车时间包括换乘等车时间。封站期间与正常时段平均等车时间如表 3-9 所示。

表 3-9 封站期间与正常时段平均等车时间

车站	平均等车时间/s	封站时段平均等车时间/s
林萃桥	274.0	274.3
森林公园南门	415.4	460.3
奥体中心	429.5	661.4
北沙滩	377.9	424.5
安立路	358.7	481.5

第二部分的数据主要通过实际的调查获取，包括备选车站周围 500m 公交线路的数量，乘公共汽车、自行车或者步行从封闭车站前往备选车站的时间，以及关闭车站和备选车站之间的距离。封站车站前往备选车站可达性指标如表 3-10 所示。

表 3-10 封站车站前往备选车站可达性指标

地铁车站	500m 内的公交线路数/条	步行时间/min	骑单车时间/min	乘公交时间/min	直线距离/km
林萃桥	4	54	19	28	2.8
安立路	29	19	7	14	1.4
北沙滩	24	31	11	18	1.9
奥体中心	12	24	15	34	1.7
森林公园南门	13	14	5	28	1.0

2. 筛选关键影响因素

对于筛选关键影响因素，依照各个车站的各类属性，以及最终选择的出发车站构建 RF 模型，对影响因素的重要度进行标定。每次随机从总样本中抽取 30%的样本进行决策树构建，共构建 10000 个决策树。删除重要度小于 0.01 的属性后，

影响因素识别，结果如图 3-3 所示。该重要性对于步行、自行车和公交的排序，与 Debrezion 等[15]的研究一致。在其构建的模型中，没有私家车的乘客在距离出发车站 1.1~2.5 公里范围内时，自行车的效用最大，其次是步行，最后是公交出行。备选车站除林萃桥站距离超过 2.5 公里，基本都在这个距离范围内。这在一定程度上反映数据的有效性。

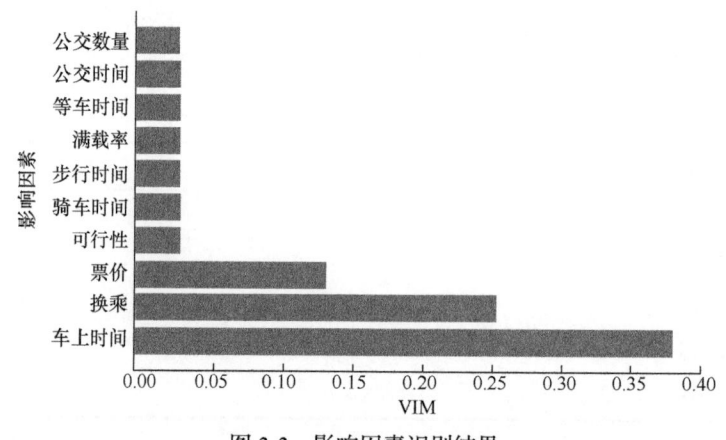

图 3-3　影响因素识别结果

对于原本比较重要的等车时间，重要性评分值较低。这可能是由于封站影响等车时间有所增加，而乘客并不能及时获取该信息，在出发车站选择过程中，实际的等车时间重要度偏低。

除可行性指标，为便于后续计算，将属性矩阵 M 构建为 5×5 方阵形式，选取排在前五的影响因素，即车上时间、换乘、票价、骑车时间和步行时间作为关键影响因素。

3. 多备择决策场理论模型标定

确认关键影响因素后估计参数。为检验参数标定的效果，将 2018 年 9 月 3 日上午 6:00~11:00 时的数据集共 3456 个数据按照 8∶2 的比例分为训练集和测试集。

参数估计使用 R 语言中的 Apollo 程序包编程求解[16]。经过 62 次迭代可以得到最优结果(图 3-4)。

MDFT 模型参数标定结果如表 3-11 所示。本次估计的 ρ^2 为 0.5323，表明该模型拟合度较好，可以接受，同时各估计参数均在置信水平 90%可信，因此该模型优度基本达到要求。

图 3-4 参数标定迭代过程

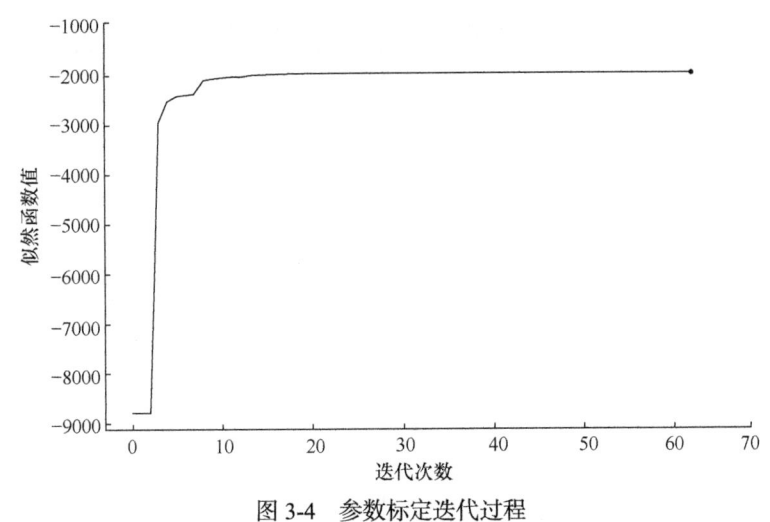

表 3-11 MDFT 模型参数标定结果

参数	估计值	T 检验值
$b_{\text{inVehicleTime}}$	−0.01	−
b_{transfer}	9.1660***	3.73
b_{rideTime}	5.1576**	2.31
$b_{\text{walkingTime}}$	−1.4370**	−2.13
b_{price}	7.1932*	1.71
ϕ_1	0.2376***	−3.20
ϕ_2	0.9943***	3.44
t_{timestep}	67.59***	9.75
样本量	2765	
极大似然函数值	−1961.746	
修正极大似然函数值	−4217.803	
ρ^2	0.5323	

注：***、**和*表示置信度水平为 99%、95% 和 90%，且 $w_i = \exp(b_i) / \sum_{j=1}^{E} \exp(b_j)$。

为了判断模型是否产生过拟合等现象，使用测试集对模型优度进行验证。测试集进站量增加数据概况如表 3-12 所示。

表 3-12　测试集进站量增加数据概况

项目	林萃桥	安立路	北沙滩	奥体中心	森林公园南门
选择中可行的总次数/人次	680	623	541	685	671
被选择次数/人次	61	282	206	44	98
整体选择百分比/%	8.83	40.81	29.81	6.37	14.18
可行时选择百分比/%	8.97	45.26	38.08	6.42	14.61

使用标定完成的封站条件下乘客出发车站选择模型根据测试集数据对出发车站选择进行估计。由于单个 OD 的估计结果为该 OD 各个乘客选择车站的概率，进站量使用该 OD 的乘客数量乘以各车站的选择概率得到。模型预测进站量结果如表 3-13 所示。从最终结果能够看出，在总量上该模型能够比较好地代表测试集数据，对于进站量较大的车站，其进站量预测精度高于进站量较小的。

表 3-13　模型预测进站量结果

项目	林萃桥	安立路	北沙滩	奥体中心	森林公园南门
选择中可行的总次数/人次	680	623	541	685	671
被选择次数/人次	66.02	281.53	198.08	48.58	96.78

同时，针对具体 OD，该模型同样有较好的效果，选取测试集中数量较多的以安立路为目的地车站的乘客为例进行说明。该测试集中共有 67 个前往安立路的乘客，并且其均选择北沙滩作为出发车站。预测安立路去向乘客出发车站选择概率结果如表 3-14 所示。可以看出，北沙滩的预测选择概率远大于其他备选车站，因此对于具体 OD，该模型也能较好地进行说明。对于模型预测的概率较小的选项(乘客增加的数量<5)，在测试集中未出现，在数据筛选过程中认为是正常数据波动。

表 3-14　预测安立路去向乘客出发车站选择概率结果

项目	林萃桥	安立路	北沙滩	奥体中心	森林公园南门
预测选择概率/%	1.6	—	92.9	0.9	4.6

4. 乘客出发车站选择行为关注度权重分析

根据最终标定结果，乘客对出发车站选择时，会更多地考虑换乘、票价和骑车前往备选车站的时间，对于车上时间和步行前往备选车站的考虑较少。

换乘次数是乘客考虑最多的因素。换乘次数对于乘客的选择行为具有较大的影响，同时由于封站车站为换乘站，在一定程度上会增加乘客对于换乘的重视程度。当该换乘车站封站后，如果该乘客不继续从原有线路出发，而更换线路出行，其出行路径一般会产生较大变化。乘客对出行路径的熟悉程度，以及其他未考虑的因素(换乘走行和等车时间等)会导致乘客避免选择此路径出行。

票价因素对于出发车站的影响是较大的，尽管在一定程度上，更换备选车站不一定会导致票价变化，但是当不同出发车站的选择对票价产生影响时，票价对乘客选择的影响会非常大。因此，在大客流封站情况下，对预测(实际)进站量较小的车站实行票价优惠措施，能够实现较好的诱导作用。

骑车前往备选车站的时间这一因素受关注权重系数较大，反映乘客在出发车站选择时的确会较多地考虑从封站车站前往周边备选车站的可达性。该因素影响大于步行前往备选车站，在一定程度上反映共享单车推广后，乘客前往 1~2 公里内地铁车站出行方式的转变。这与既有研究得出的 1.1~2.5 公里是骑车出行的优势距离一致[15]。

5. MNL 模型标定及对比

令 U_j 表示选择车站 j 的效用函数，一个方案是否被选择取决于效用值决定的选择，即

$$U_j = V_j + \varepsilon_j \tag{3-30}$$

$$V_j = \sum_{i=1}^{n} \beta_i x_{ji} \tag{3-31}$$

其中，x_{ji} 为影响乘客 i 出行的因素，包括从该站出发前往目的地的等车时间、乘客时间、票价、换乘次数，以及各种方式前往车站花费的时间等；β_i 为待估计的参数；ε_j 为效用随机项。

如果效用确定项 V 是线性函数，随机项服从独立同分布和 Gumbel 分布，则某出行者的出发车站选择概率为

$$P_j = \frac{\exp(V_j)}{\sum_{i=1}^{k} \exp(V_i)} \tag{3-32}$$

以上对 MNL 模型进行了说明，可以看出 MNL 与 MDFT 模型之间有较大的差别。MDFT 与 MNL 的对比如表 3-15 所示。

表 3-15　MDFT 与 MNL 的对比

项目	MDFT	MNL
选择概率计算式	$\int_{X>0} \exp(-(X-\Gamma)'\Lambda^{-1}(X-\Gamma)/2)/(2\pi|\Lambda|^{0.5})\mathrm{d}X$	$P_j = \exp(V_j) \Big/ \sum_{i=1}^{k} \exp(V_i)$
是否考虑决策时间	是	否
决定选择的指标	偏好值	效用
是否是动态模型	是	否
选择备选项条件	偏好值最大	根据效用计算概率
是否有心理学根源	是	否

为避免标定方式对结果的影响，MNL 模型同样使用极大似然估计对参数进行标定。根据 RF 方法筛选的关键因素，构建 MNL 模型，多次试验可以得到 MNL 模型最优的标定结果（表 3-16）。该模型的 ρ^2 =0.5169，表明该模型的拟合度较好，同时所有参数均在 95%置信水平上可信，说明该模型的优度同样在可接受的范围之内。

表 3-16　MNL 模型参数标定结果

参数	估计值	标准差	T 检验值
b_{price}	−1.0000	—	—
$b_{\text{inVehicleTime}}$	−0.1384*	0.0087	−15.93
b_{transfer}	−4.7743**	0.1215	−2.41
$b_{\text{walkingTime}}$	−0.0050*	0.0021	−39.29
样本量	—	—	2765
极大似然函数值	—	—	−2033.829
修正极大似然函数值	—	—	−4216.018
ρ^2	—	—	0.5169

注：*和**为置信度水平 99%和 95%。

此外，根据参数估计的结果，换乘和票价的参数大于车上时间和走行时间。这和 MDFT 模型的结果一致，将 MNL 模型同 MDFT 模型进行对比。可以发现，MDFT 的极大似然函数值(−1961.746)优于 MNL 模型(−2033.829)，ρ^2 也略微优于 MNL 模型。

从 AIC 和 BIC 指标来看，MDFT 模型(AIC：3935.49，BIC：3978.96)要优于

MNL 模型(AIC: 4073.66, BIC: 4091.43)。这说明, 尽管 MDFT 模型参数的数量多于 MNL 模型, 但该模型并不单单是通过增加参数使模型优度变好。

MDFT 模型也存在不足, 如标定参数的显著性水平不如 MNL, 且计算复杂导致标定时间较长。在本次案例中, 使用同种优化方法, MDFT 标定的时间达到 15min, 约为 MNL 标定时间的 160 倍左右, 但仍然在可接受的范围内。

为进一步比较 MDFT 模型和 MNL 模型的预测精度, 我们根据测试集的 691 份样本数据, 绘制受试者工作特征(receiver operating characteristic, ROC)曲线[17]。

首先, 将出发车站选择转换为二分类问题。由于本案例具有五个备选车站, 可以分为五个二分类问题, 即选择林萃桥站出发和不选择林萃桥站出发, 以及选择北沙滩站出发和不选择北沙滩站出发等。其中, 选择该站出发为正类, 不选择该站出发为负类。然后, 根据两个模型的预测结果和实际数据中的出发车站选择结果得到二类别混淆矩阵(表 3-17)。

表 3-17 二类别混淆矩阵

实际数据	模型预测结果	
	正类	负类
正类	TP(真正类)	FN(假负类)
负类	FP(假正类)	TN(真负类)

ROC 曲线主要根据敏感度(记为 TPR)和特异度(记为 FPR)指标进行绘制, 即

$$TPR=TP/(TP+FN) \tag{3-33}$$

$$FPR=TN/(FP+TN) \tag{3-34}$$

以选择人数最多的安立路为例, MDFT 模型和 MNL 模型的 ROC 曲线如图 3-5 所示。计算曲线下的面积(area under curve, AUC), MDFT 模型为 0.89, MNL 模型为 0.81。

其余车站 MDFT 模型的 AUC 也略高于 MNL 模型, 如林萃桥站 MDFT 为 0.8740、MNL 为 0.8739。既有研究表明, 一个模型的 AUC 越高, 其判断能力越好[18]。根据 AUC 判别标准, AUC 在 0.5~0.7 为一般, 0.7~0.9 为良好, 0.9~1.0 为优。因此, MDFT 模型和 MNL 模型的预测精度均处于良好部分, 且 MDFT 模型要略优于 MNL 模型。

综上, 在封站条件下乘客出发车站选择行为建模研究中, MDFT 模型要略优于传统的 MNL 模型。

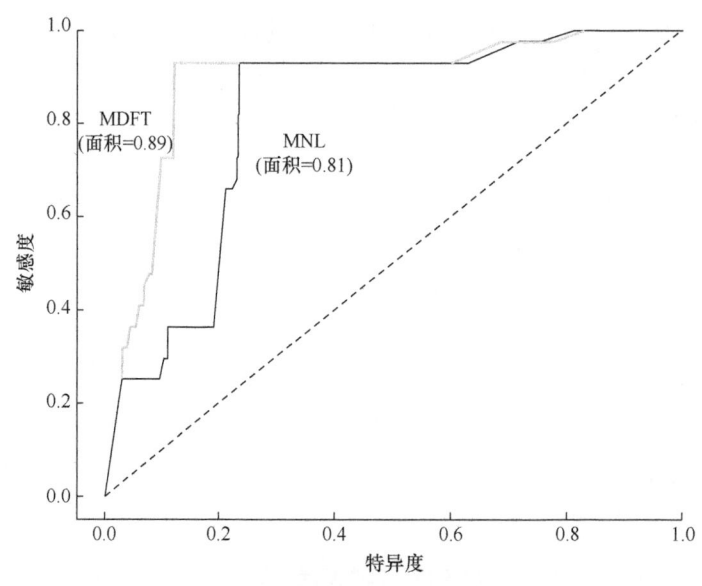

图 3-5 MDFT 和 MNL 模型的 ROC 曲线(以安立路站为例)

3.2 考虑旅行时间可靠性的乘客出发时间选择行为建模

3.2.1 旅行时间可靠性定义

自 20 世纪 70 年代以来，人们就对旅行时间可靠性问题进行了研究[18,19]。在过去 40 多年的研究过程中，研究人员提出多种旅行时间可靠性的定义[20]。本书采用美国联邦公路管理局对旅行时间可靠性的定义[21]，即乘客习惯于一定的拥挤，他们可以预期某种程度的延误并制定相应的计划，但是大部分乘客对突发的延误持有较低的容忍度，因为这会导致工作、重要日程的迟到或产生额外的费用。旅行时间可靠性度量不可预期延误的程度。本书旅行时间可靠性指每天或一天不同时段旅行时间的一致性和可信性。

不可预测的旅行时间变化是影响旅行时间可靠性的因素。假设通勤者周一至周五从家到工作地点每天的通勤时间总是 33min、21min、43min、37min、50min，可见每天的旅行时间有很大的变化。如果这些旅行时间每周基本无变化，那么通勤者可以准确地预测其每天的旅行时间，并使用这些信息作为可靠决策的基础。

3.2.2 基于可预测性的旅行时间可靠性度量方法

1. Lempel-Ziv 算法

Lempel-Ziv 算法[22]利用数据字符串的各种结构规律进行压缩，即未编码的序列符号可能在已编码的数据结构中出现过，从而使整个序列字符串在待编码的字符串上表现为冗余，因此根据已编码的数据结构可以构造后续与之相同的数据。

Lempel-Ziv 算法主要分 LZ77 和 LZ78 两类。我们采用的是 LZ78 类方法。其编码步骤十分简单，首先建立一个字典表，每读入一个字符，将该字符存入字典表内；若读取的字符为保存过的字符时，则存入之前的字符索引，再加上后一位字符作为该字符串的标记；若该字符未出现，则当作新字符存入字典表。如此循环，直至字符编码结束。

由上述编码原理可知，编码时需要进行大量的比较，为了减少计算工作量，提高编码效率，通常将待分析的序列进行粗粒化处理[23]。粗粒化处理能隐藏数值序列不重要的细节，突出序列的本质规律，常用的方式是转化成一个二进制序列(0 和 1)。显然，在可靠性计算时，采用序列二值化容易使时间序列丢失本身包含的细节信息，降低可靠性分析的精度。因此，考虑旅行时间的特性，防止过度削弱可靠性的精度，我们采用划分时间区间的方式。

2. 基于 Lempel-Ziv 算法的旅行时间可预测性计算方法

(1) 数据粗粒化处理

首先，将旅行时间序列数据等分为 G 个子区间。每个区间分别赋以不同的字母，如 $A,B,C,\cdots$。然后，将旅行时间数据按序划分到对应的子区间，得到转换后的字符序列。

最佳状态数 G 的确定对计算的结果和效率都至关重要，但最佳状态数 G 的确定还没有明确的方法，因此我们将根据时间序列自身的特征通过计算子区间的长度 l 确定状态数 G。

假设已知一个旅行时间序列为 $\{x_1,x_2,\cdots,x_n\}$，序列的时间范围为 $[a,b]$。确定子区间的长度 l 后，可得子区间个数 G 为 $\lceil (b-a)/l \rceil$，各子区间 t_i 的范围为

$$t_i = \begin{cases} [a, a+l] \\ (a+l, a+2l] \\ (a+2l, a+3l] \\ \cdots \\ \left(a + \left(\left\lceil \dfrac{b-a}{l} \right\rceil - 2\right)l, a + \left(\left\lceil \dfrac{b-a}{l} \right\rceil - 1\right)l\right] \\ \left(a + \left(\left\lceil \dfrac{b-a}{l} \right\rceil - 1\right)l, b\right] \end{cases}, \quad i = 1, 2, \cdots, \left\lceil \dfrac{b-a}{l} \right\rceil \quad (3\text{-}35)$$

子区间的长度 l 可以通过计算序列中相邻两个旅行时间差值的均值得到，即

$$l = \frac{1}{n-1} \sum_{i=2}^{n-1} |x_i - x_{i-1}|, \quad i = 2, 3, \cdots, n \quad (3\text{-}36)$$

(2) 计算时间序列的熵

旅行时间序列粗粒化处理后转化为具有 G 个状态的字符串，可以将转换后的旅行时间序列看作具有有限状态的随机过程。在信息论领域，熵通常用来描述随机变量或随机过程中的不确定性，因此时间不相关的随机变量 X 的熵为

$$S_{\text{unc}} = -\sum_{i=1}^{G} p_i \log_2(p_i) \quad (3\text{-}37)$$

其中，$p_i = \Pr(X = i)$ 表示变量 X 为状态 i 时的概率；unc 表示时间序列具有时间不相关性（即 p_i 与 p_j 互相独立）。

由于我们考虑旅行时间的序列特性，乘客的历史旅行时间会对未来的旅行时间产生影响，因此旅行时间序列是时间相关的随机过程。已有的研究证明，LZ78 的压缩率近似于序列的熵[24]，因此采用 Lempel-Ziv 算法得到的熵估计旅行时间序列真实的熵，即

$$S \approx S_{\text{est}} = \left(\frac{1}{n} \sum_{i=1}^{n} \Lambda_i\right)^{-1} \ln n \quad (3\text{-}38)$$

其中，n 为字符串长度，当 n 趋近于无穷大时，S_{est} 收敛于真实的时间相关熵 S；Λ_i 为位置 i 上在 1~i–1 位置未出现过的最短字符串长度，Λ_i 能追溯历史的字符模式并判断该位置的字符串是否出现过，Λ_i 越大，表明需要更长的距离找到未出现过的子字符串，说明位置 i 上有许多子字符串已出现过，也就意味着旅行时间序列处于一个规律的模式且具有较小的熵。

为了进一步说明该概念，以三组样本字符串为例，样本字符串均具有 3000 个字符。设 X_1=ABCABCABC$\cdots$、X_2=ABCCABBAC$\cdots$、X_3=CCACACBBC$\cdots$，

X_1 字符串由 1000 段 ABC 规律地组成，X_2 字符串由 1000 段由 A、B、C 随机组合的子字符串组成，X_3 为由 A、B、C 三个字符完全随机排列的字符串。根据上述计算公式，可以得到 Lempel-Ziv 熵为 0.0214、0.7839、1.0871，可见熵的大小能反映时间序列的规律性。

(3) 计算可预测性的上界

令 $h_{n-1} = \{X_{n-1}, X_{n-2}, \cdots, X_1\}$ 为历史旅行时间序列，其中 X_i 为时段 i 的代表字符。令 Π_n 为根据历史旅行时间序列 h_{n-1} 得到的时段 n 的可预测性，随着 n 趋近于正无穷，整个过程的可预测性可以定义为 $\Pi = \lim\limits_{n \to \infty} \dfrac{1}{n} \sum\limits_{i=1}^{n} \Pi_i$，当 n 接近于正无穷时，Π 满足[25]

$$\Pi \leqslant \Pi_{\max}(S_{\text{est}}, G) \qquad (3\text{-}39)$$

其中，S_{est} 为估计得到的熵值。

结合式(3-40)和式(3-41)可以计算旅行时间序列可预测性的上界 $\Pi_{\max}$，即

$$S_{\text{est}} = H(\Pi_{\max}) + (1 - \Pi_{\max}) \log_2(G-1) \qquad (3\text{-}40)$$

$$H(\Pi_{\max}) = -\Pi_{\max} \log_2(\Pi_{\max}) - (1 - \Pi_{\max}) \log_2(1 - \Pi_{\max}) \qquad (3\text{-}41)$$

$\Pi_{\max}$ 从可预测性的角度度量旅行时间的可靠性。$\Pi_{\max}$ 的值越大，表明乘客旅行时间具有较高的可预测性，也就是说，旅行时间是可靠且可以预期的；反之，$\Pi_{\max}$ 的值越小，说明乘客旅行时间高度不可靠且难以预测。相较于既有的统计方法(如标准差、变异系数等)，可预测性通过 S_{est} 捕获旅行时间的时间序列特性，并且是分布、参数自由的。因此，$\Pi_{\max}$ 可以作为旅行时间可靠性的一个有意义的度量，对既有的可靠性度量进行补充。

下面通过举例对旅行时间可预测性的计算进行说明。设某一 OD 8 天内在 7:00～7:30 的旅行时间构成序列为{1500s,1630s,1680s,1720s,1690s,1790s,1670s,1900s}，计算相邻旅行时间差值的均值得到子区间的长度为 100s，根据区间长度可划分为 4 个时间区间，即 [1500s,1600s]、[1600s,1700s]、[1700s,1800s]、[1800s,1900s]，分别对应字符 A、B、C、D，将旅行时间按序划分到对应的区间，可以得到具有 4 个状态的字符串 $X = \text{ABBCBCBD}$。Lempel-Ziv 算法各位置最短字符串长度的推断过程如表 3-18 所示。

表 3-18 Lempel-Ziv 算法各位置最短字符串长度的推断过程

字符位置	Λ_i 的推断过程
位置 1	该位置之前无字符 A 且未出现过，因此 $\Lambda_1 = 1$
位置 2	该位置之前字符为 A，跟随的字符 B 未出现过，因此 $\Lambda_2 = 1$

续表

字符位置	Λ_i 的推断过程
位置 3	该位置之前字符为 AB，跟随的字符 B 已出现过，但字符 BC 未出现过，因此 $\Lambda_3=2$
位置 4	该位置之前字符为 ABB，跟随的字符 C 未出现过，因此 $\Lambda_4=1$
位置 5	该位置之前字符为 ABBC，跟随的字符 B 和 BC 都已出现过，但是 BCB 未出现过，因此 $\Lambda_5=3$
位置 6	该位置之前字符为 ABBCB，跟随的字符 C 和 CB 都已出现过，但是 CBD 未出现过，因此 $\Lambda_6=3$
位置 7	该位置之前字符为 ABBCBC，跟随的字符 B 出现过，但是 BD 未出现过，因此 $\Lambda_7=2$
位置 8	该位置之前字符为 ABBCBCB，跟随的字符 D 未出现过，因此 $\Lambda_8=1$

以位置 5 为例，$\Lambda_5=3$ 表示未出现过的最短字符串的长度为 3，根据 8 个位置得到的 Λ_i，可以计算 $S_{est}=(14/8)^{-1}\ln 8=1.1883$，最终能够得到可预测性上限 $\Pi_{max}=0.756$。下面统一使用可预测性值 Π_{max} 表示可预测性的上限。

3. 可预测性结果的验证分析方法

(1) 长短期记忆网络

为了验证基于可预测性的可靠性度量方法是否能够正确地反映旅行时间序列的预测情况，我们需要利用历史旅行时间对当天的旅行时间进行预测，将预测误差与可预测性值 Π_{max} 结果进行对比，若预测误差与可预测性结果之间呈现负相关，即可预测性值越大，误差越小，则符合时间序列预测的规律性，说明可预测性方法得到的结果是合理的。

长短期记忆网络(long short term memory network, LSTM)是循环神经网络的特殊变形，在面对长距离的依赖时，它能解决基本的循环神经网络梯度爆炸及梯度消失的问题。对于城市轨道交通旅行时间，由于未来的旅行时间受历史旅行时间长短的影响，LSTM 的记忆特性非常适合这类场景。

令 k 为时间段，n 为天数，H 为总时段数，则 $t_{ij}^n(k)$ 为第 n 天第 k 时间段 OD 为 ij 的乘客旅行时间的均值，所有日期旅行时间构成的序列为

$$T_{ij}(k)=\{t_{ij}^1(k),t_{ij}^2(k),\cdots,t_{ij}^n(k)\} \tag{3-42}$$

LSTM 包括输入层、隐藏层和输出层。在输入层输入 OD ij 在时段 k 的旅行时间序列 $T_{ij}(k)$，且将数据集划分成训练集和测试集。隐藏层由若干个神经元组成，用于学习和存储时间序列蕴含的信息。输出层生成损失函数，并输出 OD ij 当天时段 k 的旅行时间。

在时间段 k 时，对路网中任一 OD ij，采用 LSTM 模型进行旅行时间序列预

测时，可以将前 m 天的旅行时间作为 m 个输入变量，构成的输入向量 X 为

$$X = [t_{ij}^{m-1}(k), t_{ij}^{m-2}(k), \cdots, t_{ij}^{1}(k)] \tag{3-43}$$

考虑乘客每周的旅行时间存在一定的规律，且预测旅行时间时仅利用工作日的旅行时间，因此将 m 取 5，选取前 5 个工作日的乘客旅行时间作为模型的输入数据。基于 LSTM 的旅行时间预测模型的输出，Y 为 OD ij 当天 k 时段的旅行时间。

将均方根误差(root mean square error, RMSE)作为模型的预测误差，可以衡量观测值与真实值之间的偏差，即

$$\text{RMSE}(X,h) = \sqrt{\frac{1}{m}\sum_{i=1}^{m}(h(x_i) - y_i)^2} \tag{3-44}$$

因此，对于任一 OD ij，采用 LSTM 预测模型在任意时间段 k 可以得到相应的预测误差，采用基于可预测性的可靠性度量方法可以计算任意时间段 k 的可预测性值，分析预测误差与可预测性值之间的关系，说明可预测性方法的可行性。

(2) Pearson 相关系数

为了研究可预测性指标与其他可靠性指标间的相关性程度，我们通过计算可预测性结果与归一化后可靠性指标结果之间的 Pearson 相关系数，进一步验证可预测性指标衡量可靠性的能力。

Pearson 相关系数被广泛用于衡量随机变量 X 与 Y 之间的相关性程度，也可以较为直观地体现变量间的线性关系。对路网中任一 OD ij，根据 n 天的旅行时间数据可以得到不同时间段旅行时间的可预测性，即

$$\Pi_{ij} = [\Pi_{ij}^{4:00\text{-}4:30}, \Pi_{ij}^{4:30\text{-}5:00}, \cdots, \Pi_{ij}^{23:30\text{-}24:00}] \tag{3-45}$$

若 IN 表示标准差、变异系数、偏态系数等可靠性指标，则可计算基于分布拟合的可靠性评价指标，即

$$\text{IN}_{ij} = [\text{IN}_{ij}^{4:00\text{-}4:30}, \text{IN}_{ij}^{4:30\text{-}5:00}, \cdots, \text{IN}_{ij}^{23:30\text{-}24:00}] \tag{3-46}$$

在计算 Pearson 系数之前，需对基于分布拟合的可靠性指标进行归一化处理，即

$$\text{IN}' = \frac{\text{IN} - \min(\text{IN})}{\max(\text{IN}) - \min(\text{IN})} \tag{3-47}$$

Pearson 相关系数被定义为两个变量之间的协方差和标准差的商，通常用 r 表示，因此可预测性结果与可靠性指标的计算方法为

$$r = \frac{\sum_{k=1}^{H}(\Pi_k - \overline{\Pi})(\mathrm{IN}'_k - \overline{\mathrm{IN}}')}{\sqrt{\sum_{k=1}^{H}(\Pi_k - \overline{\Pi})^2}\sqrt{\sum_{k=1}^{H}(\mathrm{IN}'_k - \overline{\mathrm{IN}}')^2}} \tag{3-48}$$

Pearson 相关系数的取值范围为[-1, 1]，系数的绝对值越大表明两个变量的相关度越高。当系数取值-1时，表示变量之间完全负相关；反之，当系数取值为1时，表示变量之间完全正相关；当系数取值为0时，表示二者不存在线性关系。通常情况下，可根据表3-19中的相关系数取值范围判断变量的相关强度。若可预测性结果与其他可靠性指标间存在强相关，则说明可预测性方法衡量可靠性的能力与其他可靠性指标相似。

表 3-19　Pearson 系数相关程度

系数 r 取值	相关情况
0.8~1.0	极强相关
0.6~0.8	强相关
0.4~0.6	中等程度相关
0.2~0.4	弱相关
0.0~0.2	极弱相关或无相关

3.2.3　考虑旅行时间可靠性的乘客出发时间选择模型

1. 出发时间选择影响因素及过程分析

为了避免过早或过晚到达目的地，乘客会倾向于调整出发时间或出行路径，使其出行成本最小化[26]，且已有相关研究表明相对于改变出行路径，出行者往往更倾向于调整出发时间[27]。因此，我们主要对乘客的出发时间选择行为进行研究，重点考虑旅行时间可靠性的影响，将影响出发时间选择的因素归纳为三类。

① 乘客的社会经济因素。社会经济因素反映乘客的异质性，对乘客的出发时间选择偏好产生间接影响。社会经济属性主要包括乘客的性别、年龄、收入水平、教育水平、职业、婚姻等。

② 乘客的出行特征因素。乘客每一次出行的相关特征是影响出行决策行为的主要因素，包括乘客的出行目的、出行距离、旅行时间、拥挤程度、对出行路径的熟悉程度、是否具有上班或上学约束、对迟到的容忍度等。

③ 城市轨道交通系统因素。城市轨道交通系统因素包括路网的一些客观属性与实际情况。它们是客观存在的，不由乘客个人决定，包括换乘次数、换乘便捷

性、票价等。

出行相关的因素最终都可归结为影响旅行时间。当旅行时间波动时，乘客倾向于选择旅行时间可靠性稳定的时段出发。

出行者根据出行目的、出发地和目的地等出行需求预估旅行时间，并对到达时刻进行判断，然后结合个人经验、出行偏好，以及交通信息等因素，对出发时间做出主观决策，在完成一次出行后，乘客会将本次出行的旅行时间可靠性、票价、拥挤程度，以及是否迟到等信息作为经验反馈给下次出行，进而对下一次出行的出发时间进行调整。出发时间选择过程如图3-6所示。

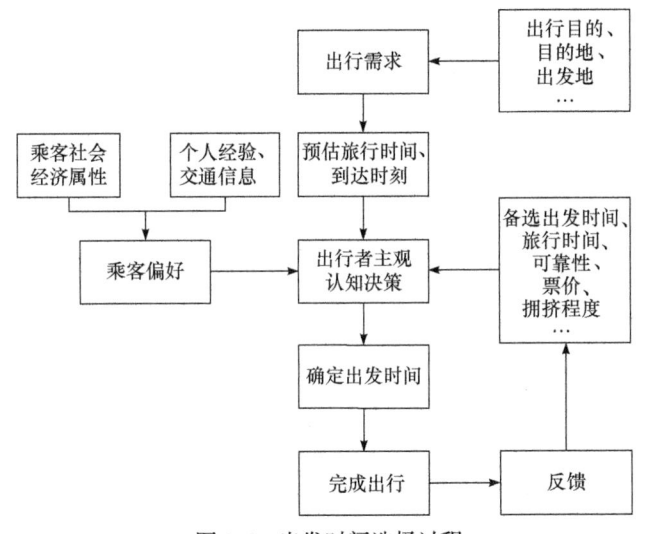

图 3-6 出发时间选择过程

由乘客出行时间决策过程可知，对于地铁个体乘客，出发时间选择可以采用下式[28]，即

$$y = f(x) \tag{3-49}$$

其中，x 为各类影响因素；f 为出发时间选择决策规则，通常遵循前景理论、效用理论和后悔理论；y 为乘客选择的出发时间，一般为乘客结合各因素后认为最优的出发时间。

2. 基于累积前景理论的出发时间选择模型

(1) 累积前景理论

累积前景理论将个体的决策过程分为两个阶段，即编辑阶段和评价阶段。在编辑阶段，采用价值函数和决策权重函数对个体的决策行为进行描述。在评价阶段，决策者对编辑阶段得到的结果进行评估，选择前景值最大的方案。

价值函数反映决策者对客观价值的主观感受，与参照点的设定有关，而参照点受到个体主观感受的影响。不同的决策者考虑的角度不同，从而选择的参照点可能就不一样。

价值函数是以参照点为拐点的 S 形函数，如图 3-7 所示。曲线整体呈现边际递减的趋势。概括而言，价值函数具有以下特征，价值函数以参照点为界将曲线分为收益和亏损两个区域。在收益区域内，价值函数曲线表现为下凹，说明决策者具有风险回避特征。在损失区域内，价值函数曲线表现为下凸，说明决策者具有风险追求特征。损失区域内价值函数曲线的斜率大于收益区域的斜率，前者约为后者的两倍，表明决策者对损失产生的负效用大于相同收益产生的正效用。

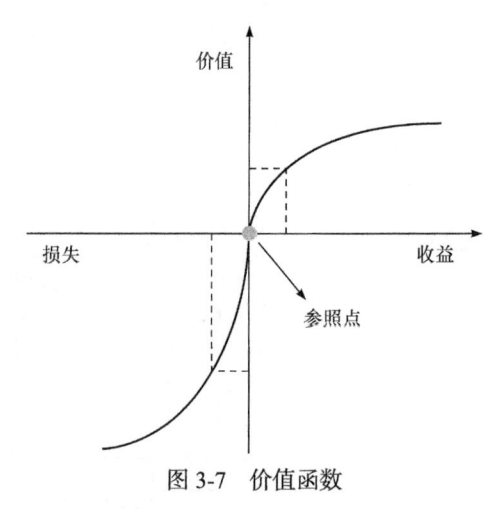

图 3-7 价值函数

价值函数的具体表达为

$$V(x) = \begin{cases} x^{\alpha}, & x \geqslant 0 \\ -\lambda(-x)^{\beta}, & x < 0 \end{cases} \tag{3-50}$$

其中，α 和 β（$0<\alpha<1, 0<\beta<1$）为决策者在收益和损失情况下的风险态度系数，两者的取值决定函数的凹凸程度，值越大说明决策者冒险程度越高；λ（$\lambda \geqslant 1$）为损失厌恶系数，值越大说明决策者对损失的敏感度越高。

决策权重函数表示决策者对客观概率的主观判断，体现概率对前景值的影响。决策权重函数是概率 p 的非线性转换。决策权重函数如图 3-8 所示。p 表示 x 发生的概率，$W(p)^+$、$W(p)^-$ 分别表示决策者在收益和损失时的决策权重。决策权重函数具有以下特点，决策权重不是概率，不遵循概率论定理。决策者倾向于高估低概率事件、低估中高概率事件，因此权重函数 $W(p)$ 给小概率事件赋予较大的权重值，给中高概率事件赋予较小的权重值。

图 3-8 决策权重函数

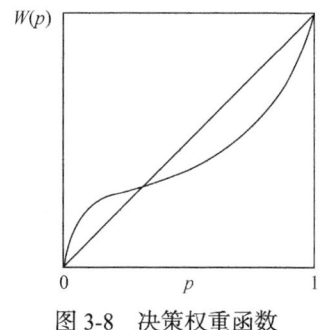

在变化的中间阶段，决策者的感知相对不敏感，但对极低概率赋予 0 的权重，对极高概率赋予 1 的权重，因此当概率无限接近 0 和 1 时，决策者的决策权重与实际概率相等。

决策权重函数的具体表达式为

$$W^+(p) = \frac{p^\gamma}{\left[p^\gamma + (1-p)^\gamma\right]^{\frac{1}{\gamma}}}, \quad W^-(p) = \frac{p^\delta}{\left[p^\delta + (1-p)^\delta\right]^{\frac{1}{\delta}}} \quad (3\text{-}51)$$

其中，参数 γ 和 $\delta(0<\gamma<1, 0<\delta<1)$ 为收益和损失感知概率系数，其值越小，函数形态越弯曲。

决策者的决策权重是客观概率的加权函数[29]。假设有 $m+n+1$ 个可选方案，$x_{-m}<\cdots<x_n$，且发生的概率分别为 $p_{-m},\cdots,p_n$，可以用 $x=(x_{-m},\cdots,x_n)$ 和 $p=(p_{-m},\cdots,p_n)$ 表示，则决策权重函数的计算方法为

$$\pi^+(p_i) = W^+(p_i + \cdots + p_n) - W^+(p_{i+1} + \cdots + p_n), \quad 0 \leqslant i \leqslant n-1 \quad (3\text{-}52)$$

$$\pi^-(p_i) = W^-(p_{-m} + \cdots + p_i) - W^-(p_{-m} + \cdots + p_{i-1}), \quad 1-m \leqslant i \leqslant 0 \quad (3\text{-}53)$$

相应地，前景值的计算方法为

$$\text{CPV}(x,p) = \sum_{i=0}^{n} V(x)\pi^+(p_i) + \sum_{i=-m}^{-1} V(x)\pi^-(p_i) \quad (3\text{-}54)$$

(2) 模型构建过程

基于累积前景理论的决策框架，乘客根据经验旅行时间和旅行时间可靠性进行出发时间选择的决策。出发时间选择模型结构框架如图 3-9 所示。在编辑阶段，乘客根据个人偏好，以及相关的决策信息，选择可接受最早和可接受最晚的到达时间为参照点，根据经验对旅行时间进行预估，并在考虑旅行时间可靠性后将决策的各种可能结果结合到价值函数中，确定权重函数形式。在评估阶段，出行者依据价值函数和决策权重函数，对出发时间备选方案的前景值进行计算，根据效用最大化原则，选择前景值最大的方案。

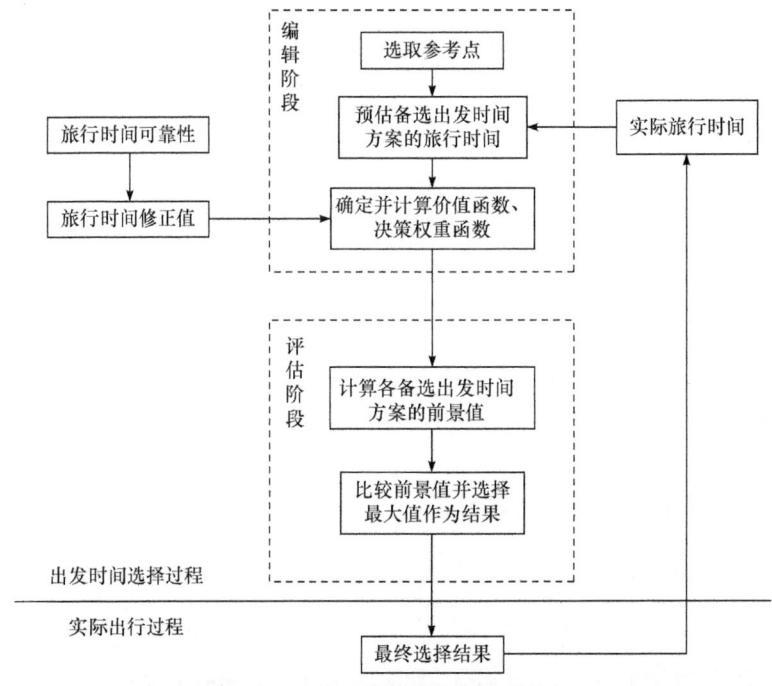

```
┌─────────────────────────────────────────────┐
│ 编辑    ┌──────────┐                          │
│ 阶段    │ 选取参考点 │                          │
│         └────┬─────┘                          │
│ ┌──────────┐ ┌──────────────┐  ┌──────────┐  │
│ │旅行时间可靠性│ │预估备选出发时间│←─│实际旅行时间│  │
│ └────┬─────┘ │方案的旅行时间 │  └──────────┘  │
│      │      └──────┬───────┘                │
│ ┌────▼─────┐ ┌─────▼────────┐                │
│ │旅行时间修正值│→│确定并计算价值函数、│              │
│ └──────────┘ │决策权重函数   │                │
│              └──────────────┘                │
│ 评估    ┌──────────────┐                      │
│ 阶段    │计算各备选出发时间│                      │
│         │方案的前景值   │                      │
│         └──────┬───────┘                      │
│         ┌─────▼────────┐                      │
│         │比较前景值并选择 │                      │
│         │最大值作为结果  │                      │
│         └──────┬───────┘                      │
└────────────────┼──────────────────────────────┘
出发时间选择过程   │
─────────────────┼──────────────────────────────
实际出行过程      ┌▼──────────┐
                 │最终选择结果│
                 └───────────┘
```

图 3-9 出发时间选择模型结构框架

  本章的研究主要基于地铁 AFC 数据展开，受数据信息的限制，同时为了简化问题，对基于累积前景理论的乘客出发时间选择研究做如下假设，即乘客的进站刷卡时间为本次出行的出发时间，出站刷卡时间为到达时间，不考虑乘客家到地铁站，以及地铁站到单位的两段出行；只对早高峰内单次地铁出行的乘客进行研究，对于站外换乘或中途采用其他交通方式后又再次乘坐地铁出行的乘客不予考虑。

  所有乘客的参照点选择均相同，不考虑乘客参照点选择的异质性。

  编辑阶段采用三参照点，引入旅行时间可靠性因素，确定到达时间与旅行时间结合的价值函数 $V(x)$ 和决策权重函数 $\pi(p)$。

  在出发前，出行者会对本次出行的旅行时间进行预估，然后根据日常的出行变化调整出发时间。由于出行者一般都受时间约束，如通勤乘客受到上班或会议时间约束，休闲娱乐乘客受到商场或景点关闭时间约束，出行迟到可能面临一定的经济损失，对大部分出行者来说都有一个最晚到达时间，因此选择可接受的最晚达到时间 T_l 作为参照点。另外，出行者也尽可能地避免过早到达目的地，如通勤乘客过早到达意味着压缩了个人休息时间，容易增加疲劳；休闲娱乐乘客过早到达意味着需要等待商场或景点开门，浪费时间，因此选择可接受的最早到达时

刻 T_e 作为另一个参照点。

在可接受最早到达时间 T_e 和可接受最晚达到时间 T_l 之间到达的出行方案可以认为是收益的。此外，在这两个到达时刻之间存在一个出行者期望到达的时间 T_p。在该时刻到达，出行者的状态最佳，如通勤者可以从容地进行上班准备，休闲娱乐乘客可以合理地规划游玩时间。由于期望到达时间 T_p 不是收益和损失的边界点，因此把它作为一个虚参照点。期望到达时间 T_p 分为对称与不对称两类，对称的期望到达时间 T_p 为 $[T_e, T_l]$ 的中点，认为出行者对早到和晚到的期望是均匀分布的[30]。现实中，出行者一般偏向于早到，所以 $[T_e, T_p]$ 的区间距离大于 $[T_p, T_l]$ 的区间距离。不对称的三参照点如图 3-10 所示。

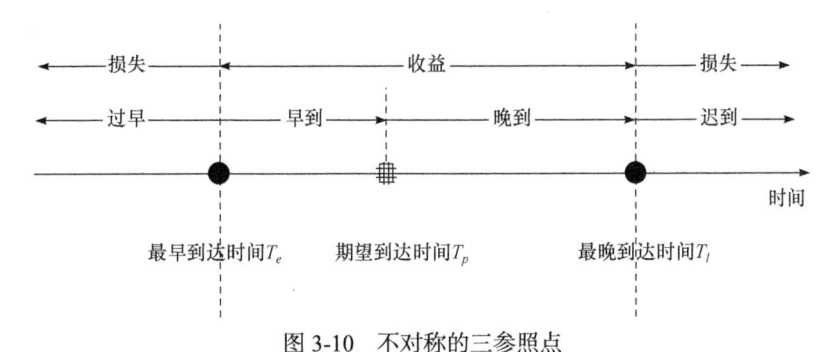

图 3-10　不对称的三参照点

以出行者可接受的最早到达时间和最晚到达时间为参照点，并将出行者的期望到达时间作为虚参照点，确定价值函数 $V(x)$。期望到达时间 T_p 不是损失与收益的分界点，但出行者在该时刻的收益达到最大，如图 3-11 所示。

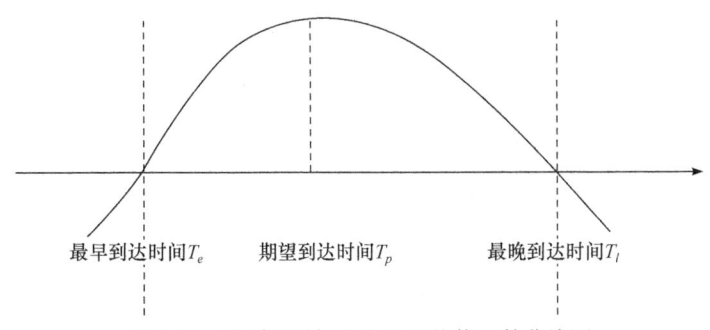

图 3-11　以到达时间为变量的价值函数曲线图

根据价值函数形式，以到达时间为变量的价值函数为

$$V\left(\mathrm{Tf}_i^j\right) = \begin{cases} -\lambda_1(T_e - \mathrm{Tf}_i^j)^{\beta_1}, & \mathrm{Tf}_i^j < T_e \\ (\mathrm{Tf}_i^j - T_e)^{\alpha_1}, & T_e \leqslant \mathrm{Tf}_i^j < T_p \\ (T_l - \mathrm{Tf}_i^j)^{\alpha_2}, & T_p \leqslant \mathrm{Tf}_i^j < T_l \\ -\lambda_2(\mathrm{Tf}_i^j - T_l)^{\beta_2}, & \mathrm{Tf}_i^j \geqslant T_l \end{cases} \quad (3\text{-}55)$$

其中，Tf_i^j 为出行者 i 第 j 次出行的预测到达时间。

已知出行者根据以往的旅行时间可以得到一个预估的旅行时间，不确定性使乘客对旅行时间的判断存在偏颇，若旅行时间可靠性为1，则认为出行者对旅行时间的估计无偏差。旅行时间可靠性越小，说明旅行时间的波动越大，那么出行者相应地会预留更多的时间以免迟到。

利用乘客以往出行的旅行时间序列，采用可靠性度量方法可以计算乘客旅行时间的可预测性 $\Pi_{\max}$，因此 $\Pi_{\max}$ 可以表示乘客的旅行时间可靠性。设 Tr_i^j 为考虑可靠性后的旅行时间，它与乘客根据经验判断的旅行时间 Tf_i^j 的关系为

$$\mathrm{Tr}_i^j = \Pi_{\max}^{-1} \cdot \mathrm{Tf}_i^j \quad (3\text{-}56)$$

已知出发时间、旅行时间和到达时间之间的关系为

$$\mathrm{Tf}_i^j = \mathrm{Td}_i^j + \mathrm{Tr}_i^j \quad (3\text{-}57)$$

其中，Td_i^j 为出行者 i 第 j 次出行的出发时间。

因此，可以得到以出发时间为变量的价值函数，即

$$V\left(\mathrm{Td}_i^j\right) = \begin{cases} -\lambda_1(T_e - \mathrm{Td}_i^j - \mathrm{Tr}_i^j)^{\beta_1}, & \mathrm{Td}_i^j < T_e - \mathrm{Tr}_i^j \\ (\mathrm{Td}_i^j + \mathrm{Tr}_i^j - T_e)^{\alpha_1}, & T_e - \mathrm{Tr}_i^j \leqslant \mathrm{Td}_i^j < T_p - \mathrm{Tr}_i^j \\ (T_l - \mathrm{Td}_i^j - \mathrm{Tr}_i^j)^{\alpha_2}, & T_p - \mathrm{Tr}_i^j \leqslant \mathrm{Td}_i^j < T_l - \mathrm{Tr}_i^j \\ -\lambda_2(\mathrm{Td}_i^j + \mathrm{Tr}_i^j - T_l)^{\beta_2}, & \mathrm{Td}_i^j + \mathrm{Tr}_i^j \geqslant T_l \end{cases} \quad (3\text{-}58)$$

决策权重函数 $\pi(p)$ 是用来描述出行者对出发时间备选方案主观判断的函数，$\pi(p)$ 以事件出现的概率 p 为基础，但与客观概率 p 不同，是概率 p 的加权函数，即

$$W^+(p) = \frac{p^\gamma}{\left[p^\gamma + (1-p)^\gamma\right]^{\frac{1}{\gamma}}}, \quad W^-(p) = \frac{p^\delta}{\left[p^\delta + (1-p)^\delta\right]^{\frac{1}{\delta}}} \quad (3\text{-}59)$$

$$\pi^+(p_i) = W^+(p_i + \cdots + p_n) - W^+(p_{i+1} + \cdots + p_n), \quad 0 \leqslant i \leqslant n-1 \quad (3\text{-}60)$$

$$\pi^-(p_i) = W^-(p_{-m} + \cdots + p_i) - W^-(p_{-m} + \cdots + p_{i-1}), \quad 1-m \leqslant i \leqslant 0 \quad (3\text{-}61)$$

评价阶段将依据参照点确定的价值函数 $V(x)$ 和基于个人主观概率 P 得到的权重函数 $\pi(p)$ 进行组合运算。两者的乘积之和为各出发时间备选方案的累积前景值。

出发时间选择备选方案的前景值由正前景值 CPV^+ 和负前景值 CPV^- 共同构成，即

$$\mathrm{CPV}(x,p) = \mathrm{CPV}^+ + \mathrm{CPV}^- \tag{3-62}$$

以参照点为依据，出发时间选择结果 $x>0$ 时，该决策是收益的。此时，可以得到一个正的前景值；当 $x<0$，即该决策是损失时，会得到一个负的前景值；当 $x=0$，即该决策既不是收益的，也不是损失的，此时前景值为 0。

因此，各出发时间备选方案累积前景值的计算方法为

$$\mathrm{CPV}(x,p) = \sum_{i=0}^{n} V(x)\pi^+(p_i) + \sum_{i=-m}^{-1} V(x)\pi^-(p_i) \tag{3-63}$$

根据评价阶段得出的各备选出发时间选择方案的前景值结果，出行者会选择前景值最大的作为最佳出行方案。设出行者从 N 种出发时间方案中选择出发时间 A，则有

$$\mathrm{CPV}_A = \max\left[\mathrm{CPV}(x_1,p_1), \mathrm{CPV}(x_2,p_2), \cdots, \mathrm{CPV}(x_N,p_N)\right] \tag{3-64}$$

3.2.4 案例分析

1. 数据准备与描述

本节以通勤者为研究对象，分析旅行时间可靠性对出发时间选择的影响。根据通勤者在早高峰时段的出行天数和出行 OD 对北京地铁 9～11 月的 AFC 数据进行筛选，选取每个月早高峰出行天数大于等于工作日天数的乘客作为研究对象，可以得到约 7.2 万个通勤乘客。本节选取 300 个通勤乘客对其考虑旅行时间可靠性后的出发时间选择进行计算分析。通勤者 OD 分布情况如图 3-12 所示。

2. 通勤者出发时间选择结果分析

(1) 描述性统计分析

根据 AFC 数据和区间满载率数据的特征，可以对影响通勤者出发时间选择的出行特征因素进行挖掘。由于案例的研究主体为通勤者，因此出行目的已确定，并认为乘客均受到上班或上学约束。另外，在分析乘客的旅行时间、出行距离、拥挤程度及对迟到的容忍度之前，需先对出行属性分类(表 3-20)。其中，拥挤程

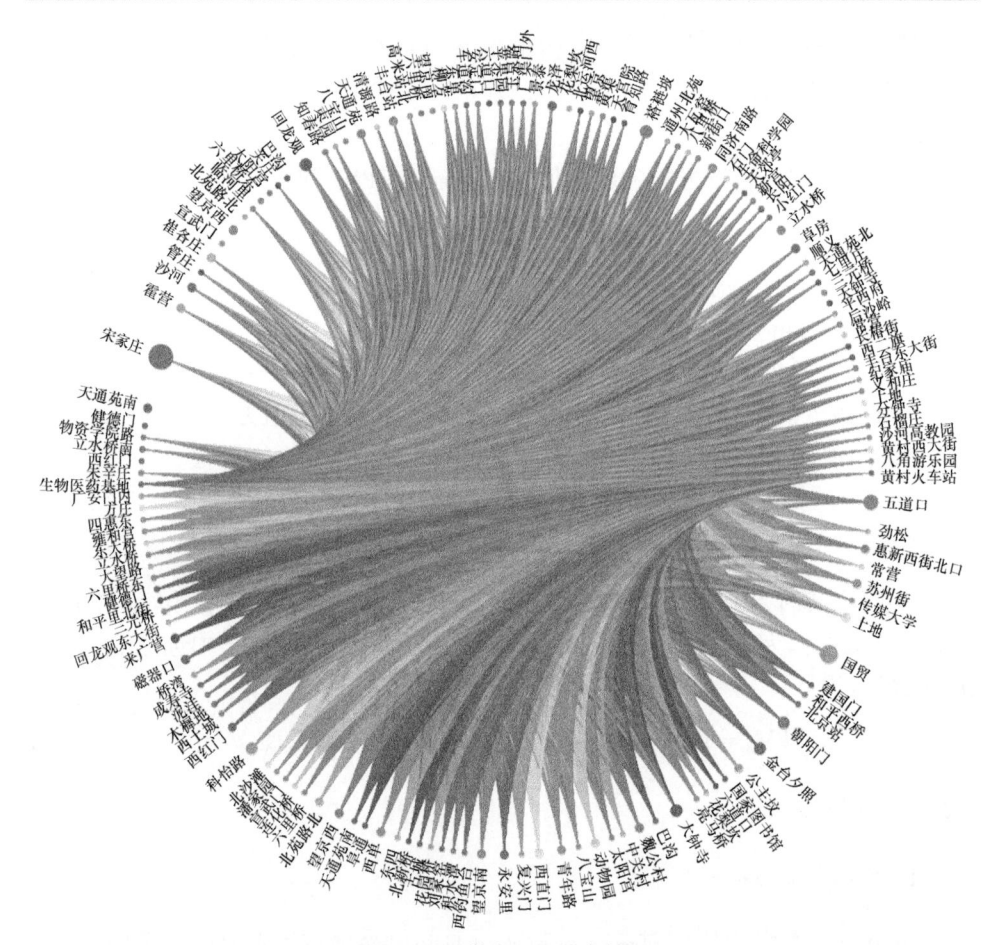

图 3-12 通勤者 OD 分布情况

度的分类基于区间满载率数据，满载率小于 80%时为不拥挤；80%～100%时为轻度拥挤；100%～120%时为较为拥挤；大于 120%时为高度拥挤。

表 3-20 出行属性分类

乘客出行属性	属性分类
旅行时间	<15min；15～30min；31～50min；>50min
出行距离	<6km；6～12km；12～22km；22～32km；>32km
拥挤程度	不拥挤；轻度拥挤；较为拥挤；高度拥挤
迟到容忍度	<5min；5～10min；10～15min；>15min

假定所有通勤者都具有上班或上学约束，因此根据其日常到达时间可以推断

工作开始时间,将三月内最晚的到达时间与工作开始时间对比,可以反映该出行者的迟到容忍度。另外,通过计算乘客通常出发时段的路径平均满载率,对拥挤程度进行判断,通常出发时段为乘客日常出行频率最高的时间段。由表 3-21 可知,三分之二以上的通勤者对上班迟到的容忍度在 5min 之内,在剩下的通勤者中,对上班迟到的容忍度在 5~10min、10~15min,以及大于 15min 的占比基本相同。

表 3-21 通勤者迟到容忍度

项目	<5min	5~10min	10~15min	>15min
通勤人数/人	213	33	30	24
比例/%	71	11	10	8

此外,表 3-22 中大部分的通勤者认为上班出行路径是拥堵的,其中认为出行拥挤程度为较为拥堵和高度拥堵的占 50%以上。

表 3-22 通勤者出行拥挤程度

项目	不拥挤	轻度拥挤	较为拥挤	高度拥挤
通勤人数/人	36	69	156	1
比例/%	12	23	52	13

下面以 10 名通勤者为例,对乘客的出发地、目的地、票价等出行路径特征,以及通常出发时间、平均旅行时间、迟到容忍度等出行特征进行描述分析。如表 3-23 和表 3-24 所示,通勤者之间无明显关联性,其出行特征主要受到出发地和目的地的影响。

表 3-23 通勤者出行路径特征

序号	乘客卡号	起始站	终点站	票价/元	出行距离/m
1	10228298	朱辛庄	五道口	5	15254
2	22282106	西红门	劲松	5	20443
3	24811355	立水桥南	惠新西街北口	4	6124
4	29624444	物资学院路	常营	3	3520
5	35352661	健德门	苏州街	4	6387
6	44462579	天通苑南	传媒大学	6	31057
7	49712410	宋家庄	上地	6	28257
8	60489173	霍营	国贸	6	24682

续表

序号	乘客卡号	起始站	终点站	票价/元	出行距离/m
9	71169318	沙河	五道口	5	21078
10	80617782	管庄	建国门	5	14123

表 3-24 通勤者出行特征

序号	乘客卡号	通常出发时间	平均旅行时间/s	迟到容忍度/min	拥挤程度
1	10228298	7：29	2001	>15	轻度拥挤
2	22282106	7：12	2952	>15	较为拥挤
3	24811355	7：22	754	<5	不拥挤
4	29624444	9：23	516	<5	不拥挤
5	35352661	7：36	892	<5	不拥挤
6	44462579	7：48	3832	<5	轻度拥挤
7	49712410	7：46	3948	<5	轻度拥挤
8	60489173	7：52	3149	<5	轻度拥挤
9	71169318	9：05	2289	<5	轻度拥挤
10	80617782	9：16	1904	>15	不拥挤

(2) 参数标定结果分析

案例统一选取乘客三个月内最早的刷卡出站时间作为T_e，最晚的刷卡出站时间作为T_l。由于 AFC 数据无法反映出行者的期望到达时间，考虑出行者倾向于提前到达，我们选取$[T_e,T_l]$的三分位点作为期望到达时间T_p，期望到达时间T_p的选取对参数结果不产生影响。通勤者参照点信息如表 3-25 所示。

表 3-25 通勤者参照点信息

序号	乘客卡号	可接受最早到达时间T_e	期望到达时间T_p	可接受最晚到达时间T_l
1	10228298	7：47	8：02	8：32
2	22282106	7：46	8：07	8：45
3	24811355	7：23	7：29	7：41
4	29624444	9：09	9：27	10：03
5	35352661	7：14	7：27	7：53
6	44462579	8：44	8：49	9：00
7	49712410	8：29	8：40	9：03

续表

序号	乘客卡号	可接受最早到达时间 T_e	期望到达时间 T_p	可接受最晚到达时间 T_l
8	60489173	8：35	8：40	8：50
9	71169318	9：38	9：44	9：55
10	80617782	9：36	9：53	10：26

假设在不考虑旅行时间可靠性的情况下，通勤者根据以往出行的平均旅行时间决定出发时间，在考虑旅行时间可靠性后，通过 Π_{max} 对旅行时间进行修正。通勤者旅行时间信息如表 3-26 所示。考虑可靠性后的旅行时间与三月内旅行时间最大值可以发现，大部分通勤者在考虑旅行时间的波动情况后将考虑预留更长的时间，但卡号为 29624444 的通勤者考虑可靠性后的旅行时间仍旧小于旅行时间最大值，说明该乘客日常的旅行时间较为规律，因此旅行时间可靠性较高，也证明可靠性 Π_{max} 只受旅行时间序列的影响，与旅行时间的最值无关。

表 3-26 通勤者旅行时间信息

序号	乘客卡号	预计旅行时间/s	旅行时间可靠性 Π_{max}	考虑可靠性后的旅行时间/s	旅行时间最大值/s
1	10228298	2001	0.747	2680	2422
2	22282106	2952	0.732	4034	3921
3	24811355	754	0.731	1032	855
4	29624444	516	0.789	654	814
5	35352661	892	0.760	1173	1106
6	44462579	3832	0.689	5559	4097
7	49712410	3948	0.737	5353	4333
8	60489173	3149	0.728	4325	3353
9	71169318	2289	0.729	3140	2686
10	80617782	1904	0.716	2660	2108

以乘客 11 月最后一次出行的出发时间为依据，对通勤者的出发时间选择行为进行分析，认为该次出行的出发时间为乘客基于经验信息，即平均旅行时间、做出的选择、选择结果相对于上一次出行而言。当最后一次出行的出发时间晚于前一次出行的出发时间，通勤者选择延后出发；反之，通勤者选择提前出发。若两者相差小于 2min，通勤者选择原时间出发。通勤者不考虑可靠性时的出发时间选择如表 3-27 所示。

表 3-27　通勤者不考虑可靠性时的出发时间选择

序号	乘客卡号	前一次出行出发时间	最后一次出行出发时间	出发时间选择
1	10228298	7：38	7：28	提前出发
2	22282106	7：54	7：07	提前出发
3	24811355	7：20	7：22	原时间出发
4	29624444	9：28	9：20	提前出发
5	35352661	7：09	7：05	提前出发
6	44462579	7：46	7：48	原时间出发
7	49712410	7：50	7：25	提前出发
8	60489173	7：47	7：52	延后出发
9	71169318	9：08	9：04	提前出发
10	80617782	9：40	9：25	提前出发

通勤者考虑旅行时间可靠性时，将在前一次出行的出发时间选择基础上，结合考虑可靠性后的旅行时间来推断到达时间。若到达时间在 $[T_e, T_l]$，则该出行方案是收益的，通勤者将选择原时间出发；反之，该出行方案是损失的，通勤者将相应地选择提前或延迟出发。通勤者考虑可靠性时的出发时间选择如表 3-28 所示。

表 3-28　通勤者考虑可靠性时的出发时间选择

序号	乘客卡号	前一次出行出发时间	考虑可靠性后的旅行时间/s	考虑可靠性后的到达时间	出发时间选择
1	10228298	7：38	2680	8：22：40	原时间出发
2	22282106	7：54	4034	9：01：14	提前出发
3	24811355	7：20	1032	7：37：12	原时间出发
4	29624444	9：28	654	9：38：54	原时间出发
5	35352661	7：09	1173	7：28：33	原时间出发
6	44462579	7：46	5559	9：18：39	提前出发
7	49712410	7：50	5353	9：19：13	提前出发
8	60489173	7：47	4325	8：59：05	提前出发
9	71169318	9：08	3140	10：00：02	提前出发
10	80617782	9：40	2660	10：24：20	原时间出发

我们采用 MNL 模型对地铁通勤乘客出发时间选择的概率进行描述。由于出行者是有限理性的，无法对所有的出发时间备选方案的效用值进行精准无误的估

计，因此对出行效用的认知存在偏差。假设通勤乘客的认知偏差服从 Gumbel 分布，用累积前景值代替 MNL 模型中的效用值，那么乘客 i 选择出发时间方案 A 时的概率为

$$p_{iA} = \frac{e^{\mu CPV_{iA}}}{\sum_{k=1}^{N} e^{\mu CPV_{ik}}} \tag{3-65}$$

其中，CPV_{iA} 为出发时间选择方案 A 的累积前景值；N 为待选项个数，即乘客选择提前出发、原时间出发或者延迟出发；μ 为正尺度参数，这里取 $\mu = 1$。

此外，基于极大似然估计构造似然函数，即

$$L(\alpha, \lambda, \gamma) = \prod_{i}^{I} \prod_{k}^{N} p_{ik} = \prod_{i}^{I} \prod_{k}^{N} \frac{e^{\mu CPV_{iA}}}{\sum_{k=1}^{N} e^{\mu CPV_{ik}}} \tag{3-66}$$

对似然函数取对数可得

$$\log L(\alpha, \lambda, \gamma) = \sum_{i=1}^{I} \sum_{k=1}^{N} \log p_{ik} = \sum_{i=1}^{I} \frac{e^{\mu CPV_{iA}}}{\sum_{k=1}^{N} e^{\mu CPV_{ik}}} \tag{3-67}$$

其中，α 为风险态度系数；λ 为损失厌恶系数；γ 为感知概率系数。

为简化计算，令 $\alpha = \beta$、$\gamma = \delta$，并基于 AFC 数据获取的通勤者出发时间选择偏好数据，采用遗传算法，通过使似然函数值最大化对累积前景理论中的参数 α、λ 和 γ 进行估计。

根据前面建立的模型，利用遗传算法工具箱对参数进行标定。由图 3-13 可知，进化次数在 100～150 时，适应度函数达到最优。为保证参数结果的准确性，参数估计值为遗传算法多次运行结果的平均值，同时采用 T-检验对参数结果进行显著性检验。

根据平均旅行时间和考虑旅行时间可靠性两种情况下出发时间选择的参数估计值如表 3-29 所示。由表 3-29 的参数标定结果可以得出以下几点结论。

① 不论是否考虑旅行时间可靠性，风险态度系数 $\alpha = \beta$ 的取值都在 0～1 范围内，说明出发时间选择的价值函数呈现边际递减规律。两种情况下的取值相对于既有研究中的估计值偏小，表明地铁通勤者面临损失时的风险偏好程度相对较低；损失厌恶系数 λ 的取值均大于 1。这说明，地铁通勤者对迟到等损失的敏感度较高。此外，γ 的取值均在 0～1。已知 γ 和 δ 的取值越大，权重函数曲线越接近直线，即小概率事件被高估、大概率事件被低估的范围较小，说明通勤者主观感知的客观概率能力越强，对出发时间的估计偏差越小。

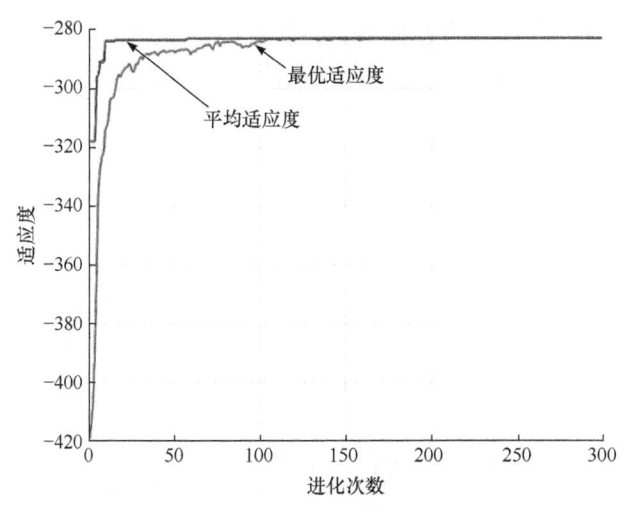

图 3-13 考虑可靠性情况下遗传算法仿真结果图

② 参数值在考虑旅行时间可靠性后发生变化，模型的拟合程度也同时增大。考虑旅行时间可靠性后风险态度系数 α 的取值减小，损失厌恶系数 λ 的取值增大，说明通勤者在考虑旅行时间可靠性后风险偏好程度降低，且对损失更加敏感。这是因为通勤者在考虑旅行时间的波动情况后会通过改变出发时间避免迟到带来的负效应。为了规避迟到等损失的发生，对损失的敏感度增加；同时考虑可靠性后通勤者的行为决策会更加谨慎且全面，从而导致风险偏好程度降低。此外，考虑旅行时间可靠性后 γ 的取值增大，说明考虑旅行时间序列特性有助于通勤者提高对客观概率的感知能力。

表 3-29 不同情境下的模型参数估计结果

参数	估计值	
	未考虑可靠性	考虑可靠性
α	0.49*	0.28*
λ	1.54*	1.91*
γ	0.71*	0.95*
McFadden's R^2	0.207	0.241

注：*代表 $p < 0.01$；McFadden's R^2 的取值在 0~1 之间，值越大，模型的拟合程度越高。

考虑旅行时间可靠性后，为避免迟到等风险，通勤者在出发时间选择时会预留更多的旅行时间，且风险偏好较低，对损失更加敏感，同时对是否迟到有更精准的判断能力。

3.3 拥挤大客流下具有反向行为的乘客路径选择行为建模

3.3.1 乘客反向乘车行为分析

反向出行是指乘客为获取座位或避免站台拥挤，先乘坐反方向的地铁列车到达反向车站，再在反向车站乘坐正常方向的列车到达目的地的行为。采取反向出行策略的乘客称为反向乘客，不采取该策略的乘客称为正常乘客。考虑乘客反向乘车行为，地铁网络中乘客出行的时空过程如图 3-14 所示。对于正常乘客而言，以最短候车时间为基准(候车时间为零)，则正常乘客的候车时间即真实的站台等车时间。对于反向乘客而言，其候车时间为折返时间，包括车内时间、反向出行站和反向车站的等车时间。

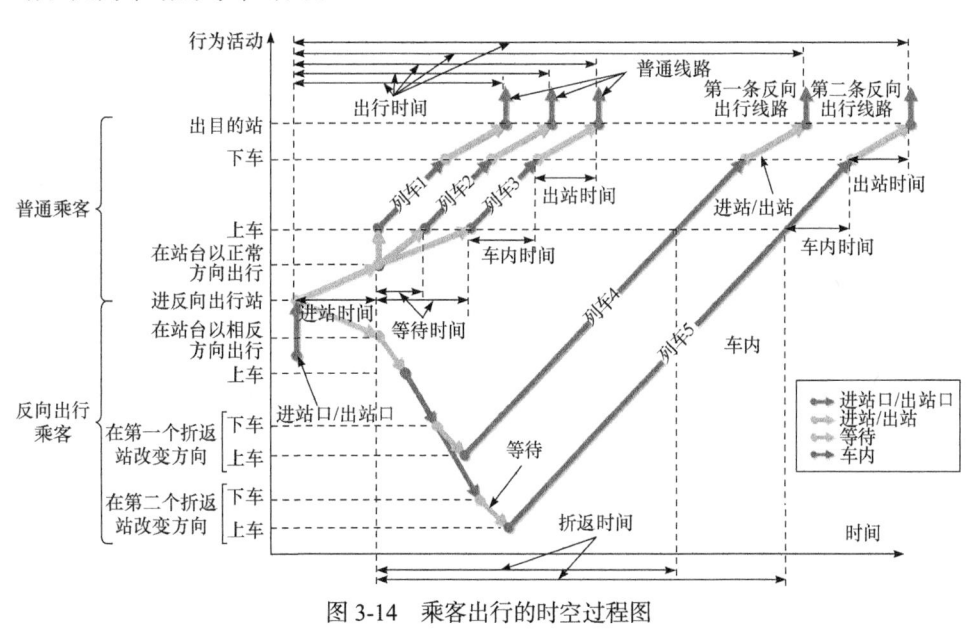

图 3-14 乘客出行的时空过程图

单个乘客两阶段选择行为图如图 3-15 所示。第一阶段选择是确定乘客是否采用反向出行策略(即在站台上等待直接驶向目的地的列车，还是乘坐一趟与目的地相反方向的列车后再在反向车站转换方向)。第二阶段是选择，对于正常乘客是选择哪一个班次的列车；对于反向乘客是选择哪一站作为反向车站。

3.3.2 乘客两阶段选择行为模型

首先，对地铁网络中的 OD 对进行分类。OD 对可以根据可行路线的数量和

图 3-15 单个乘客两阶段选择行为图

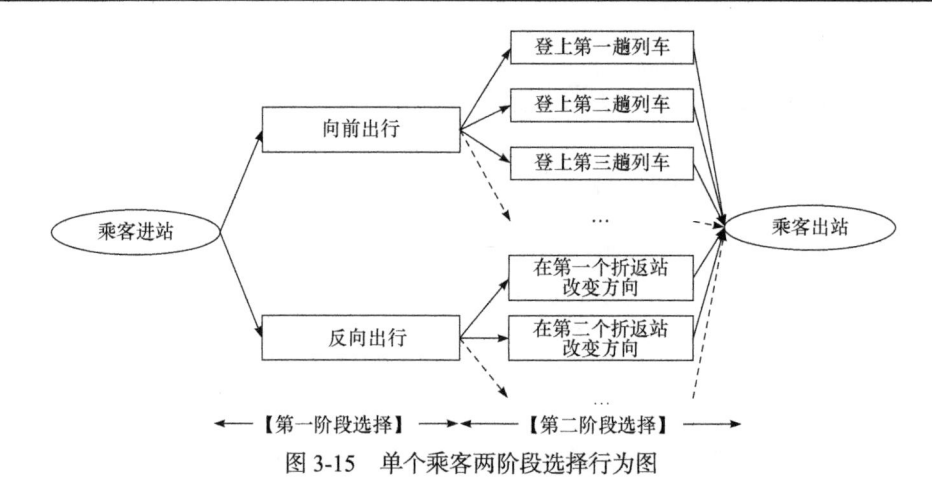

转移次数分为三类，即单路径无换乘 OD 对(single route no transfer origin destination pairs, SRNT ODs)：只有一条可行路径，没有换乘过程；单路径多换乘 OD 对(single route multiple transfer origin destination pairs, SRMT ODs)：只有一条可行路径和一次换乘过程；多路径多换乘 OD 对(multiple route multiple transfer origin destination pairs, MRMT ODs)：存在多条可行路径和多次换乘过程。这些 OD 对类别的表示方法为

$$\text{SRNT} = \left\{(o,d) \mid \left|R_{o,d} - \{r \mid \psi_{r,o,d} = 1, r \in R_{o,d}\}\right| = 1, \left|TS_{r,o,d}\right| = 0, \forall (o,d) \in \text{OD}, r \in R_{o,d}\right\}$$
$$\text{SRMT} = \left\{(o,d) \mid \left|R_{o,d} - \{r \mid \psi_{r,o,d} = 1, r \in R_{o,d}\}\right| = 1, \left|TS_{r,o,d}\right| \geq 1, \forall (o,d) \in \text{OD}, r \in R_{o,d}\right\}$$
$$\text{MRMT} = \left\{(o,d) \mid \left|R_{o,d} - \{r \mid \psi_{r,o,d} = 1, r \in R_{o,d}\}\right| > 1, \left|TS_{r,o,d}\right| \geq 1, \forall (o,d) \in \text{OD}, r \in R_{o,d}\right\}$$

(3-68)

其次，运用单一路径无换乘 OD 乘客的 AFC 数据，获取指定车站指定线路运行方向的乘客候车时间，基于乘客候车时间识别正常乘客和反向乘客，进而识别正常乘客的乘车班次和反向乘客的反向车站和乘车班次，最终获取全网所有 OD 的反向乘客、乘车班次及反向路径。

基于 AFC 和列车时刻表数据，乘客的出行时间为

$$t_{o,d}(z) = t_d^{\text{Out}}(z) - t_o^{\text{In}}(z), \quad z \in P_{o,d} \tag{3-69}$$

其中，$t_o^{\text{In}}(z)$ 为乘客 z 在起点站 o 的进入时间；$t_d^{\text{Out}}(z)$ 为乘客 z 在目标站的出站时间；$P_{o,d}$ 为从起点站 o 到目标站 d 的所有乘客集合。

对于正常乘客而言，以最短候车时间为基准(即候车时间为零)，则正常乘客的候车时间为真实的站台等车时间。对于反向乘客而言，其候车时间为折返时间，包括车内时间，以及在反向出行站和反向车站的等车时间。基于出行时间构建一

个基于混合高斯的乘客两阶段选择行为模型。用一个混合高斯模型描述第一阶段选择行为，用两个混合高斯模型分别描述正常乘客和反向乘客的第二阶段选择行为。

第一阶段的选择行为。在拥挤的情况下，乘客的候车时间符合双峰分布，其中小峰对应于正常乘客的候车时间，而大峰对应于反向乘客的折返时间。OD 对的时间分布可以通过混合多个一维高斯分布表示。我们提出用包含两个高斯分布的高斯混合模型(Gaussian mixture model，GMM)描述乘客候车时间分布，即

$$\begin{aligned}&p(t_{r,o,d}^{W}(z)\,|\,\omega_{r,o,d}^{0},\mu_{r,o,d}^{0},\sigma_{r,o,d}^{0},\omega_{r,o,d}^{1},\mu_{r,o,d}^{1},\sigma_{r,o,d}^{1})\\&=\omega_{r,o,d}^{0}\frac{1}{\sqrt{2\pi}\cdot\sigma_{r,o,d}^{0}}e^{\frac{-(t_{r,o,d}^{W}(z)-\mu_{r,o,d}^{0})^{2}}{2\sigma_{r,o,d}^{0\,2}}}+\omega_{r,o,d}^{1}\frac{1}{\sqrt{2\pi}\cdot\sigma_{r,o,d}^{1}}e^{\frac{-(t_{r,o,d}^{W}(z)-\mu_{r,o,d}^{1})^{2}}{2\sigma_{r,o,d}^{1\,2}}}\end{aligned} \quad (3\text{-}70)$$

其中，$p()$ 为所有候车时间(包含正常乘客的候车时间和反向乘客的折返时间)的概率密度函数；$t_{r,o,d}^{W}(z)$ 为选择路径 r 的乘客 z 在起点站 o 的候车时间；$\mu_{r,o,d}^{0}$、$\sigma_{r,o,d}^{0}$、$\omega_{r,o,d}^{0}$ 为正常乘客在车站 o 的候车时间的平均值、标准差、权重；$\mu_{r,o,d}^{1}$、$\sigma_{r,o,d}^{1}$、$\omega_{r,o,d}^{1}$ 为反向乘客折返时间的平均值、标准差、权重。

当部分正常乘客的等车时间不短于反向乘客的折返时间时，两个高斯分布会出现交叉部分。因此，用以下概率公式区分这两种候车时间，即

$$\begin{aligned}&p(z\in\text{NP}\,|\,t_{r,o,d}^{W}(z))\\&=\frac{\omega_{r,o,d}^{0}\dfrac{1}{\sqrt{2\pi}\cdot\sigma_{r,o,d}^{0}}e^{\frac{-(t_{r,o,d}^{W}(z)-\mu_{r,o,d}^{0})^{2}}{2\sigma_{r,o,d}^{0\,2}}}}{\omega_{r,o,d}^{0}\dfrac{1}{\sqrt{2\pi}\cdot\sigma_{r,o,d}^{0}}e^{\frac{-(t_{r,o,d}^{W}(z)-\mu_{r,o,d}^{0})^{2}}{2\sigma_{r,o,d}^{0\,2}}}+\omega_{r,o,d}^{1}\dfrac{1}{\sqrt{2\pi}\cdot\sigma_{r,o,d}^{1}}e^{\frac{-(t_{r,o,d}^{W}(z)-\mu_{r,o,d}^{1})^{2}}{2\sigma_{r,o,d}^{1\,2}}}}\end{aligned} \quad (3\text{-}71)$$

$$p(z\in\text{TBP}\,|\,t_{r,o,d}^{W}(z))=1-p(z\in\text{NP}\,|\,t_{r,o,d}^{W}(z))$$

其中，$p(z\in\text{NP}\,|\,t_{r,o,d}^{W}(z))$ 和 $p(z\in\text{TBP}\,|\,t_{r,o,d}^{W}(z))$ 为乘客 z 属于正常乘客和反向乘客的概率。

等待时间分为实际等待时间和折返时间。我们将其作为第二阶段选择模型的输入数据。

第二阶段选择行为。构造正常乘客乘坐不同列车班次候车时间的分布模型和反向乘客选择不同反向车站折返时间的分布模型。

正常乘客 z 从起点站 o 到目标站 d，需要等待的列车数为

$$H(z)\begin{cases}=1, & 0\leqslant t_{r,o,d}^W(z)<t_{(F(A_{r,o,d}))^\tau,(F(A_{r,o,d}))^0}^H \\ =2, & t_{(F(A_{r,o,d}))^\tau,(F(A_{r,o,d}))^0}^H \leqslant t_{r,o,d}^W(z)<2t_{(F(A_{r,o,d}))^\tau,(F(A_{r,o,d}))^0}^H \\ \cdots \\ =K_{r,o,d}^0, & (K_{r,o,d}^0-1)t_{(F(A_{r,o,d}))^\tau,(F(A_{r,o,d}))^0}^H \leqslant t_{r,o,d}^W(z) \\ & < K_{r,o,d}^0 \cdot t_{(F(A_{r,o,d}))^\tau,(F(A_{r,o,d}))^0}^H\end{cases}, \quad z\in P_{o,d}, z\in \mathrm{NP}$$

(3-72)

其中，$K_{r,o,d}^0$ 表示乘客所需等候的最大列车数；NP 表示所有正常乘客的集合；$t_{(F(A_{r,o,d}))^\tau,(F(A_{r,o,d}))^0}^H$ 表示起点站和目标站分别为 o、d 正常乘客的候车方向的列车发车间隔。

这里用包含 $K_{r,o,d}^0$ 个高斯分布的 GMM 描述正常乘客乘坐不同班次的列车的候车时间分布，即

$$p(t_{r,o,d}^W(z)\mid \omega_{r,o,d}^0,\mu_{r,o,d}^0,\sigma_{r,o,d}^0)=\sum_{i=1}^{K_{r,o,d}^0}\left(\omega_{r,o,d}^{0,i}\frac{1}{\sqrt{2\pi}\sigma_{r,o,d}^{0,i}}\mathrm{e}^{\frac{-(t_{r,o,d}^W(z)-\mu_{r,o,d}^{0,i})^2}{2\sigma_{r,o,d}^{0,i}{}^2}}\right) \quad (3\text{-}73)$$

其中，$t_{r,o,d}^W(z)$ 为乘客 z 在起点站为 o 且目标站为 d 的线路 r 上的车内时间；$\omega_{r,o,d}^0=(\omega_{r,o,d}^{0,1},\omega_{r,o,d}^{0,2},\cdots,\omega_{r,o,d}^{0,i},\cdots,\omega_{r,o,d}^{0,K_{r,o,d}^0})$ 为正常乘客等待第 i 辆地铁的候车时间的权重向量；$\mu_{r,o,d}^0=(\mu_{r,o,d}^{0,1},\mu_{r,o,d}^{0,2},\cdots,\mu_{r,o,d}^{0,i},\cdots,\mu_{r,o,d}^{0,K_{r,o,d}^0})$ 和 $\sigma_{r,o,d}^0=(\sigma_{r,o,d}^{0,1},\sigma_{r,o,d}^{0,2},\cdots,\sigma_{r,o,d}^{0,i},\cdots,\sigma_{r,o,d}^{0,K_{r,o,d}^0})$ 为相应的平均值和标准差。

反向乘客折返时间为

$$t_{r,o,d,j}^{TB}=t_{r,o,s_{r,o,d}^j}^I(z)+t_{r,s_{r,o,d}^j,o}^I(z)+\frac{\mathrm{hw}}{2}+\frac{\mathrm{ohw}}{2}, \quad \psi_{r,o,d}=1, z\in \mathrm{TBP} \quad (3\text{-}74)$$

$$\mathrm{hw}=t_{a^\tau,a^0}^H, \quad a=F(A_{r,o,d}) \quad (3\text{-}75)$$

$$\mathrm{ohw}=t_{(a')^\tau,(a')^0}^H, \quad \forall a'\in A_{r,o,d}, (a')^-=(F(A_{r,o,d}))^+, (a')^+=o, (a')^\tau=(F(A_{r,o,d}))^\tau \quad (3\text{-}76)$$

其中，$t_{r,o,d,j}^{TB}$ 为起点站 o 和距离起点站 o 第 j 近的反向车站 $s_{r,o,d}^j$ 之间的平均折返时间；$A_{r,o,d}$ 为起点站为 o 且目标站为 d 的线路 r 上依次经过的路段集合；a^-、a^+ 为路段 a 首站和尾站；$F(X)$ 为集合 X 中的第一个元素。

反向乘客 z' 从 o 到 d 所选择的反向车站为

$$S(z') = \begin{cases} 1, & 0 \leqslant t_{r,o,d}^{TB}(z') < t_{r,o,d,1}^{TB} \\ 2, & t_{r,o,d,1}^{TB} \leqslant t_{r,o,d}^{TB}(z') < t_{r,o,d,2}^{TB} \\ \cdots \\ K_{r,o,d}^1, & t_{r,o,d,(K_{r,o,d}^1-1)}^{TB} \leqslant t_{r,o,d}^{TB}(z') < t_{r,o,d,K_{r,o,d}^1}^{TB} \end{cases}, \quad z' \in P_{o,d}, z' \in \text{TBP} \quad (3\text{-}77)$$

其中，$K_{r,o,d}^1$ 为反向车站的最大数量；TBP 为所有反向乘客集合；$t_{r,o,d,i}^{TB}$ 为反向乘客在第 i 个反向车站转换方向的折返时间。

这里用包含 $K_{r,o,d}^1$ 个高斯分布的 GMM 描述反向乘客选择不同反向车站折返时间的分布，即

$$p(t_{r,o,d,j}^{TB} \mid \omega_{r,o,d}^1, \mu_{r,o,d}^1, \sigma_{r,o,d}^1) = \sum_{j=1}^{K_{r,o,d}^1} \left(\omega_{r,o,d}^{1,j} \frac{1}{\sqrt{2\pi} \cdot \sigma_{r,o,d}^{1,j}} e^{\frac{-(t_{r,o,d,j}^{TB} - \mu_{r,o,d}^{1,j})^2}{2\sigma_{r,o,d}^{1,j}{}^2}} \right) \quad (3\text{-}78)$$

其中，$t_{r,o,d,j}^{TB}$ 为反向乘客在反向出行站 o 和包含环路的线路 r 上的反向车站 $s_{r,o,d}^j$ 之间的平均折返时间；$\omega_{r,o,d}^1 = (\omega_{r,o,d}^{1,1}, \cdots, \omega_{r,o,d}^{1,j}, \cdots, \omega_{r,o,d}^{1,K_{r,o,d}^1})$ 为反向乘客在选择第 j 个反向车站折返时间的权重向量；$\mu_{r,o,d}^1 = (\mu_{r,o,d}^{1,1}, \cdots, \mu_{r,o,d}^{1,j}, \cdots, \mu_{r,o,d}^{1,K_{r,o,d}^{tb}})$ 和 $\sigma_{r,o,d}^1 = (\sigma_{r,o,d}^{1,1}, \cdots, \sigma_{r,o,d}^{1,j}, \cdots, \sigma_{r,o,d}^{1,K_{r,o,d}^1})$ 为相应的平均值和标准差。

3.3.3 基于高斯混合分布的贝叶斯模型

利用数据驱动模型中的贝叶斯模型计算三个 GMM 中参数的联合后验概率。这三个 GMM 分别是第一阶段的选择行为模型，以及第二阶段中正常乘客和反向乘客的选择行为模型。进一步，对于第一阶段的选择行为模型，在已知乘客 z 候车时间 $t_{r,o,d}^W(z)$ 的情况下，计算参数 $\omega_{r,o,d}^0$、$\mu_{r,o,d}^0$、$\sigma_{r,o,d}^0$、$\omega_{r,o,d}^1$、$\mu_{r,o,d}^1$、$\sigma_{r,o,d}^1$ 的联合后验概率；对于第二阶段正常乘客的选择行为模型，在已知乘客 z 候车时间 $t_{r,o,d}^W(z)$ 的情况下，计算参数 $\omega_{r,o,d}^0$、$\mu_{r,o,d}^0$、$\sigma_{r,o,d}^0$ 的联合后验概率；对于第二阶段反向乘客的选择行为模型，在已知乘客 z' 候车时间 $t_{r,o,d,j}^{TB}$ 的情况下，计算参数 $\omega_{r,o,d}^1$、$\mu_{r,o,d}^1$、$\sigma_{r,o,d}^1$ 的联合后验概率。以第二阶段正常乘客的选择行为模型为例，计算参数的联合后验概率。

① 将乘客候车时间 $\text{WT}_{r,o,d}$ 和正常乘客乘坐不同列次列车候车时间的概率分布函数分别作为观测数据和似然函数。根据贝叶斯理论公式，参数的联合后验概率初始表达为

$$p(\omega_{r,o,d}^0,\mu_{r,o,d}^0,\sigma_{r,o,d}^0 \mid \mathrm{WT}_{r,o,d}) = \frac{p(\mathrm{WT}_{r,o,d} \mid \omega_{r,o,d}^0,\mu_{r,o,d}^0,\sigma_{r,o,d}^0)p(\omega_{r,o,d}^0,\mu_{r,o,d}^0,\sigma_{r,o,d}^0)}{p(\mathrm{WT}_{r,o,d})}$$

$$\propto p(\mathrm{WT}_{r,o,d} \mid \omega_{r,o,d}^0,\mu_{r,o,d}^0,\sigma_{r,o,d}^0)p(\omega_{r,o,d}^0,\mu_{r,o,d}^0,\sigma_{r,o,d}^0) \tag{3-79}$$

其中，$p(\omega_{r,o,d}^0,\mu_{r,o,d}^0,\sigma_{r,o,d}^0)$ 为参数 $\omega_{r,o,d}^0$、$\mu_{r,o,d}^0$、$\sigma_{r,o,d}^0$ 的联合先验概率函数；$p(\mathrm{WT}_{r,o,d} \mid \omega_{r,o,d}^0,\mu_{r,o,d}^0,\sigma_{r,o,d}^0)$ 为给定参数 $\omega_{r,o,d}^0$、$\mu_{r,o,d}^0$、$\sigma_{r,o,d}^0$ 和观测数据 $\mathrm{WT}_{r,o,d}$ 的似然函数。

② 观测数据的概率 $p(\mathrm{WT}_{r,o,d})$ 是固定的，假设平均值 $\mu_{r,o,d}^{0,i}$ 和标准差 $\sigma_{r,o,d}^{0,i}$ 遵循高斯分布，权重参数 $\omega_{r,o,d}^0$ 是一个遵循 $\sum_{i=1}^{K_{r,o,d}^0}\omega_{r,o,d}^{0,i}=1$ 的 Dirichlet 分布的向量，三种分布的表达式为

$$\mu_{r,o,d}^{0,i} \sim \mathrm{Gaussian}(\delta_{r,o,d}^{0,i},v_{r,o,d}^{0,i}) \tag{3-80}$$

$$\sigma_{r,o,d}^{0,i} \sim \mathrm{Gaussian}(\kappa_{r,o,d}^{0,i},\gamma_{r,o,d}^{0,i}) \tag{3-81}$$

$$\omega_{r,o,d}^0 \sim \mathrm{Dirichlet}(\omega_{r,o,d}^{0,1},\omega_{r,o,d}^{0,2},\cdots,\omega_{r,o,d}^{0,K_{r,o,d}^0}) \tag{3-82}$$

其中，$\delta_{r,o,d}^{0,i}$、$v_{r,o,d}^{0,i}$、$\kappa_{r,o,d}^{0,i}$、$\gamma_{r,o,d}^{0,i}$、$\omega_{r,o,d}^{0,i}$，$(i=1,2,\cdots,K_{r,o,d}^0)$ 为超参数。

参数的联合先验概率函数表达为

$$\begin{aligned}&p(\omega_{r,o,d}^0,\mu_{r,o,d}^0,\sigma_{r,o,d}^0)\\&=p(\omega_{r,o,d}^0)p(\mu_{r,o,d}^0)p(\sigma_{r,o,d}^0)\\&=p(\omega_{r,o,d}^{0,1},\omega_{r,o,d}^{0,2},\cdots,\omega_{r,o,d}^{0,K_{r,o,d}^0})(\prod_{i=1}^{K_{r,o,d}^0}p(\mu_{r,o,d}^{0,i}\mid\delta_{r,o,d}^{0,i},v_{r,o,d}^{0,i})p(\delta_{r,o,d}^{0,i},v_{r,o,d}^{0,i}))\\&\cdot(\prod_{i=1}^{K_{r,o,d}^0}p(\sigma_{r,o,d}^{0,i}\mid\kappa_{r,o,d}^{0,i},\gamma_{r,o,d}^{0,i})p(\kappa_{r,o,d}^{0,i},\gamma_{r,o,d}^{0,i}))\end{aligned} \tag{3-83}$$

③ 基于贝叶斯理论，用观测数据 $t_{o,d}^W(z)$ 来优化似然函数，根据给定的 $\omega_{r,o,d}^0$、$\mu_{r,o,d}^0$、$\sigma_{r,o,d}^0$，计算 $\mathrm{WT}_{r,o,d}$ 的概率，即

$$p(\mathrm{WT}_{r,o,d}\mid\omega_{r,o,d}^0,\mu_{r,o,d}^0,\sigma_{r,o,d}^0)=\sum_{i=1}^{K_{r,o,d}^0}p(\mathrm{WT}_{r,o,d}\mid\omega_{r,o,d}^{0,i},\mu_{r,o,d}^{0,i},\sigma_{r,o,d}^{0,i})p(\omega_{r,o,d}^{0,i},\mu_{r,o,d}^{0,i},\sigma_{r,o,d}^{0,i})$$

$$\tag{3-84}$$

其中，$p(\omega_{r,o,d}^{0,i},\mu_{r,o,d}^{0,i},\sigma_{r,o,d}^{0,i})$ 为给定 i 对应的参数 $\omega_{r,o,d}^{0,i}$、$\mu_{r,o,d}^{0,i}$、$\sigma_{r,o,d}^{0,i}$ 的先验概率密度函数。

④ 乘客候车时间 $\mathrm{WT}_{r,o,d}$ 由独立元素 $t_{r,o,d}^W(z)$ 组成，即每个乘客之间的出行时间是相互独立的。因此，$\mathrm{WT}_{r,o,d}$ 的概率可表示为所有候车时间观测数据的联合概率，即 $\mathrm{WT}_{r,o,d}$ 的似然函数可表示为每个元素 $t_{r,o,d}^W(z) \in \mathrm{WT}_{r,o,d}, z \in P_{o,d}$ 的概率乘积，即

$$
\begin{aligned}
& p(\mathrm{WT}_{r,o,d} \mid \omega_{r,o,d}^0, \mu_{r,o,d}^0, \sigma_{r,o,d}^0) \\
& = \prod_{t_{r,o,d}^W(z) \in \mathrm{WT}_{r,o,d}} p(t_{r,o,d}^W(z) \mid \omega_{r,o,d}^0, \mu_{r,o,d}^0, \sigma_{r,o,d}^0) \\
& = \prod_{t_{r,o,d}^W(z) \in \mathrm{WT}_{r,o,d}} \big(\sum_{i=1}^{K_{r,o,d}^0} p(t_{r,o,d}^W(z) \mid \omega_{r,o,d}^{0,i}, \mu_{r,o,d}^{0,i}, \sigma_{r,o,d}^{0,i}) p(\omega_{r,o,d}^{0,i}, \mu_{r,o,d}^{0,i}, \sigma_{r,o,d}^{0,i}) \big)
\end{aligned} \tag{3-85}
$$

将参数的先验概率函数和似然函数代入参数的联合后验概率初始表达式中，得到最终的参数联合后验概率为

$$
\begin{aligned}
& p(\omega_{r,o,d}^0, \mu_{r,o,d}^0, \sigma_{r,o,d}^0 \mid \mathrm{WT}_{r,o,d}) \\
& \propto \prod_{t_{r,o,d}^W(z) \in \mathrm{WT}_{r,o,d}} \big(\sum_{i=1}^{K_{r,o,d}^0} p(t_{r,o,d}^W(z) \mid \omega_{r,o,d}^{0,i}, \mu_{r,o,d}^{0,i}, \sigma_{r,o,d}^{0,i}) p(\omega_{r,o,d}^{0,i}, \mu_{r,o,d}^{0,i}, \sigma_{r,o,d}^{0,i}) \big) \\
& \times p(\omega_{r,o,d}^{0,1}, \omega_{r,o,d}^{0,2}, \cdots, \omega_{r,o,d}^{0,K_{r,o,d}^0}) \big(\prod_{i=1}^{K_{r,o,d}^0} p(\mu_{r,o,d}^{0,i} \mid \delta_{r,o,d}^{0,i}, \nu_{r,o,d}^{0,i}) p(\delta_{r,o,d}^{0,i}, \nu_{r,o,d}^{0,i}) \big) \\
& \times \big(\prod_{i=1}^{K_{r,o,d}^0} p(\sigma_{r,o,d}^{0,i} \mid \kappa_{r,o,d}^{0,i}, \gamma_{r,o,d}^{0,i}) p(\kappa_{r,o,d}^{0,i}, \gamma_{r,o,d}^{0,i}) \big)
\end{aligned} \tag{3-86}
$$

3.3.4 参数标定算法

利用 NUTS(no-U-turn sampler)算法对构建的贝叶斯模型参数进行标定，估计 $3K_{r,o,d}^0$ 个参数，即 $\omega_{r,o,d}^{0,i}$、$\mu_{r,o,d}^{0,i}$、$\sigma_{r,o,d}^{0,i}, i=1,2,\cdots,K_{r,o,d}^0$。NUTS 算法包括如下步骤。

① 在给定 $K_{r,o,d}^0$ 的情况下，采用 K-means 初始化参数的先验分布，即确定超参数的值。在聚类中，将输入参数 K 设置为 $K_{r,o,d}^0$，将聚类结果中第 $i(i=1,2,\cdots,K_{r,o,d}^0)$ 个聚类中数据的平均值、偏差和比例计算为超参数的值。根据权利要求 10 贝叶斯模型，设置 $t=1$，则初始参数可以定义为 $x_{(0)} = \{x_{(0)}^1, x_{(0)}^2, \cdots, x_{(0)}^{3K_{r,o,d}^0}\}$。

② 给定样本 $r_{(t)} \in N(0,I)$，其中 $N(\alpha,\Sigma)$ 代表均值 α 和协方差矩阵 Σ 表示的多元高斯分布，r、x、I 有相同的维度。

③ 应用 NUTS 算法构造汉密尔顿函数 $H(x,r) = U(x_{(t)}) + K(r_{(t)})$，其中 $U(x_{(t)})$

和 $K(r_{(t)})$ 为势能函数和动能函数，$U(x_{(t)}) = -\log(\pi(x_{(t)})L(x_{(t)}|D))$，$K(r_{(t)}) = \frac{1}{2} r_{(t)}^{\mathrm{T}} M^{-1} r_{(t)}$，$\pi(x_{(t)})$ 为先验分布，$L(x_{(t)}|D)$ 为给定数据 D 的似然函数，M 为对称正定对角矩阵。

通过递归过程构建由 Q 阶子树组成的节点树，其中第 q 个子树由 2^q 个节点构建。如果节点的轨迹开始后退，则构建节点树的过程终止。给定样本 $u \in U(0,1)$，其中 $U(a,b)$ 为具有下界 a 和上界 b 的均匀分布。计算选择第 q 个子树中的节点作为下一次迭代状态的概率，即

$$\frac{\sum_{h=1}^{2^q} f(u \leqslant \exp\{-H(x_{(h)}, r_{(h)})\})}{\sum_{q=1}^{Q} \sum_{h=1}^{2^q} f(u \leqslant \exp\{-H(x_{(h)}, r_{(h)})\})} \tag{3-87}$$

如果括号中的表达式为真，则 $f()$ 为 1；如果为假，则 $f()$ 为 0。计算选择第 q 个子树中第 k 个节点的概率，即

$$\frac{f(u \leqslant \exp\{-H(x_{(k)}, r_{(k)})\})}{\sum_{h=1}^{k} f(u \leqslant \exp\{-H(x_{(h)}, r_{(h)})\})} \tag{3-88}$$

选择概率最大的节点 x^* 作为下一次迭代的状态，即设置 $x_{(t)} = x^*$。

④ 确定当前迭代数 t 是否等于最大迭代次数 C。如果是，继续执行步骤⑤；否则，设置 $t=t+1$，返回步骤②。

⑤ 记录所有参数的值。每个参数的最终值为

$$x^i = \frac{1}{C-N} \sum_{t=N+1}^{C} x_{(t)}^i \tag{3-89}$$

3.3.5 案例分析

以北京地铁某郊区线路为例，选择该区域沙河站和沙河高教园(图 3-16)作为反向出行站进行研究，验证该方法的准确性。采集这两个车站 2018 年 9 月工作日早高峰时间(7：00～9：00)的所有 AFC 和列车时刻表数据。

基于采集数据，计算乘客的出行时间，从而提取有效数据(不考虑出行时间过长或过短的数据)。选取起点站为研究站所有 OD 对的乘客出行数据，根据出行发生量对 OD 对进行排序，选择前 100 个出行量最多的 OD 对进行研究。选择单路线无换乘的 OD 对进行分析，即目的站分别是图 3-16 所示的朱辛庄、生命科学园和西二旗的 OD 对。目的站位于同一条地铁线路上，方向为郊区-中心城区。

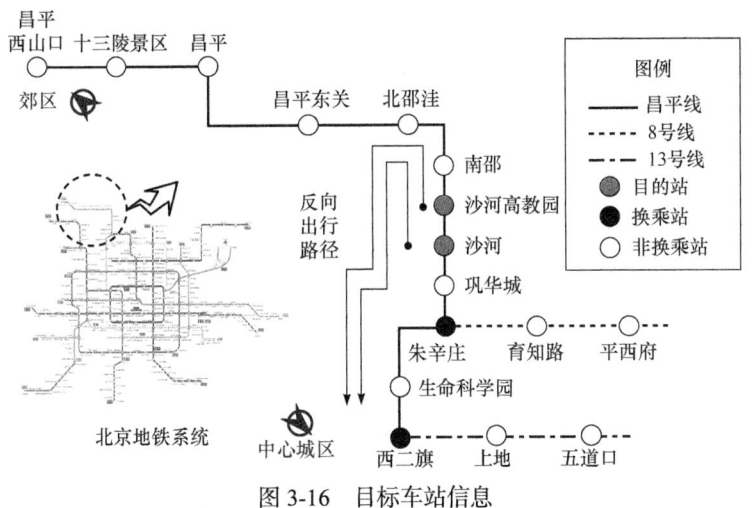

第三章 基于数据驱动的乘客出行行为分析与建模

图 3-16 目标车站信息

基于贝叶斯模型的参数后验概率分布函数，利用 NUTS 算法对参数进行最终标定。进一步，先采用 K-means 初始化参数的先验分布，然后构造汉密尔顿函数，并通过递归过程构建节点数进行迭代，设置最大迭代数为 15000，老化迭代次数为 9000(即前 9000 代的抽样结果被认为是不稳定的而被舍弃，用后 6000 代的稳定抽样值估计参数的后验分布函数)，达到最大迭代次数后，即可得到每个参数的最终值。

以西二旗目的站进行说明，第一阶段乘客选择模型的参数标定结果如图 3-17(a)所示，μ=(690.1286,1356.2367)、ω=(0.6912,0.3088)，即车站内的正常乘客平均候车时间(占 69.12%)约为 690s；反向乘客平均折返时间(占 30.88%)约为 1356s。第二阶段正常乘客和反向乘客的模型参数标定结果如图 3-17(b)和图 3-17(c)所示。结果表明，正常乘客最多需要等待 4 趟列车，其中 71.80%(即 0.3071+0.4108)的乘客上第二趟列车或第三趟列车；对于反向乘客，75.12%的乘客在第一个反向车站改变方向。

对于去往其他两个目的站(生命科学园区和朱辛庄)的反向出行现象进行类似的分析。此外，对于图 3-17 所示的目的地站不在昌平线上的 OD 对，考虑相应换乘站(朱辛庄或西二旗)的反向出行特性。例如，沙河至五道口的乘客经常在西二旗换乘站从昌平线换乘到 13 号线，因此沙河至五道口的反向出行特性可以用沙河至西二旗的反向出行特性来描述，即 30.88%的乘客采用反向策略，75.12%的反向乘客在第一个反向车站换乘。对于起始点为沙河的前 100 个 OD 对，通过上述方法可以得到每个 OD 对对应的反向出行特性。最后，通过总结各 OD 对的反向特征，得到沙河站的反向出行分析结果。

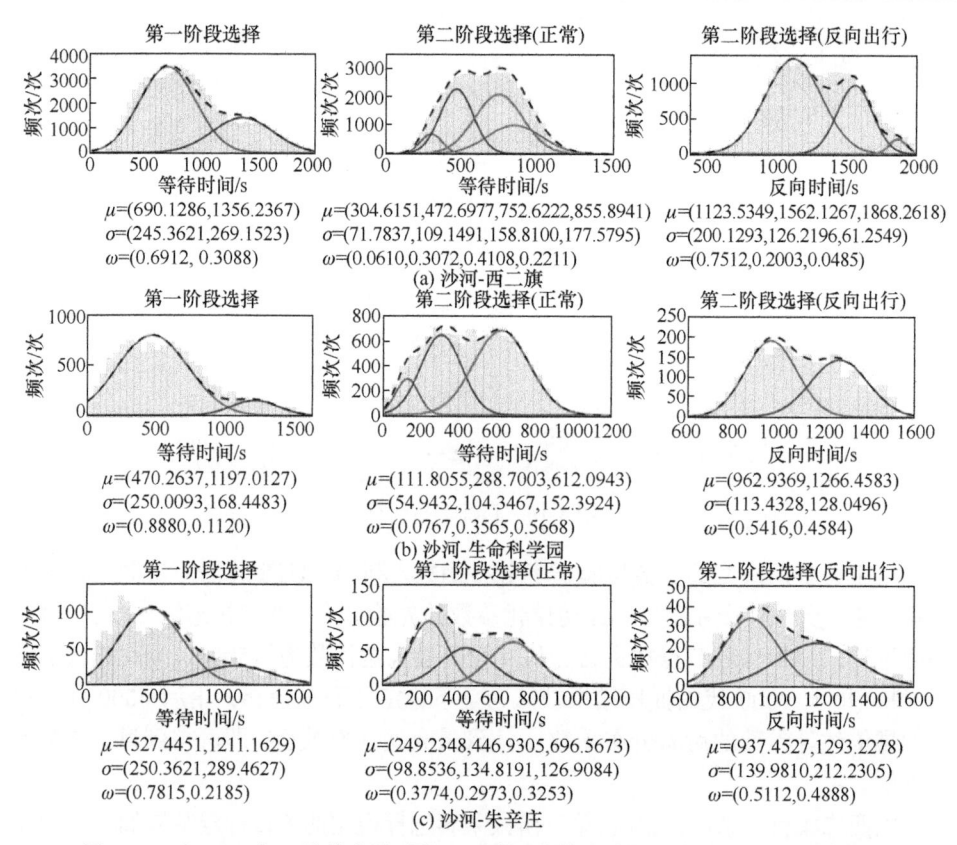

图 3-17 在 2018 年 9 月的高峰时段，以沙河为始发站的三个 OD 对的识别结果

同样，对沙河高教园站反向出行现象进行分析。对于目的站位于昌平线"郊区-中心城区"方向的 OD 对，计算结果如图 3-18 所示。以沙河高教园至西二旗 OD 对为例，该 OD 对的权重向量为 $\omega=(0.8712,0.1288)$，即沙河高教园至西二旗的反向乘客比例(12.88%)小于 OD 对沙河至西二旗的反向乘客比例(30.88%)。这表明，出行距离越远，反向出行的行为意向就越强。从图 3-17 和图 3-18 的右小段可以看出，反向乘客选择的反向车站是距离起点站最近的前三个车站之一，大多数反向乘客在第一个反向车站改变他们的出行方向，这样的出行策略在避免拥挤的同时也没有增加太长的旅行时间。

从反向出行现象识别性能的角度对建模方法进行比较。Xu 等[31]提出一种 AP 聚类算法与隐枚举算法相结合的方法，但没有用调查数据验证其方法的模拟结果，因此很难证明该方法是可行和准确的。相对而言，我们提出的方法是一种数据驱动的方法，它可以结合先验信息和观测数据，更有效地估计模型中的参数。通过与北京地铁网络控制中心实测数据对比，我们的识别结果与实际情况相符。

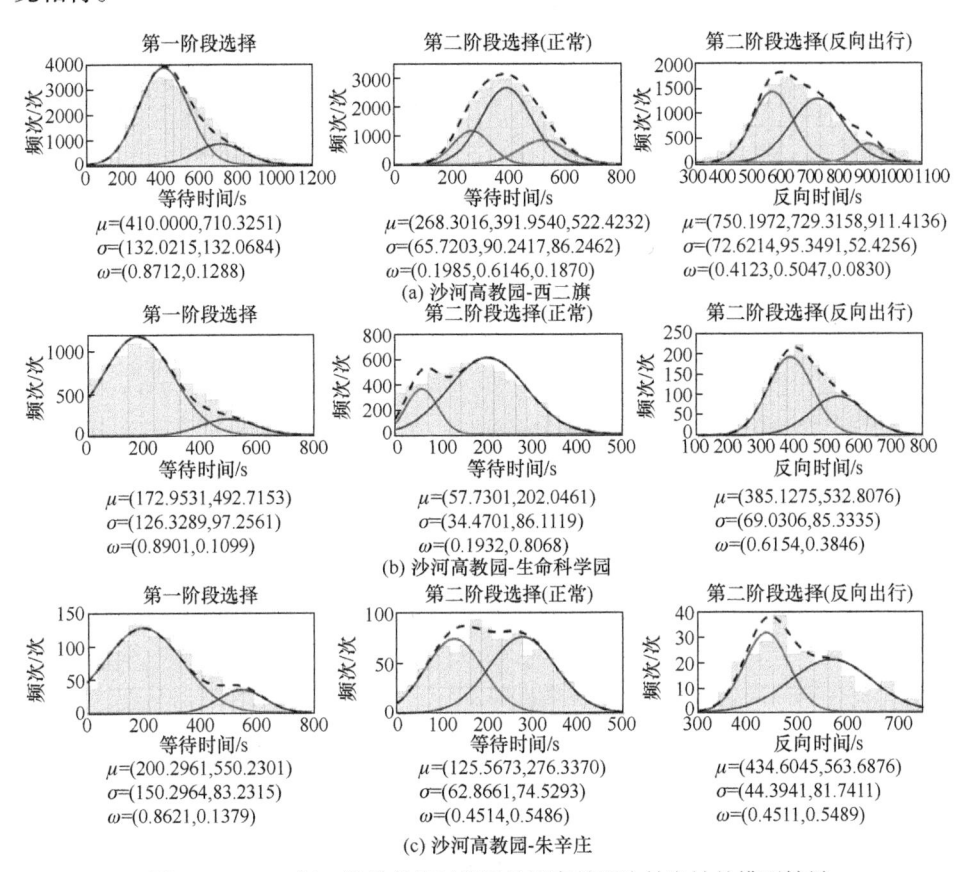

图 3-18 2018 年 9 月早高峰时段以沙河高教园为始发站的模型结果

从抽样方法角度进行比较，我们选择三种方法进行比较，即 Metropolis-Hasting(MH)抽样算法、Slice 抽样算法和 Hamiltonian Monte Carlo(HMC)抽样算法。MH 抽样算法和 Slice 抽样算法是比较流行的两种方法。NUTS 抽样算法是 HMC 抽样算法的扩展。

选取沙河到西二旗正常乘客的候车时间，用 GMM 描述候车时间的分布并运用上述几种常用的抽样算法标定参数。抽样方法比较结果如表 3-30 所示。为了方便起见，这里只给出权重参数的计算结果，并用三项评估指标对各算法进行评估。

表 3-30 抽样方法比较结果

抽样方法		参数			
		$\omega_{Shahe,Xierqi}^{n,1}$	$\omega_{Shahe,Xierqi}^{n,2}$	$\omega_{Shahe,Xierqi}^{n,3}$	$\omega_{Shahe,Xierqi}^{n,4}$
每秒有效样本量	MH	0.1421	0.1193	0.0814	0.0827
	Slice	1.4125	1.4934	1.0926	1.9241
	HMC	8.6228	6.3708	5.8019	10.2716
	NUTS	10.4796	8.5709	7.5371	17.3792
Gelman-Rubin 诊断	MH	1.0472	1.0753	1.0642	1.1411
	Slice	1.0002	1.0004	1.0013	1.0001
	HMC	1.0000	1.0002	1.0002	1.0001
	NUTS	1.0000	1.0001	1.0001	1.0000
蒙特卡罗误差	MH	0.0038	0.0066	0.0059	0.0015
	Slice	0.0008	0.0010	0.0010	0.0004
	HMC	0.0006	0.0009	0.0009	0.0002
	NUTS	0.0003	0.0006	0.0005	0.0001

根据表 3-30 的比较结果，NUTS 算法中 4 个权重参数的平均每秒有效样本量为 10.9917，而 HM 抽样算法和 Slice 算法的平均每秒有效样本量分别为 0.1064 和 1.4807。这表明，NUTS 算法的效率优于 MH 算法和 Slice 算法。NUTS 算法的平均有效样本量是 HMC 算法的 1.42 倍，表明 NUTS 算法的效率也优于 HMC 算法。

NUTS 算法、HMC 算法、MH 算法和 Slice 算法的 Gelman-Rubin 平均诊断值分别为 1.0001、1.0001、1.0005 和 1.0820。与 MH 算法和 Slice 算法相比，NUTS 算法和 HMC 算法的 Gelman-Rubin 平均诊断值更接近 1，说明 NUTS 算法和 HMC 算法在收敛速度上优于 MH 算法和 Slice 算法。

NUTS 算法、HMC 算法、MH 算法和 Slice 算法的平均蒙特卡罗误差分别为 0.0015、0.0026、0.0032 和 0.0178，其中 NUTS 算法的概率误差最小。

3.4 本章小结

本章详细阐述数据驱动的乘客路径选择分析和建模方法。考虑封站情况下的乘客出发车站选择行为，基于 MDFT 建立封站条件下乘客出发车站选择行为模型。考虑旅行时间可靠性的通勤乘客出发时间选择行为，基于 Lempel-Ziv 算法研究不同客流特征的旅行时间可预测性，并基于累积前景理论建立考虑旅行时间可靠性的乘客出发时间选择模型。对拥挤大客流情况下的乘客乘车班次比例、拥挤大客流情况下的乘客反向乘车行为、拥挤条件下的路径选择行为进行研究，验证了提出的模型。

参 考 文 献

[1] 高峰. 面向过程的动态决策方法与应用研究. 武汉: 华中科技大学, 2013.
[2] Trueblood J S, Brown S D, Heathcote A. The multiattribute linear ballistic accumulator model of context effects in multialternative choice. Psychological Review, 2014, 121(2):179-205.
[3] 李艾丽, 张庆林. 多备择决策的联结网络模型. 心理科学, 2008, 31(6): 1438-1440.
[4] Busemeyer J R, Johnson J G, Jessup R K. Preferences Constructed from Dynamic Microprocessing Mechanisms. Cambridge: Cambridge University Press, 2012.
[5] Roe R M, Busemeyer J R, Townsend J T. Multialternative decision field theory: a dynamic connection model of decision making. Psychological Review, 2001, 108(2): 370-392.
[6] Rieskamp R S. Rigorously testing multialternative decision field theory against random utility models. Journal of Experimental Psychology General, 2014, 143(3): 1331.
[7] 赵海敏, 杨涛, 范健文. 城市轨道交通车站吸引范围研究. 城市建设理论研究, 2012, 33:1-5.
[8] 杨京帅, 张殿业. 城市轨道交通车站合理吸引范围研究. 中国铁路, 2008, 3: 72-75.
[9] 李向楠. 城市轨道交通站点吸引范围研究. 成都: 西南交通大学, 2013.
[10] Xu X, Li H, Liu J, et al. Passenger flow control with multi-station coordination in subway networks: algorithm development and real-world case study. Transportmetrica B: Transport Dynamics, 2019, 7(1): 446-472.
[11] Hancock T O, Hess S, Choudhury C F. Decision field theory: Improvements to current methodology and comparisons with standard choice modelling techniques. Transportation Research Part B: Methodological, 2018, 107: 18-40.
[12] Henningsen A, Toomet O. MaxLik: a package for maximum likelihood estimation in R. Computational Statistics, 2011, 26(3): 443-458.
[13] Akaike H. A new look at the statistical model identification. IEEE Transactions on Automatic Control, 1974, 19(6): 716-723.
[14] Schwarz G. Estimating the dimension of a model. The Annals of Statistics, 1978, 6(2): 461-464.
[15] Debrezion G, Pels E, Rietveld P. Modelling the joint access mode and railway station choice. Transportation Research Part E: Logistics and Transportation Review, 2009, 45(1): 270-283.
[16] Hess S, Palma D. Apollo: a flexible, powerful and customisable freeware package for choice model estimation and application. Journal of Choice Modelling, 2019, 32: 100-170.
[17] Cook N R. Use and misuse of the receiver operating characteristic curve in risk prediction. Circulation, 2007, 115(7): 928-935.
[18] Herman R, Lam T. Trip time characteristics of journeys to and from work. Transportation Traffic Theory, 1974, 6: 57-86.
[19] Sterman B P, Schofer J L. Factors affecting reliability of urban bus services. Transportation

Engineering Journal of ASCE, 1976, 102(1): 147-159.
- [20] Iida Y. Basic concepts and future directions of road network reliability analysis. Journal of Advanced Transportation, 1999, 33(2): 125-134.
- [21] Li H, He F, Lin X,et al. Travel time reliability measure based on predictability using the Lempel-Ziv algorithm. Transportation Research Part C: Emerging Technologies, 2019, 101: 161-180.
- [22] Ziv J, Lempel A. A universal algorithm for sequential data compression. IEEE Transactions on Information Theory, 1977, 23(3): 337-34.
- [23] 和卫星, 陈晓平. LZ复杂度算法中的二值化方法分析及改进. 江苏大学学报(自然科学版), 2004, (3): 261-264.
- [24] Abadi D, Myers D, de Witt D, et al. Materialization strategies in a column-oriented DBMS //IEEE International Conference on Data Engineering, Istanbul, 2007: 466-475.
- [25] Song C, Qu Z, Blumm N, et al. Limits of predictability in human mobility. Science, 2010, 327(5968): 1018-1021.
- [26] Noland R, Small K. Travel-time uncertainty, departure time choice, and the cost of morning commutes. Transportation Research Record, 1995, 1493: 150-158.
- [27] Mahmassani H S, Hatcher S G, Caplice C G. Daily variation of trip chaining, scheduling, and path selection behavior of work commuters//Proceedings of 6th International Conference on Travel Behavior, Quebec, 1991: 29-45.
- [28] 李宪. 城市轨道交通早高峰乘客出行时间选择行为研究. 北京: 北京交通大学, 2018.
- [29] Tversky A, Kahneman D. Advances in prospect theory: cumulative representation of uncertainty. Journal of Risk and Uncertainty, 1992, 5(4): 297-323.
- [30] Xu X, Xie L, Li H, et al. Learning the route choice behavior of subway passengers from AFC data. Expert Systems with Applications, 2018, 95: 324-332.
- [31] Xu R, Li Y, Zhu W, et al. Empirical analysis of traveling backwards and passenger flows reassignment on a metro network with automatic fare collection data and train diagram. Transportation Research Record, 2018, 2672(8): 230-242.

第四章 面向大数据的轨道交通客流预测方法

4.1 面向土地利用数据的轨道交通进出站量预测方法

本节采用基于地理加权回归(geographically weighted regression，GWR)模型的直接需求预测法研究轨道交通客流量预测问题，通过分析站点吸引范围内的土地利用、社会经济要素、交通设施等周边环境因素，建立站点客流量与各要素之间的关联关系，具有成本低、响应快、结果易解释等优点。

考虑如下的全局回归模型，即

$$y_i = \beta_0 + \sum_k \beta_k X_{ik} + \varepsilon_i, \quad i=1,2,\cdots,n \tag{4-1}$$

GWR 扩展了传统的回归模型，使用局部而不是全局的参数估计。扩展后模型的系数是位置 i 的函数，扩展后的模型为

$$y_i = \beta_0(u_i,v_i) + \sum_k \beta_k(u_i,v_i) X_{ik} + \varepsilon_i, \quad i=1,2,\cdots,n \tag{4-2}$$

其中，(u_i,v_i) 为第 i 个样本点的空间坐标；$\beta_k(u_i,v_i)$ 为连续函数 $\beta_k(u,v)$ 在 i 点的值。

如果 $\beta_k(u,v)$ 在空间保持不变，则 GWR 模型变为全局模型。变量筛选后，构建早高峰进站量 GWR 模型，即

$$m_i = \beta_0(u_i,v_i) + \beta_4(u_i,v_i) X_{i4} + \beta_6(u_i,v_i) X_{i6} + \beta_8(u_i,v_i) X_{i8} + \varepsilon_i, \quad i=1,2,\cdots,n \tag{4-3}$$

其中，m_i 为第 i 个车站的早高峰进站量；X_{i4}、X_{i6}、X_{i8} 为第 i 个车站的周边的户数、公交车站数量、站点的路网可达性。

变量筛选后，构建晚高峰进站量 GWR 模型，即

$$e_i = \beta_0(u_i,v_i) + \beta_3(u_i,v_i) X_{i3} + \beta_5(u_i,v_i) X_{i5} + \beta_{10}(u_i,v_i) X_{i10} + \varepsilon_i, \quad i=1,2,\cdots,n \tag{4-4}$$

其中，e_i 为第 i 个车站的晚高峰进站量；X_{i3}、X_{i5}、X_{i10} 为第 i 个车站周边其他 POI 数量、写字楼建筑面积、平均租金。

GWR 模型常用的权重函数是高斯函数和双重平方函数。高斯函数将研究区域内所有土地利用的权重都纳入考虑(尽管距离远的车站的影响很小)。双重平方函数的带宽会起到距离阈值的作用，只有空间距离在带宽范围内土地利用的影响才纳入考虑，因此选择双重平方函数作为权重函数。

考虑样本点分布疏密不均的情况，采用自适应核的带宽确定方法，让带宽长

度随地块的疏密程度进行调整。AIC 在最优带宽确定方法中比交叉验证方法应用得更为广泛，因此选择 AIC 获取最优带宽。

4.1.1 候选变量的探索回归

轨道交通站点客流吸引与距离存在相关关系，轨道站点距离的远近影响人们对轨道交通的出行选择。目前，大部分研究都通过建立距离衰减函数对吸引范围内的数据进行加权处理[1]，而轨道交通站点吸引范围的距离衰减特性除了用衰减函数这种定量关系表示外，也体现在人们选择换乘轨道交通的接驳方式上，且不同接驳方式下影响范围的空间分布呈现不同特征。因此，构建能够反映多种接驳方式综合作用下的连续型衰减函数是一个难题。

为了解决这个问题，将不同接驳方式的影响叠加进行空间划分，以离散方式分析客流吸引与空间距离的关系。轨道站点吸引范围按图 4-1 所示的方式进行多圈层划分，可以得到纯步行吸引范围、步行-自行车混合吸引范围，以及纯自行车吸引范围。不同圈层产生的交通需求被吸引到轨道交通站点的概率各不相同，因此需要按圈层进行回归变量的设置与数据处理。

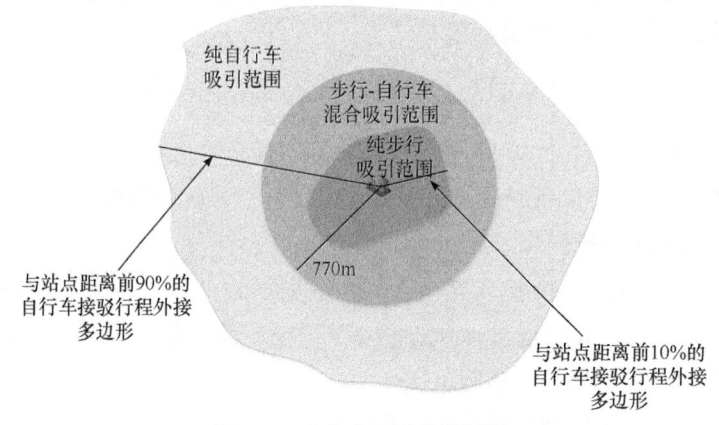

图 4-1 多方式吸引范围划分

根据接驳方式的差异对轨道站点的吸引范围进行多圈层划分之后，统计不同圈层范围内的居住类 POI 数量、写字楼数量、其他类 POI 数量、居民小区户数、写字楼建筑面积、公交车站数量，形成三维向量数据。例如，车公庄站的公交车站数量为[5,9,31]，表示车公庄站在纯步行吸引范围、步行-自行车混合吸引范围、纯自行车吸引范围内的公交车站数量分别为 5 个、9 个、31 个。由于站点周边的路网密度更多体现的是与轨道交通的竞争关系，以及路网可达性、平均房价、平均租金三个变量的自身特性，对这四个回归自变量不做多圈层划分。回归变量候选集如表 4-1 所示。

表 4-1　回归变量候选集

变量名称	变量说明	是否多圈层划分
NUM-RES(X1)	居住类 POI 数量	Y
NUM-OFF(X2)	写字楼的数量	Y
NUM-OTH(X3)	其他类 POI 的数量	Y
NUM-FAM(X4)	居民小区户数	Y
AREA-OFF(X5)	写字楼建筑面积	Y
NUM-BUS(X6)	公交车站数量	Y
DEN-ROAD(X7)	路网密度	N
ACC-SUB(X8)	站点的路网可达性	N
PRICE-HOU(X9)	平均房价	N
PRICE-RENT(X10)	平均租金	N

注：Y 表示进行多圈层划分，划分后形成三维向量；N 表示不划分；其他类 POI，包括商场、医院、学校、运动场馆、影剧院。

回归自变量的选择通过空间自相关性、模型的显著性，以及是否存在多重共线性三个指标来确定。

(1) 空间自相关性

空间自相关性指变量在一定区域内的观测数据之间存在的相互依赖性。莫兰指数是度量空间自相关性的一个重要指标，即

$$I = \frac{n}{S_0} \frac{\sum_{i=1}^{n}\sum_{j=1}^{n} \omega_{i,j} z_i z_j}{\sum_{i=1}^{n} z_i^2} \tag{4-5}$$

其中，z_i 为要素 i 的属性与其平均值 $(x_i - \bar{X})$ 的偏差；$\omega_{i,j}$ 为要素 i 和 j 之间的空间权重；n 为要素总数；S_0 为所有空间权重的聚合，即

$$S_0 = \sum_{i=1}^{n}\sum_{j=1}^{n} \omega_{i,j} \tag{4-6}$$

统计的 z_I 得分按以下形式计算，即

$$z_I = \frac{I - E[I]}{\sqrt{V[I]}} \tag{4-7}$$

其中

$$E[I] = -\frac{1}{n-1} \tag{4-8}$$

$$V[I] = E[I^2] - E[I]^2 \tag{4-9}$$

利用莫兰指数可以评估空间自相关性，识别目标观测值在空间分布的差异性和相关性。在给定置信水平时，若莫兰指数的 P 值显著且 z 得分为正，则表示变量在研究区域内存在集聚效应，研究点与周边地区的差异很小，存在正向关联。若莫兰指数的 P 值显著且 z 得分为负，则认为变量在研究区域内处于离散模式，研究点与周边地区具有显著的差异。当莫兰指数的 P 值不具有统计学上显著性的时候，认为变量在研究区域内是随机分布的，与空间位置没有关联性。

(2) 模型的显著性

显著性检查对于线性回归模型十分关键。常用的检验方法是 F 检验和 T 检验。

(3) 多重共线性

对于存在多重共线性的回归模型，需要根据检验结果删除一个或几个存在共线性的变量，使其不再存在多重共线性问题。

使用 ArcGIS 软件计算变量的莫兰指数，得到的结果如表 4-2 所示。可以看出，所有备选变量的莫兰指数都大于零，对应的 z 得分都大于零，所有的 P 值均小于 0.05，说明备选变量的莫兰指数都显著。因此，备选变量空间分布的集聚性较强，符合建立 GWR 模型的条件。

表 4-2 莫兰指数

变量	莫兰指数	预期指数	方差	z 得分	P 值
PRICE-HOU	0.834829	−0.004717	0.000519	36.846768	0
PRICE-RENT	0.741265	−0.004717	0.000519	32.740301	0
DEN-ROAD	0.588578	−0.004717	0.000519	26.037660	0
NUM-BUS	0.122063	−0.004717	0.000516	5.581093	0
NUM-RES	0.163203	−0.004717	0.000514	7.408921	0
NUM-OFF	0.383272	−0.004717	0.000491	17.502927	0
NUM-OTH	0.443640	−0.004717	0.000515	19.763064	0
NUM-FAM	0.202328	−0.004717	0.000519	9.091076	0
AREA-OFF	0.406818	−0.004717	0.000468	19.025134	0
ACC-SUB	0.722057	−0.004717	0.000520	31.884742	0

计算备选自变量之间的线性相关系数，可以得到图 4-2 所示的相关性热力图。NUM-RES(居住 POI 数量)与 NUM-FAM(户数)(0.78)、PRICE-HOU(平均房价)与

PRICE-RENT(平均租金)(0.89)、NUM-OFF (写字楼数量)与 AREA-OFF(写字楼建筑面积)(0.93)等自变量之间的相关系数较高,自变量之间可能存在多重共线性,需要结合回归分析的方差膨胀系数(variance inflation factor, VIF)进行多重共线性的检查。

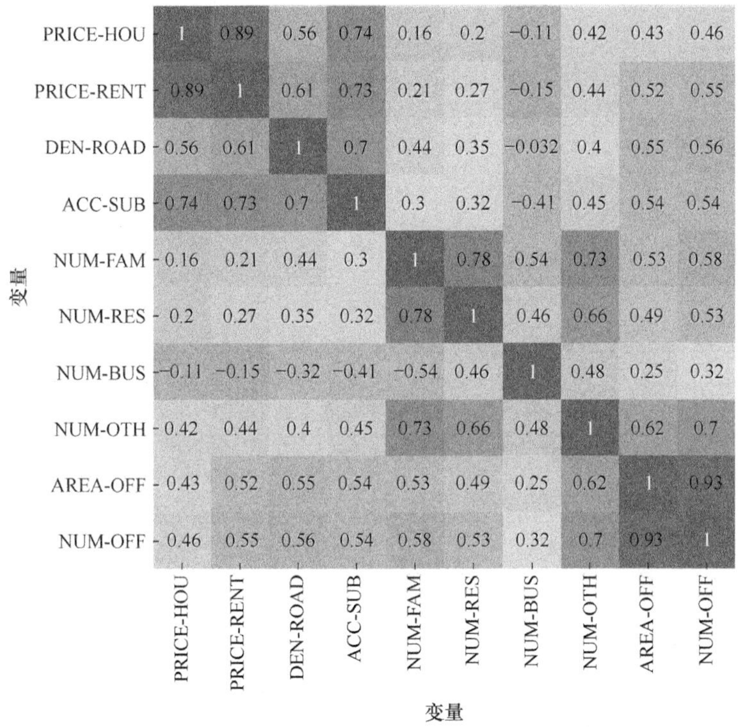

图 4-2 相关性热力图

选取早高峰进站量作为因变量,使用 SPSS 将自变量备选集中的 10 个变量作为自变量建立一般线性回归模型。早高峰进站量初步回归结果如表 4-3 所示。可以看出,对于给定的显著性水平 $\alpha=0.05$,存在回归系数显著性 T 检验的概率大于显著性水平 α,与因变量的线性关系不显著。存在 NUM-OFF(写字楼数量)的 VIF 值大于 7.5,与其他解释变量存在多重共线性,需要使用线性回归变量选择方法进行自变量的筛选。向后排除法是变量选择方法的一种。该方法先建立全变量的回归模型,然后逐步剔除无统计学意义的回归变量,采用向后排除法进行自变量筛选,最终只保留 NUM-FAM(户数)、NUM-BUS(公交车站数量)、ACC-SUB(路网可达性)三个变量。筛选后的变量重新进行线性回归结果如表 4-4 所示。自变量的回归系数的 T 检验概率 P 值小于显著性水平,而且 VIF 值都小于 7.5,不存在多重共线性,满足模型构建的要求。

表 4-3 早高峰进站量初步回归结果

参数	未标准化系数 B	标准误差	标准化系数 Beta	t	显著性	容差	VIF
常量	4309.925	841.111	—	5.124	0.000	—	—
PRICE-HOU	−0.059	0.016	−0.475	−3.723	0.000	0.175	5.728
PRICE-RENT	19.910	13.172	0.205	1.512	0.132	0.155	6.451
DEN-ROAD	−391.110	95.192	−0.357	−4.109	0.000	0.376	2.663
ACC-SUB	135.218	32.115	0.400	4.210	0.000	0.315	3.172
NUM-FAM	0.074	0.014	0.581	5.312	0.000	0.237	4.215
NUM-OTH	−5.860	4.560	−0.129	−1.285	0.200	0.282	3.552
NUM-BUS	34.212	14.067	0.180	2.432	0.016	0.520	1.923
NUM-RES	2.188	6.999	0.028	0.313	0.755	0.357	2.800
AREA-OFF	4.795×10^{-5}	0.000	0.021	0.138	0.891	0.123	8.099
NUM-OFF	−20.080	8.106	−0.422	−2.477	0.014	0.098	10.205

表 4-4 早高峰进站量筛选变量后回归结果

参数	未标准化系数 B	标准误差	标准化系数 Beta	t	显著性	容差	VIF
常量	2545.925	503.374	—	5.058	0.000	—	—
ACC-SUB	−77.117	23.030	−0.228	−3.349	0.001	0.855	1.170
NUM-FAM	0.035	0.010	0.274	3.396	0.001	0.610	1.641
NUM-BUS	33.506	14.656	0.176	2.286	0.023	0.668	1.497

选取晚高峰进站量作为因变量,使用自变量备选集中的 10 个变量作为自变量进行线性回归。回归结果如表 4-5 所示。可以看出,存在回归系数的 T 检验概率大于给定的显著性水平 α=0.05,而且存在 VIF 值大于 7.5 的变量。继续使用向后排除法进行自变量的筛选,最终只保留 AREA-OFF(办公建筑面积)、NUM-OTH(其他类 POI 数量),以及 PRICE-RENT(平均租金)三个变量。晚高峰进站量筛选变量后回归结果如表 4-6 所示。自变量满足显著性水平,而且不存在多重共线性,符合模型构建的要求。

表 4-5 晚高峰进站量初步回归结果

参数	未标准化系数 B	标准误差	标准化系数 Beta	t	显著性	容差	VIF
常量	−465.262	812.229	—	−0.573	0.567	—	—
PRICE-HOU	0.000	0.015	−0.002	−0.020	0.984	0.175	5.728
PRICE-RENT	23.555	12.720	0.175	1.852	0.066	0.155	6.451

续表

参数	未标准化系数 B	标准误差	标准化系数 Beta	t	显著性	共线性统计 容差	VIF
DEN-ROAD	−80.966	91.923	−0.054	−0.881	0.379	0.376	2.663
ACC-SUB	17.232	31.012	0.037	0.556	0.579	0.315	3.172
NUM-FAM	−0.002	0.013	−0.014	−0.177	0.860	0.237	4.215
NUM-OTH	−10.871	4.403	−0.173	−2.469	0.014	0.282	3.552
NUM-BUS	7.163	13.584	0.027	0.527	0.599	0.520	1.923
NUM-RES	−7.908	6.758	−0.073	−1.170	0.243	0.357	2.800
AREA-OFF	0.000	0.000	−0.139	−1.312	0.191	0.123	8.099
NUM-OFF	67.544	7.828	1.026	8.629	0.000	0.098	10.205

表 4-6　晚高峰进站量筛选变量后回归结果

参数	未标准化系数 B	标准误差	标准化系数 Beta	t	显著性	共线性统计 容差	VIF
常量	−674.254	552.897	—	−1.219	0.024	—	—
NUM-OTH	−12.217	3.267	−0.195	−3.739	0.001	0.509	1.965
AREA-OFF	57.121	3.688	0.868	15.487	0.011	0.439	2.276
PRICE-RENT	22.240	6.030	0.165	3.688	0.002	0.686	1.457

按照上面流程对早高峰出站量和晚高峰出站量进行回归自变量的选择，最终选取回归变量如表 4-7 所示。可以发现，早高峰进站量与晚高峰出站量有相同的回归变量，早高峰出站量和晚高峰进站量有相同的回归变量。早高峰进站量和晚高峰出站量、早高峰出站量与晚高峰进站量相关性极大，具有相同的特征。因此，在后续模型构建时，只选取早高峰进站量和晚高峰进站量两个因变量进行研究分析。

表 4-7　最终选取回归变量

因变量	最终回归自变量
早高峰进站量	NUM-FAM、NUM-BUS、ACC-SUB
晚高峰出站量	NUM-FAM、NUM-BUS、ACC-SUB
早高峰出站量	AREA-OFF、NUM-OTH、PRICE-RENT
晚高峰进站量	AREA-OFF、NUM-OTH、PRICE-RENT

4.1.2　站点客流量预测结果

最小二乘法和 GWR 模型早高峰进站量和晚高峰进站量回归结果如表 4-8 和

表 4-9 所示。

表 4-8 最小二乘法和 GWR 模型早高峰进站量回归结果

		最小二乘法模型		GWR 模型			
				最小值	最大值	平均值	系数标准误差
变量	截距	2545.9		−824.6	1712.2	1819.1	1237
	ACC-SUB	−77.1		−181.3	24.1	−26.2	63.3
	NUM-FAM	0.035		[−0.39, −0.054, −0.058]	[0.341,0.112,0.11]	[0.119,0.024,0.023]	[0.157,0.033,0.032]
	NUM-BUS	33.5		[−237.1,−260.1,−101.6]	[490.2,109.2,226.1]	[29.8,−60.1,35.7]	[147.3,91.9,75.1]
诊断信息	R^2	0.46		—	—	—	0.73
	调整 R^2	0.43		—	—	—	0.7
	AIC	3936.0		—	—	—	3907.0
	参数数目	4.0		—	—	—	52.6
	Sigma	2569.0		—	—	—	1563.1
	残差平方和	1.37×10^9		—	—	—	6.33×10^8

表 4-9 最小二乘法和 GWR 模型晚高峰进站量回归结果

		最小二乘法模型	GWR 模型			
			最小值	最大值	平均值	系数标准误差
变量	截距	−674.3	−3502.3	3960.0	−322.2	1941.0
	PRICE-RENT	22.2	−7.7	51.5	20.8	15.3
	AREA-OFF	57.1	[0.007, 0.002, −0.0006]	[0.012, 0.004, 0.006]	[0.008, 0.002, 0.0007]	[0.001, 0.001, 0.002]
	NUM-OTH	−12.2	[−64.2,−60.9,−7.6]	[91.4, 17.8, 21.2]	[34.7,−14.5,5.4]	[28.3, 19.1,6.8]
诊断信息	R^2	0.71	—	—	—	0.86
	调整 R^2	0.70	—	—	—	0.83
	AIC	3850.0	—	—	—	3744.0
	参数数目	4.0	—	—	—	25.5
	sigma	2096.0	—	—	—	1563.1
	残差平方和	9.14×10^8	—	—	—	4.36×10^8

早高峰进站量回归使用 GWR 模型获得的 R^2 和调整 R^2 (0.73 和 0.70)高于最小二乘法模型的 R^2 和调整 R^2 (0.46 和 0.43)，晚高峰进站量回归使用 GWR 模型获得的 R^2 和调整 R^2 (0.86 和 0.83)高于最小二乘法模型的 R^2 和调整 R^2 (0.71 和 0.70)，

使用GWR模型得到的与模型误差相关的AIC值和sigma值也显著降低。这些都表明，模型得到显著地改进。

对于早高峰进站量回归，户数的回归系数平均值为[0.119,0.024,0.023]，纯步行吸引范围的系数值(0.119)明显大于其余两个范围的平均系数(0.024 和 0.023)。对于晚高峰进站量回归，写字楼面积系数平均值为[0.008, 0.002, 0.0007]，纯步行吸引范围的系数(0.008)明显大于其他两个范围的平均系数(0.002 和 0.0007)。这些都印证了纯步行区域对站点客流影响的显著程度。这个区域距离站点较近，选择轨道交通出行的人口比例明显高于距离稍远的步行-自行车混合吸引范围和纯自行车吸引范围。

利用GWR方法可以分析自变量系数在不同地区的不平稳性。例如，晚高峰进站回归中写字楼建筑面积的平均系数值为[0.008, 0.002, 0.0007]，纯步行范围的平均系数为0.008，然而此系数在空间分布上是存在区域性差异的。如图4-3所示，中心城区的系数值明显高于郊区，同样的写字楼面积在城区能产生比郊区更大的晚高峰进站量，反映出就业岗位集中的中心城区相较于郊区具有更高的轨道交通出行吸引率[12]。

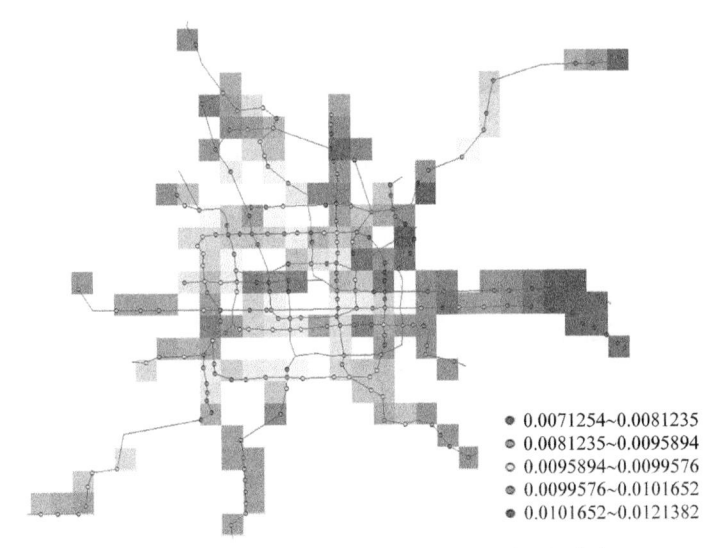

- 0.0071254~0.0081235
- 0.0081235~0.0095894
- 0.0095894~0.0099576
- 0.0099576~0.0101652
- 0.0101652~0.0121382

图4-3 纯步行范围写字楼建筑面积系数空间分布

4.2 基于图卷积神经网络的短时客流预测

本节提出一种新的融合GCGRU模型的预测轨道交通的短时客流模型。本方法首次提出使用图卷积网络(graph convolutional networks，GCN)描述短时客流的空间特征，并进一步融合 GRU 描述客流间的时间特征，实现考虑客流时空演化关系的地铁短时客流预测模型，具有较强的预测精度和可解释性。

4.2.1 短时客流的时空图卷积预测方法

设城市轨道交通网络用一个加权有向图表示，V 为城市轨道交通车站集合，E 为线路区间集合。设邻接矩阵为 A，矩阵中各个元素的值代表每 2 个站点间的旅行时间；站点特征矩阵 X 的行数 N 为站点数量，列数 P 为车站的特征属性(时间步长)。历史进站量为每个站的特征属性，x_i 为每个站点在第 i 个时间步长的进站量。

不同车站类型(枢纽、通勤、商业等)和土地性质的差异会产生不同的客流导向，导致不同站点在不同时段有不同的客流特征。土地性质及站点类型等因素造成的进出站量的变化，可通过进站量反映这些变化，因此进站量常作为主要输入变量进行出站量的预测。

某一车站的客流经过列车运输分散到路网各个相关车站，不同车站的客流经过特定列车运输到达同一个目的车站，因此车站的进站客流会影响其他车站的出站客流。我们根据城市轨道交通路网中各站点的历史进站量预测未来的出站量。因此，城市轨道交通短时客流预测问题可转化为根据邻接矩阵 A 和节点的进站客流量特征矩阵 X 学习映射函数 f，即

$$[\hat{y}_{t+1},\cdots,\hat{y}_{t+T}] = f(A;[x_{t-p+1},x_{t-p+2},\cdots,x_t]) \tag{4-10}$$

其中，$x_{t-p+1},x_{t-p+2},\cdots,x_t$ 为每个节点在每个时间步长 t 内的进站量；$\hat{y}_{t+1},\cdots,\hat{y}_{t+T}$ 为相应的出站量(预测值)。

本节提出短时客流预测模型，可分为两部分，一部分是提取序列空间特征的 GCN；另一部分是提取时间特征的 GRU 神经网络。第一部分的输出作为第二部分 GRU 的输入。模型框架如图 4-4 所示。

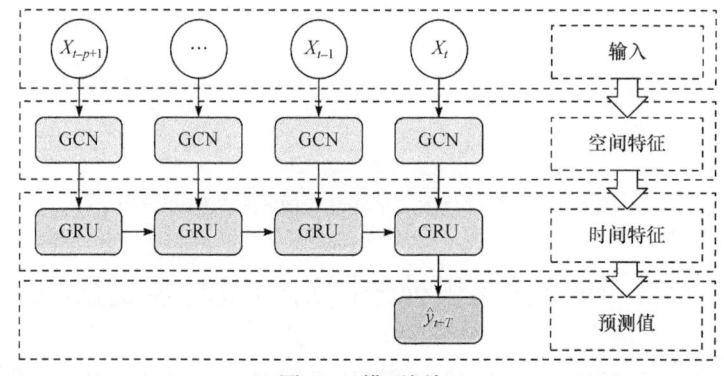

图 4-4 模型框架

图 $G=(V,E)$ 具有两种特征，即节点特征和结构特征(节点之间的依赖关系)。GCN 有两种，即一种基于顶点域或空间域，另一种基于频域或谱域。我们采用基于空间域的 GCN 来学习图的结构特征。

GCN 有两个输入，即邻接矩阵 A 和进站客流特征矩阵 X 。邻接矩阵 A 的表达式为

$$A_{ij} = \begin{cases} \dfrac{t_{ij}}{\sum_{j=1}^{N} t_{ij}}, & (v_i, v_j) \in E \\ 0, & \text{其他} \end{cases} \tag{4-11}$$

其中，t_{ij} 为乘客从车站 i 到车站 j 的平均旅行时间。

GCN 的层与层之间的传播方式为

$$H^{(l+1)} = g(\tilde{D}^{-\frac{1}{2}} \tilde{A} \tilde{D}^{-\frac{1}{2}} H^{(l)} W^{(l)}) \tag{4-12}$$

其中，$H^{(l)}$ 和 $H^{(l+1)}$ 为第 l 层和第 $l+1$ 层的特征矩阵；g 为斜坡激活函数；$\tilde{A}$ 为邻接矩阵和单位矩阵的和，$\tilde{A} = A + I$ ；$\tilde{D}$ 为 $\tilde{A}$ 的度矩阵；$W^{(l)}$ 为第 l 层的权矩阵。

初始层 $H^{(0)}$ 的特征矩阵为进站客流量特征矩阵 X ，且 g 和 $\tilde{D}$ 可由下面公式计算，即

$$\text{relu}(x) = \begin{cases} 0, & x < 0 \\ x, & x \geqslant 0 \end{cases} \tag{4-13}$$

$$\tilde{D}_{ij} = \begin{cases} \sum_{j=1}^{N} \tilde{A}_{ij}, & i = j \\ 0, & i \neq j \end{cases} \tag{4-14}$$

由于 GCN 层的最佳数量是 2~3[2,3]，选取两层 GCN，可将式(4-12)重新表述为

$$H^{(2)} = \text{relu}(\tilde{D}^{-\frac{1}{2}} \tilde{A} \tilde{D}^{-\frac{1}{2}} \text{relu}(\tilde{D}^{-\frac{1}{2}} \tilde{A} \tilde{D}^{-\frac{1}{2}} X W^{(1)}) W^{(2)}) \tag{4-15}$$

GRU 用来捕捉预测数据间的时间信息，它有两个门，即更新门(表示为 z_t)和重置门(表示为 r_t)，如图 4-5 所示。更新门决定客流预测保留多少以前的状态，重置门决定新输入与前一状态融合的程度。更新门的值越大，前一个时间步长内的信息被代入得就越多。重置门的值越小，前一时间步长内的信息越容易被忽略。

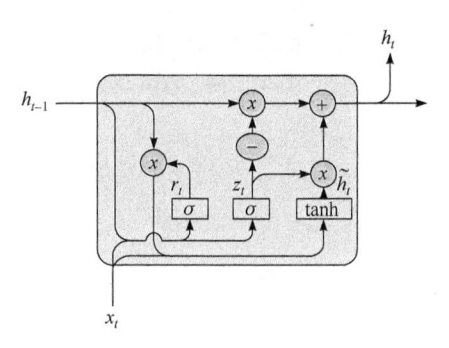

图 4-5 GRU 的计算图

GRU 的输入用矩阵 $X' = [x'_{t-p+1}\ x'_{t-p+2}\cdots x'_t]$ 表示，是 $H^{(2)}$（GCN 的输出）的转置矩阵。

每个 GRU 的状态计算为

$$r_t = \sigma(W_{rh}h_{t-1} + W_{rx}x'_t + b_r) \tag{4-16}$$

$$z_t = \sigma(W_{zh}h_{t-1} + W_{zx}x'_t + b_z) \tag{4-17}$$

$$\tilde{h}_t = \tanh(W_{\tilde{h}h}(r_t h_{t-1}) + W_{\tilde{h}x}x'_t + b_{\tilde{h}}) \tag{4-18}$$

$$h_t = (1-z_t)h_{t-1} + z_t\tilde{h} \tag{4-19}$$

其中，W_{rh}、W_{rx}、W_{zh}、W_{zx}、$W_{\tilde{h}h}$、$W_{\tilde{h}x}$ 为加权矩阵，控制着隐藏层到相应输入的连接；b_r、b_z、$b_{\tilde{h}}$ 为偏置项；h_t 为时间步长 t 内的隐藏状态，是当前记忆内容。

注意，h_t 是 GRU 的输出，σ 是 sigmoid 函数，tanh 是双曲正切函数。这些函数是由以下公式定义的非线性激活函数，即

$$\sigma(x) = \frac{1}{1+e^{-x}} \tag{4-20}$$

$$\tanh(x) = \frac{e^x - e^{-x}}{e^x + e^{-x}} \tag{4-21}$$

在模型训练过程中，目标是城市轨道交通网络实际客流量与预测值之间的误差最小化，即模型的损失函数为

$$f_{\text{loss}} = \|y_t - \hat{y}_t\| + \lambda L_{\text{reg}} \tag{4-22}$$

其中，$\|y_t - \tilde{y}_t\|$ 为最小化实际客流与预测值之间的误差；L_{reg} 为 L2 正则化，用来避免过拟合；λ 为超参数

我们提出的模型具有以下优点。

① 通过邻接矩阵学习城市轨道交通网络系统中各站点之间的空间相关性，解决传统 CNN 不能预测网络层次客流的问题。此外，目前应用于道路网络层次的

GCN 都是基于地理距离来构建邻接矩阵。我们基于旅行时间构建邻接矩阵，能更准确地学习各站点之间的空间关系。

② 采用的 GRU 通过更新门和重置门对历史客流信息进行筛选，以解决序列之间的依赖关系，实现对较长时间序列的精准预测。此外，GRU 中的 2 个门控单元均采用非线性函数，能够有效识别客流中的复杂非线性关系。

③ 结合 GCN 和 GRU，可以实现城市轨道交通全网的时空客流预测。与传统只考虑时间关系的模型相比，本模型的预测精度更高、解释性更强。此外，本模型采用数据驱动的方法来学习城市轨道交通网络中的时空关系，具有较强的稳定性和鲁棒性。

4.2.2 案例分析

选取广州地铁 6 个重要的就业型站点为例，对客流预测模型的有效性进行验证。选取客流量较大的车站或重要的换乘站，即客村、杨箕、珠江新城、体育西路、公园前、琶洲，如图 4-6 所示。预测数据采用 2017 年 5 月 15 日～2017 年 5 月 27 日的广州地铁路网数据、AFC 数据(表 4-10)和时刻表数据。这些数据含周末的客流量。基于以上数据，我们构建预测模型相关的 2 个矩阵。

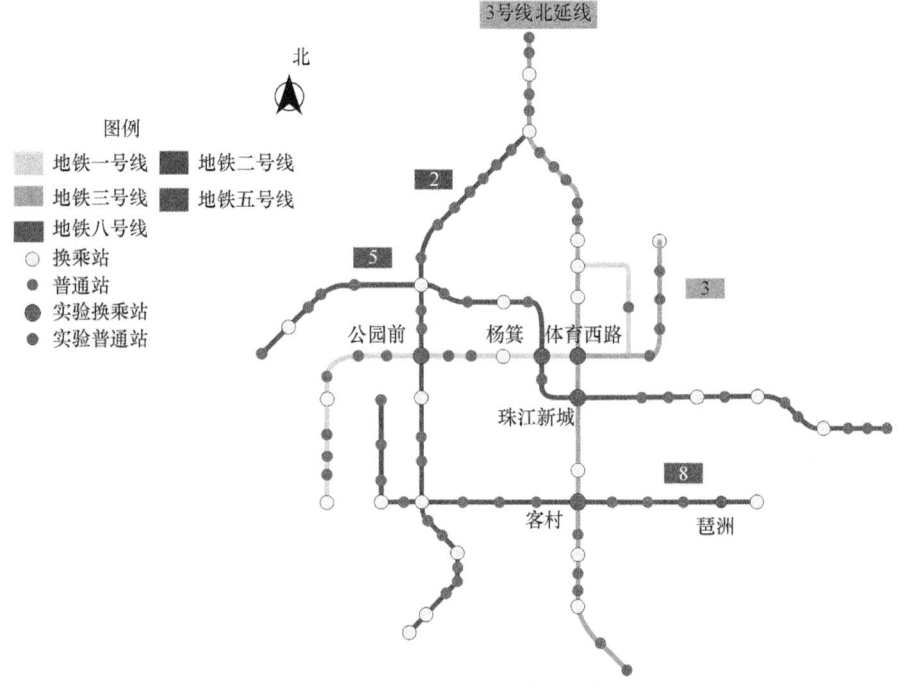

图 4-6 就业型广州地铁车站示意图

表 4-10　AFC 数据

卡账户号	进站				出站			
	线路	车站	日期	时间	线路	车站	日期	时间
1127515451831778	8 号线	客村	2017/5/15	8:25:07	3 号线	体育西路	2017/5/15	8:44:54
3127563708354679	8 号线	客村	2017/5/15	8:19:43	3 号线	体育西路	2017/5/15	8:43:06

选取 RMSE(式(3-44))、平均绝对误差(mean absolute error, MAE)、精度(Accuracy)、决定系数(R^2)和可释方差得分(variance, Var)五个评价指标来评价模型的性能，即

$$\text{MAE} = \frac{1}{n}\sum_{i=1}^{n}|y_t - \hat{y}_t| \tag{4-23}$$

$$\text{Accuracy} = 1 - \frac{\|y_t - \hat{y}_t\|_F}{\|y\|_F} \tag{4-24}$$

$$R^2 = 1 - \frac{\sum_{i=1}^{n}(y_t - \hat{y}_t)^2}{\sum_{i=1}^{n}(y_t - \bar{y})^2} \tag{4-25}$$

$$\text{Var} = 1 - \frac{\text{Var}\{y_t - \hat{y}_t\}}{\text{Var}\{y\}} \tag{4-26}$$

在上述评价指标中，RMSE 和 MAE 都是用来度量预测误差的，两者都是绝对指标，且值越小，预测性能越好。Accuracy、R^2、Var 都是相对指标，值越大，预测性能越好。

GCGRU 的超参数主要包括学习率、批大小、训练次数、隐藏单元数和正则化参数。在本次实验中，学习率初始值设为 0.001；批量大小一般设置成 2 的 n 次方，批量大小越大，模型精度越低、训练速度越快，通过手动调节并综合考虑精度和训练速度，最终将其设为 64；当训练次数达到 1000 时，模型的精度不再上升，因此将训练次数设为 1000；将 λ 分别设为 0、0.1、0.01、0.001、0.0015、0.002，当 λ=0.0015 时，模型精度达到最高，因此将 λ 设置为 0.0015。以上参数对模型的 5 个评价指标的影响都很小，因此不再进一步分析。

由于隐藏单元数对深度学习模型的预测精度有很大的影响，因此对不同隐藏单元下的 GCGRU 进行实验(设定 8、16、24、32)，获取最优的隐藏单元数。以 15min 的实验数据为例，实验结果如图 4-7 所示。随着隐藏单元数的增加，RMSE 和 MAE 先减少后增加，Accuracy、R^2、Var 的值呈现相反的变化趋势。当隐藏单元数为 24 时，RMSE 和 MAE 的值达到最小，Accuracy、R^2、Var 的值同时达到

最大。因此，15min 数据的最优隐藏单元数为 24。

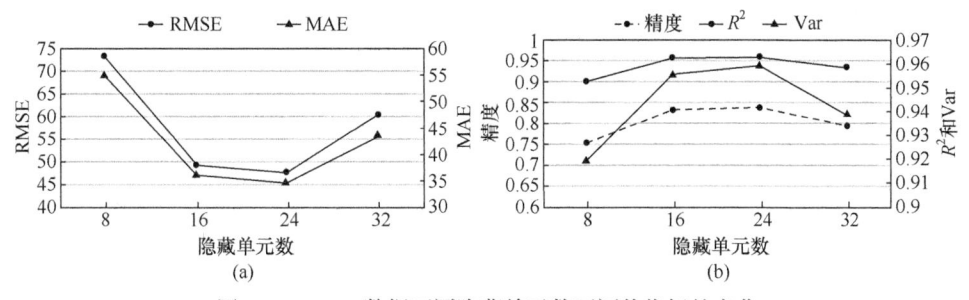

图 4-7 15min 数据不同隐藏单元数下评价指标的变化

同理，对 5min 数据和 10min 数据进行实验，结果分别如图 4-8 和图 4-9 所示。5min 数据和 10min 数据的最优隐藏单元也为 24。因此，将隐藏单元数设置为 24。

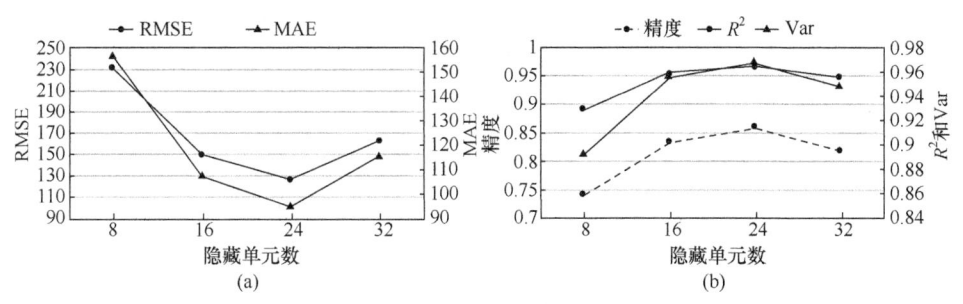

图 4-8 5min 数据不同隐藏单元数下评价指标的变化

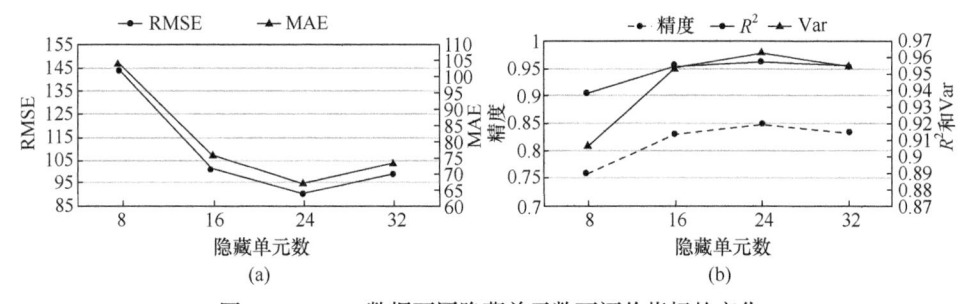

图 4-9 10min 数据不同隐藏单元数下评价指标的变化

选取以下模型作为基线模型，进行对比分析。

自回归积分滑动平均模型(autoregressive integrated moving average model, ARIMA)是典型的时间序列模型，适合处理时间序列数据。该模型有 3 个整数型的参数 p、d、q，通过自动遍历不同的 p、d、q 组合，确定最优组合为 $p=1$、$d=1$、$q=1$。

支持向量回归(support vector regression，SVR)是经典的 ML 模型，它利用历

史数据对模型进行训练,得到输入和输出之间的关系,因此常用于预测客流。选取带有线性核的 SVR 模型作为比较模型。

前馈神经网络(back propagation,BP)模型是基本的神经网络模型,能够处理非线性关系。BP 模型有学习率(自动调节)、批量大小、训练次数、正则化系数 λ,以及隐藏单元数 5 个参数。调参结果是,批量大小为 64、训练次数为 2000、λ 为 0.0015、隐藏单元数为 24。

GRU 是深度学习模型,具有捕捉时间信息的能力。GRU 的参数与 BP 模型一样,调节结果是,批量大小为 64、训练次数为 2000、λ 为 0.0015、隐藏单元数为 24。

我们在不同预测步长下利用以上模型进行客流预测,结果如表 4-11 所示。首先,本节将提出的 GCGRU 模型与基线模型(ARIMA)进行比较,不同模型的 RMSE 比较结果如图 4-10 所示。对于不同的时间间隔数据,ML 模型(如 SVR 模型、基于神经网络的模型)比 ARIMA 的 RMSE 更小、预测性能更好。当时间粒度为 15min 时,SVR、BP、GRU 和 GCGRU 的 RMSE 比 ARIMA 模型的 RMSE 分别降低 19.5%、75.7%、81.3%、86.0%。以上结果表明,提出的 GCGRU 模型和其他 ML 模型比 ARIMA 的预测效果要好。

表 4-11 GCGRU 模型和基线模型预测性能的比较结果

时间间隔/min	评价指标	模型				
		ARIMA	SVR	BP	GRU	GCGRU
5	RMSE	183.155	216.2	112.96	68.677	47.404
	MAE	84.714	165.215	73.344	51.651	34.3
	Accuracy	0.4074	*	0.6176	0.7675	0.84
	R^2	*	*	0.764	0.9129	0.959
	Var	*	*	0.766	0.9285	0.959
10	RMSE	512.599	474.559	193.042	131.274	90.028
	MAE	254.915	347.696	122.393	93.2871	66.734
	Accuracy	0.151	*	0.674	0.7783	0.848
	R^2	*	*	0.8285	0.921	0.963
	Var	*	*	0.8295	0.921	0.963
15	RMSE	881.949	710.322	214.155	164.639	127.119
	MAE	500.123	521.181	151.9	120.948	94.99
	Accuracy	0.035	*	0.7595	0.8151	0.857
	R^2	*	*	0.9063	0.9446	0.967
	Var	*	*	0.9069	0.9472	0.967

注:"*"表示评价指标的值太小,即预测结果太差,因此可以忽略。

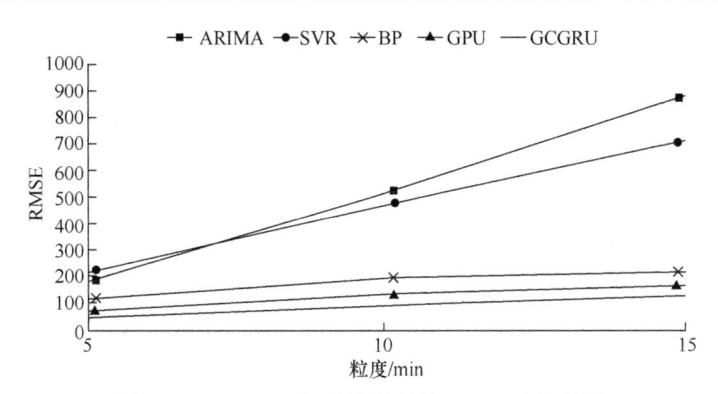

图 4-10 GCGRU 与基线模型的 RMSE 比较结果

本节将 GCGRU 与不具备时间信息捕捉能力的非线性模型(SVR 和 BP 模型)进行比较。从表 4-11 可以看出，SVR 模型精度太小以至于被忽略，因此只将 BP 模型与 GRU 和 GCGRU 的精度进行对比，如图 4-11 所示。对于 15min 的预测步长，GRU 和 GCGRU 的精度分别比 BP 模型的精度提高 7.3%和 13.5%。因此，提出的 GCGRU 比 SVR 模型和 BP 模型的性能都好。

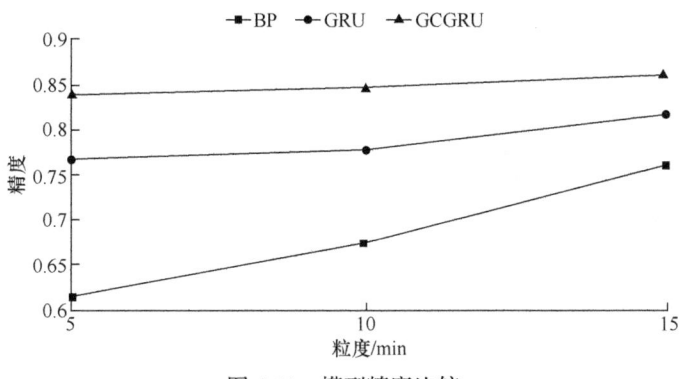

图 4-11 模型精度比较

对比提出的模型与不具备空间信息捕捉能力的 GRU，结果如图 4-12 和图 4-13 所示。对于 5min、10min 和 15min 间隔数据，GCGRU 的 RMSE 比 GRU 分别降低 31.0%、31.4%和 25.4%，精度分别提高 9.4%、9.0%和 5.8%。因此，提出的 GRU 和 GCN 融合模型可以实现数据中时空关系的高效挖掘，预测效果比 GRU 好。

综上，与所有基线模型相比，GCGRU 在不同的评价指标和时间间隔情况下的表现性能都最好。

将 GCGRU 与 GRU 模型对每个车站的预测性能进行比较分析。如图 4-14 和图 4-15 所示，对于每个车站而言，GCGRU 的 RMSE 比 GRU 的都低，并且 R^2 也比 GRU 的高。特别是，在公园前车站，GCGRU 与 GRU 的 RMSE 差距最大，前者相对于后者降低 47.8%；在体育西路车站，GCGRU 与 GRU 的 R^2 差距最大，前者相对于后者提升 23.9%。此外，在 GCGRU 预测结果中，琶洲站的 RMSE 最高、R^2 最低。这主要是因为，琶洲车站附近有展览中心，经常会有展览活动，所以预测效果不是很好，未来需要进一步挖掘时空关系和外在因素。

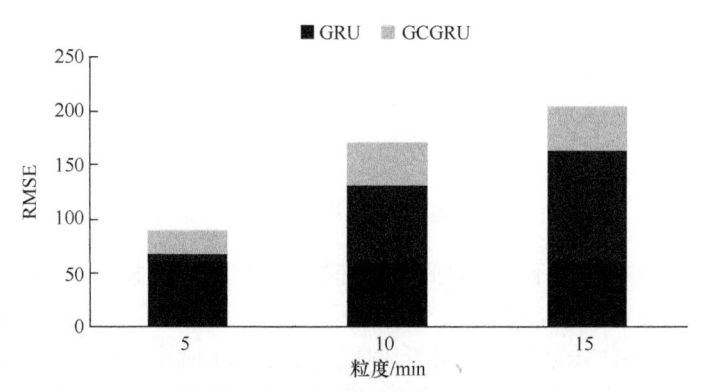

图 4-12 GRU 与 GCGRU 的 RMSE 比较

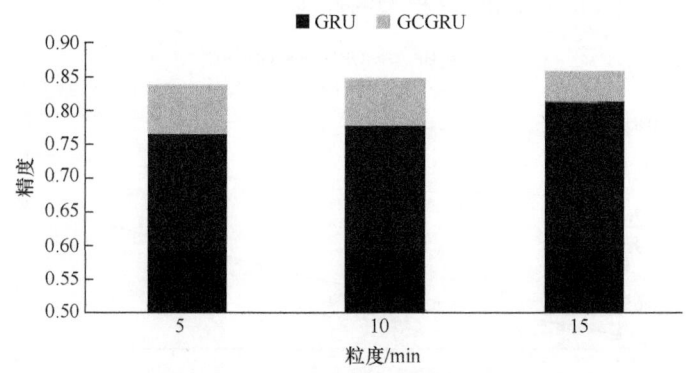

图 4-13 GRU 与 GCGRU 的精度比较

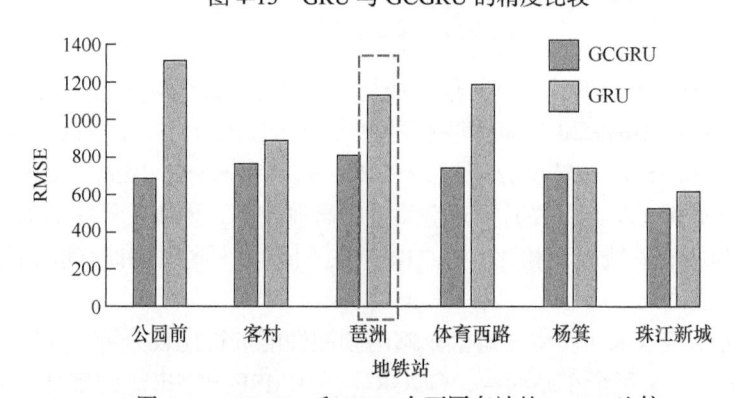

图 4-14 GCGRU 和 GRU 在不同车站的 RMSE 比较

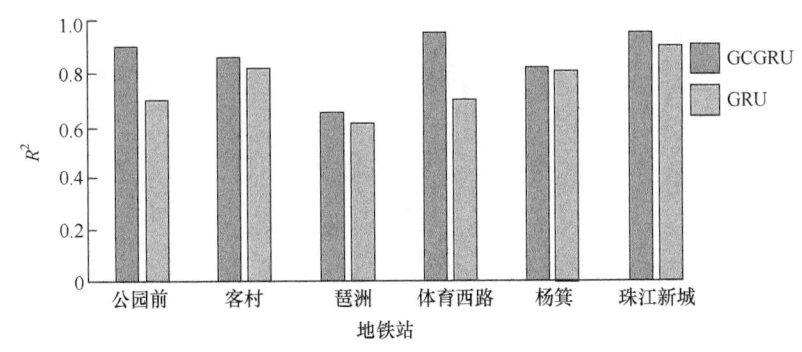

图 4-15　GCGRU 和 GRU 不同车站 R^2 比较

为了验证旅行时间邻接矩阵的有效性，将 GCGRU 与地理邻接矩阵做比较。令基于地理邻接矩阵的模型为 GCGRU*，比较 GCGRU 与 GCGRU*在不同预测步长下的 RMSE 与精度，如图 4-16 所示。针对 15、30、45、60min 的预测步长，GCGRU 比 GCGRU*的 RMSE 分别减少 6.1%、2.7%、2.4%、5.3%；精度分别增加 0.8%、1.0%、1.0%、3.0%。由此可见，GCGRU 的预测性能更好，因此基于旅行时间构建的邻接矩阵更适合城市轨道交通网络的短期客流预测。

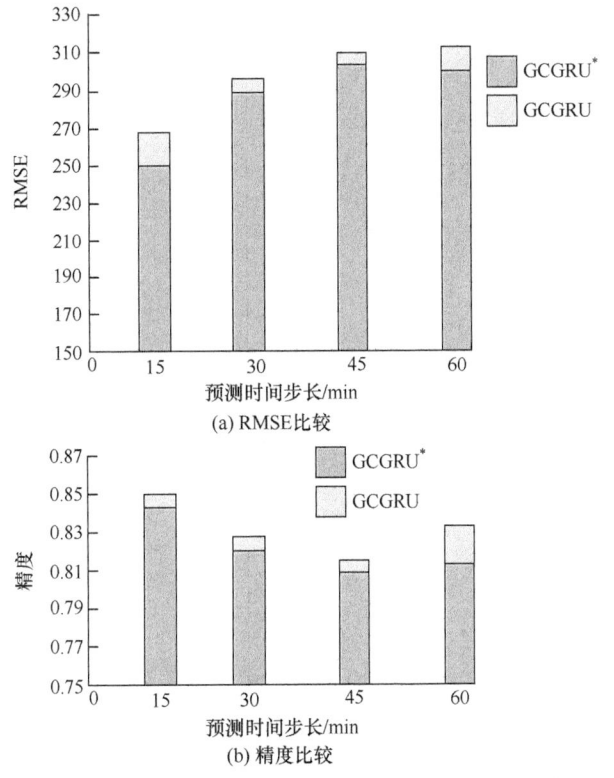

(a) RMSE比较

(b) 精度比较

图 4-16　GCGRU 与 GCGRU*的 RMSE 和精度比较

4.3 客流控制下轨道交通出站量预测方法

4.3.1 基于动态径向基函数的出站量预测模型

本模型分为四个部分，即非线性自回归神经网络模型、RBF 神经网络模型、基于列车时刻表的预测模型和客流控制下的动态输入模型。

一种多输入单输出(multiple-input single-output, MISO)非线性系统可以描述库容量预测问题。采用具有外生输入的非线性自回归移动平均法对 MISO 系统进行建模[3]，即

$$y(t) = f(y(t-1), y(t-2), \cdots, y(t-n_y), u_i(t-1), u_i(t-2), \\ \cdots, u_i(t-n_u), \varepsilon(t-1), \varepsilon(t-2), \cdots, \varepsilon(t-n_\varepsilon)) + \varepsilon(t) \tag{4-27}$$

其中，$y(t)$ 为目标站在时间步长 t 的预测出站量；$u_i(t)$ 为站点 i 在时间步长 t 时的进站量；f 为未知的非线性映射函数，通常将系统的输出与输入联系起来；n_y、n_u、n_ε 为前面输出、输入、模型误差的最大滞后时间；$\varepsilon(t)$ 为时间步长 t 下的模型误差。

若不考虑移动平均噪声，则式(4-27)可近似为非线性自回归模型，其定义为

$$y(t) = f(y(t-1), y(t-2), \cdots, y(t-n_y), u_i(t-1), u_i(t-2), \cdots, u_i(t-n_u)) + \varepsilon(t) \tag{4-28}$$

令 $X(t) = [X_1(t) \ X_2(t) \cdots X_d(t)]$，$d = n_y + n_u$，且

$$X_a(t) = \begin{cases} y(t-a), & 1 \leqslant a \leqslant n_y \\ u(t-(a-n_y)), & n_y + 1 \leqslant a \leqslant d \end{cases}$$

非线性自回归模型可以表示为

$$y(t) = f(X(t)) + \varepsilon(t) \tag{4-29}$$

其中，f 为 RBF 神经网络逼近得到的未知非线性函数。

RBF 神经网络是由输入层、隐含层和输出层组成的三层神经网络。输入层表示输入向量(不同天数的客流量数据)，如 $x = \{x_1, x_2, \cdots, x_J\}$，其中 J 为模型输入项数。隐含层用 RBF[4]将输入层映射到更高维度，其中高斯基函数采用 RBF 函数，即

$$\varphi_i(x) = \exp\left(-\frac{\|x - c_i\|^2}{\sigma^2}\right), \quad i \in \{1, 2, \cdots, I\} \tag{4-30}$$

其中，$\|\cdot\|$ 为欧氏距离；$c = \{c_1, c_2, \cdots, c_I\}$ 为中心集；I 为中心项数；σ 为基函数的范围，是一个已知参数。

输出层用于预测的目标向量(如出站量)，由隐含层的线性表达式计算得到，即

$$y(t) = \omega\varphi \tag{4-31}$$

其中，$y = \{y_1, y_2, \cdots, y_K\}$ 为预测值；$\omega = [\omega_1\ \omega_2\ \cdots\ \omega_L]$ 为权值矩阵；$\varphi = [\varphi_1\ \varphi_2\ \cdots\ \varphi_L]$ 为回归矩阵；RBF 神经网络的未知参数为中心集 c 和权值矩阵 ω。

可以处理未知参数的算法有 FCM 和正交最小二乘法。

① 采用 FCM 聚类算法确定隐含层的中心。FCM 的关键在于，使相似的簇具有最高的相似度，而不同的簇具有最小的相似度[5]。该算法的目标函数是最小化以下函数，即

$$J_\gamma = \sum_{i=1}^{I}\sum_{j=1}^{J}\mu_{i,j}^\gamma \| x_j - c_i \|^2, \quad i \in \{1,2,\cdots,I\}, j \in \{1,2,\cdots,J\} \tag{4-32}$$

其中，$\mu_{i,j}^\gamma$ 为隶属度值；$\| x_j - c_i \|^2$ 为样本与聚类中心之间的欧氏距离。

隶属度受到所有类的隶属度之和为 1 的约束，即

$$\sum_{i=1}^{I}\mu_{i,j}^\gamma = 1 \tag{4-33}$$

利用拉格朗日乘子法，在给定簇数目的情况下计算簇的隶属度和中心。

FCM 中的另一个未知参数是集群的最优数量。为了确定该参数，采用最小化预测绝对误差的规则。需要注意的是，预测的绝对误差是实际值与预测值的差值，并且随着簇数的不同而变化。

② 采用正交最小二乘算法确定 RBF 的权值。如果进行正交三角剖分，则式(4-33)可以表示为

$$y = \varphi\omega = UA\omega \tag{4-34}$$

其中，A 为上三角矩阵；U 为正交矩阵。

A 和 U 可以单独由 φ 决定。式(4-34)两边同时引入 U^T，可得

$$U^T y = U^T UAw = HAw = Hg \tag{4-35}$$

因此，可得

$$g = H^{-1}U^T y \tag{4-36}$$

$$\omega = A^{-1}g = A^{-1}H^{-1}U^T y \tag{4-37}$$

对基于列车时刻表的预测模型，设一个周期 H 分为 M 个时间间隔，τ 为间隔时间时长，满足 $\tau M = H$，且 m 满足 $1 \leq m \leq M$。通常，以时间间隔为主要时间单位，假设 τ 为 30min。模型符号定义如表 4-12 所示。参数说明如表 4-13 所示。

表 4-12　模型符号定义

符号	含义
L	线路集
S	站点集，编号为 i
SS	预测站点集，编号为 p
S_p	除站点 p 外的所有站点集合
K	列车集合，编号为 k
$S'_p(m)$	进站量被作为初始输入的子集 S_p，考虑时间标记 ϕ 的 p 站时间间隔 m 预测方法
$S_f(m)$	进站量被作为最终输入的子集 $S'_p(m)$，考虑时间标记 ϕ 的 p 站时间间隔 m 预测方法

表 4-13　参数说明

参数	说明
$AT_k(i)$	列车 k 在车站 i 的到达时间，$i \in S$
$DT_k(i)$	列车 k 在车站 i 的出发时间，$i \in S$
$RT_{i,j}^k$	列车 k 从车站 i 到车站 j 的运行时间，$i,j \in S$
$RT_{i,j}$	从车站 i 到车站 j 的平均运行时间，$i,j \in S$
$\eta_i^p(m)$	从车站 i 出发的列车在时段 m 内到达车站 p 的最大时间间隔，$i \in S_p, p \in SS$
$In_i(m)$	车站 i 在时段 m 内进站量
$Out_i(m)$	车站 i 在时段 m 内出站量
ϕ	时间间隔的常数
$\delta_\beta(m)$	时段 m 内车站 β 进站量客流控制比例

模型结构的选择是提高 RBF 预测精度的重要步骤[6]。我们以一条线路为例解释模型结构的选择过程。模型结构的选择基于列车时刻表数据。列车时刻表提供列车到站和发车的时间。模型结构构建步骤如下。

① 计算 $i(i \in S_p)$ 站到目标站 $p(p \in SS)$ 的平均运行时间，即

$$RT_{i,p}^k = AT_k(p) - DT_k(i), \quad k \in K \tag{4-38}$$

$$RT_{i,p} = \frac{1}{K}\sum_k RT_{i,p}^k \tag{4-39}$$

② 计算在区间 m 内，目标站 p 到集合 S_p 中每一站 i 的距离 $\eta_i^p(m)$，即

$$\eta_i^p(m) = \begin{cases} 1, & \mathrm{RT}_{i,p} < \tau \\ 2, & \tau \leq \mathrm{RT}_{i,p} < 2\tau \\ 3, & 2\tau \leq \mathrm{RT}_{i,p} < 3\tau \\ \ldots \\ n, & (n-1)\tau \leq \mathrm{RT}_{i,p} < n\tau \end{cases} \quad (4\text{-}40)$$

其中，$\eta_i^p(m)$ 为时间段 m 内预测站点 i 的最大时间间隔。

如果 $\eta_i^p(m) > \phi$，则在 m 时间段内，将 i 站排除在 S_p 外，即 $S_p'(m) = S_p - \{i \mid \eta_i^p(m) > \phi, \forall i \in S_p\}$。因此，模型输入可以表示为 $x_{\mathrm{ini}} = \{\mathrm{In}_r(m - \eta_r^p(m)) \mid \forall r \in S_p'(m)\} \cup \{\mathrm{Out}_p(m-1)\}$。

最终的模型输入是从 $S_p'(m)$ 中根据 GCV(广义交叉验证)和 ERR(误差值)选择的。GCV 方法是用于确定进站量输入的最佳数量 $n_c^{*[7]}$，即

$$n_c^* = \underset{n_c}{\mathrm{argmin}}\, \mathrm{GCV}(n_c)$$

$$\mathrm{s.t.}\quad \mathrm{GCV}(n_c) = \left(\frac{N}{N - \lambda n_c}\right)^2 \mathrm{MSE}(n_c), \quad n_c \in [0, N] \quad (4\text{-}41)$$

其中，MSE 为均方误差；N 为样本容量(集合中 $S_p'(m)$ 元素的个数)；n_c 为模型输入向量的个数。

对于 RBF，输入向量为 $x = \{x_1, x_2, \cdots, x_J\}$，$J$ 由式 $J = n_c^* + 1$ 计算。λ 是通过下式得到的常数，即

$$\lambda = \max\{1, \rho N\}, \quad 0 \leq \rho \leq 0.01 \quad (4\text{-}42)$$

为确定入站量，$S_p'(m)$ 中每个站的 ERR 值按下式计算[8]，即

$$\mathrm{ERR} = \frac{(y^{\mathrm{T}} U_i)^2}{(y^{\mathrm{T}} y) \cdot (U_i^{\mathrm{T}} U_i)} \quad (4\text{-}43)$$

其中，U_i 为正交矩阵 U 的一列。

将 $S_p'(m)$ 中每个站的 ERR 值从大到小排序，并选择与目标站的进站量接近的第一个站。这样的站点集合记为 $S_f(m)$。最终的模型输入为

$$x_{\mathrm{final}} = \{\mathrm{IN}_\beta(m - \eta_\beta^p(m)) \mid \forall \beta \in S_f(m)\} \cup \{\mathrm{Out}_p(m-1)\} \quad (4\text{-}44)$$

对于客流控制下的动态输入模型，如果考虑客流控制，到达目标车站的旅客人数与给定时段内通过卡账户收集到的进站旅客人数不同。因此，模型输入 x_{final}

必须动态考虑客流控制。确定模型输入的步骤如下。

① 为了预测 p 站在 m 时段的出站量，必须识别集合 $S_f(m)$ 中实施客流控制的站点。也就是说，我们必须确定每个最终的模型输入 x_{final} 是否在时间间隔 $m-\eta_\beta^p(m)$ 内实施对车站 $\beta,\forall \beta \in S_f(m)$ 进站流量的控制。

② 当车站 β 的进站量在时段 $m-\eta_\beta^p(m)$ 内受到控制时，$\delta_\beta(m-\eta_\beta^p(m))<1$；否则，$\delta_\beta(m-\eta_\beta^p(m))=1$。

③ 模型输入更新为

$$x_{\text{final}} = \{\delta_\beta(m-\eta_\beta^p(m))\text{IN}_\beta(m-\eta_\beta^p(m)) \mid \forall \beta \in S_f(m)\} \bigcup \{\text{Out}_p(m-1)\} \tag{4-45}$$

4.3.2 数据集

研究采用多源数据对地铁客流量进行预测和验证，对北京地铁西二旗站、四惠站和五棵松站进行预测。北京地铁线路图及预测站点如图 4-17 所示。目标预测站用深色圆圈表示，1 号线的 9 个车站用图中的浅色圆圈表示。

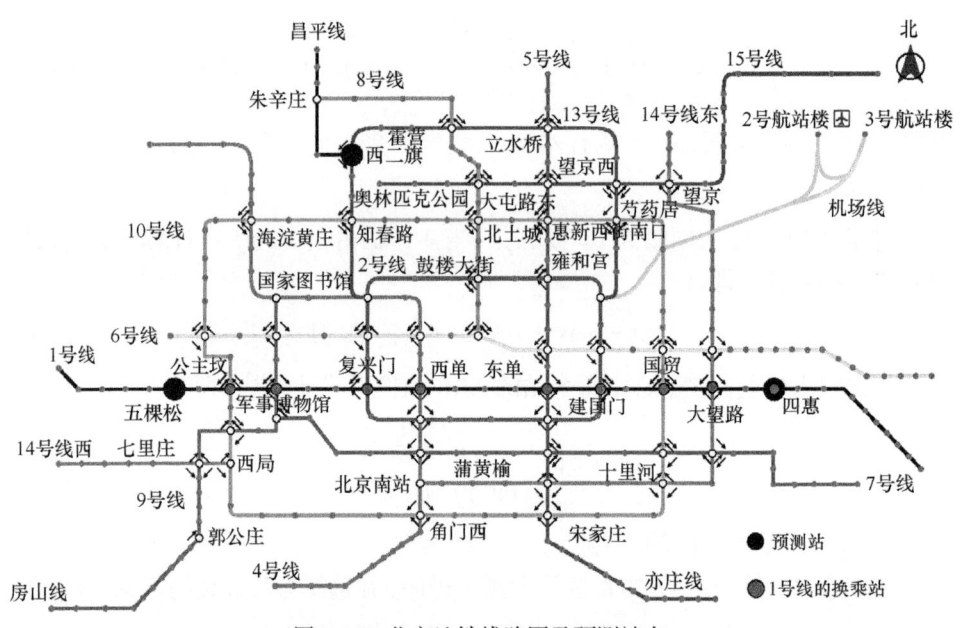

图 4-17 北京地铁线路图及预测站点

这些车站的选择依据如下，西二旗站、四惠站是客流高峰期进行客流控制的换乘站。特别是在早高峰时段，西二旗站的客流量较大。五棵松站地处商业区，客流量大。为了仿真与计算方便，缩写昌平线和 1 号线的站名，如表 4-14 所示。

表 4-14 昌平线和 1 号线的站名缩写

站名	缩写	线路	站名	缩写	线路
南邵	NS	昌平	沙河高教园	SHGJY	昌平
沙河	SHE	昌平	巩华城	GHC	昌平
朱辛庄	ZXZ	昌平	生命科学院	SMKXY	昌平
西二旗	XEQ	昌平	苹果园	PGY	1
古城	GC	1	八角游乐园	BJYLY	1
八宝山	BBS	1	玉泉路	YQL	1
五棵松	WKS	1	万寿路	WSL	1
公主坟	GZF	1	军事博物馆	JSBWG	1
木樨地	MXD	1	南礼士路	NLSL	1
复兴门	FXM	1	西单	XD	1
天安门西	TAMX	1	天安门东	TAMD	1
王府井	WFJ	1	东单	DD	1
建国门	JGM	1	永安里	YAL	1
国贸	GM	1	大望路	DWL	1
四惠	SH	1	四惠东	SHD	1

我们使用三种类型的数据源。第一个数据源包括从智能卡收集的客流量数据。这些数据反映所有站点在 30min 内的进出流量。我们考虑 2015 年 2 月 12 日～2015 年 3 月 3 日的客流量数据。2015 年 3 月 3 日目标站点客流变化如图 4-18 所示。

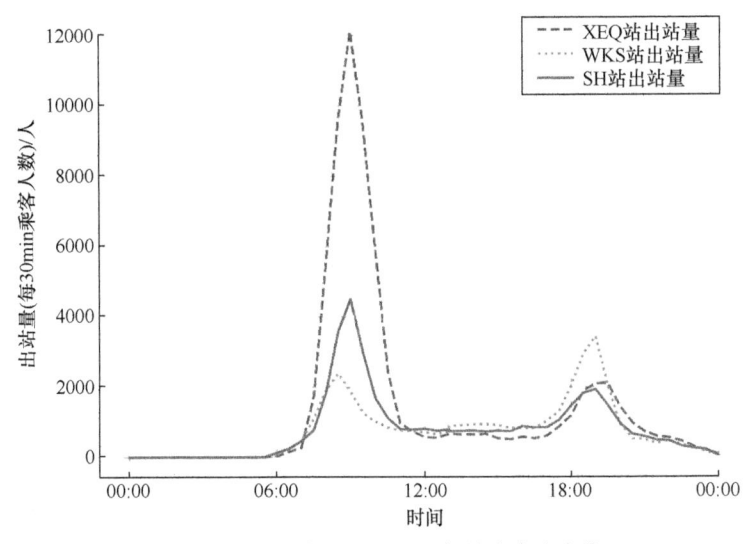

图 4-18 2015 年 3 月 3 日目标站点客流变化

第二个数据源是列车时刻表，提供列车到达和出发的时间。我们采用1号线和昌平线的列车时刻表数据源于北京地铁交通控制中心。1号线和昌平线从7：30～8：30的部分时刻表如图4-19所示。

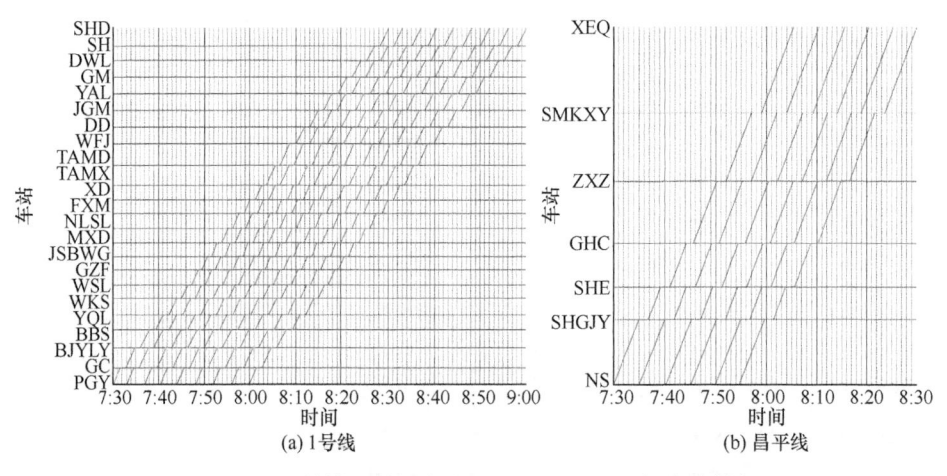

(a) 1号线　　　　　　　　　　　　(b) 昌平线

图4-19　1号线和昌平线从7：30～8：30的部分时刻表

第三个数据源是北京地铁客流控制的信息。该数据源包含车站和实施客流控制的时间段，如表4-15所示。客流管制要求控制人数外的乘客在固定设施排队。在等待一段时间后，他们才可以进入地铁系统。这个数据源列出了实施客流控制的时间和站点。由于在客流控制下，部分旅客可能无法登上列车，因此应该根据客流控制数据修改模型的输入。

表4-15　北京地铁部分客流控制计划

线路	站名	客流控制时段
1	SH	7：00～9：00、16：00～20：00
1	FXM	17：00、18：45
1	PGY	6：50、8：30
1	GC	6：50、8：50
1	SHD	7：00、9：30
1	BBS	7：00、8：30
1	BJYLY	6：50、8：30
1	YAL	18：00、19：00
昌平	XEQ	7：00～9：00、17：00～19：30

4.3.3 案例分析

在实例应用中,应用表 4-16 所示的三个场景,验证动态 RBF 模型的准确性。我们通过改变以下两个维度来设计场景来预测出站客流量,即客流流量,以及是否采取客流控制措施。

表 4-16 预测站点和对应情景

车站	预测量	情景
XEQ	出站量	早高峰时段客流控制下的大客流
WKS	出站量	正常客流
SH	出站量	客流控制下的高峰客流

首先,对 XEQ 的出站量进行预测。该站在早高峰时段客流量较大,实施客流控制。然后,对客流正常的 WKS 出站量进行预测。最后,对高峰时段客流控制下的 SH 出站量进行预测。

我们采用平均绝对百分比误差(mean absolute percentage error,MAPE)、绝对百分误差方差(variance of absolute percentage error,VAPE)、RMSE 来评价预测结果的准确性,即

$$\text{MAPE} = \frac{1}{O}\sum_{i=1}^{N}\frac{|y_i - \hat{y}_i|}{\overline{y}} \cdot 100\% \qquad (4\text{-}46)$$

$$\text{VAPE} = \frac{1}{O}\sum_{i=1}^{N}(e_i - \overline{e})^2 \cdot 100\% \qquad (4\text{-}47)$$

其中,O 为观测向量个数;$y = \{y_1, y_2, \cdots, y_O\}$ 为实际客流值;$\hat{y} = \{\hat{y}_1, \hat{y}_2, \cdots, \hat{y}_O\}$ 为预测的客流值;$e = \frac{|y - \hat{y}|}{y}$ 为绝对误差,$\overline{e}$ 为平均绝对误差;$e_i = \frac{|y_i - \hat{y}_i|}{y_i}$ 为第 i 个时段预测的绝对误差。

XEQ 是昌平线始发站,在早高峰时段客流大。在大部分的高峰半小时内,出站旅客超过 10000 人次。确定特定时间段内对 XEQ 的客流有显著影响的站点对于客流管控来说是至关重要的。因此,我们选择 2015 年 2 月 3 日一天中每 30min 预测一次出站量。

首先,根据昌平线列车时刻表,计算从其他站点到 XEQ 的列车运行时间。从 NS、SHGJY、SHE、GHC、ZXZ、SMKXY 到 XEQ 的平均运行时间分别为 25min、20min、17min、14min、10min、6min。行程运行时间最长的是 NS 到 XEQ,小于预测的时滞,即以昌平线各站点的出站量和进站量作为模型输入,因此初始模型输入是一个矩阵,由进站和出站量组成,即

$$x_{\text{XEQ}}(m) = \{y_{\text{XEQ}}(m-1), x_{\text{NS}}(m-1), x_{\text{SHGJY}}(m-1), x_{\text{SHE}}(m-1), x_{\text{GHC}}(m-1),$$
$$x_{\text{ZXZ}}(m-1), x_{\text{SMKXY}}(m-1)\}$$

其中，$x_{\text{NS}}(m-1)$、$x_{\text{SHGJY}}(m-1)$、$x_{\text{SHE}}(m-1)$、$x_{\text{GHC}}(m-1)$、$x_{\text{ZXZ}}(m-1)$、$x_{\text{SMKXY}}(m-1)$ 表示时段 $m-1$ 训练 19 天的 NS、SHGJY、SHE、GHC、ZXZ、SMKXY 的进站量向量。

模型输入向量的个数 n_c^* 由式(4-41)计算，其值为 6。因此，除 $y_{\text{XEQ}}(m-1)$ (即初始模型输入项)外的 6 个模型输入项为

$$x_{\text{XEQ}}(m) = \{y_{\text{XEQ}}(m-1), x_{\text{NS}}(m-1), x_{\text{SHGJY}}(m-1), x_{\text{SHE}}(m-1), x_{\text{GHC}}(m-1),$$
$$x_{\text{ZXZ}}(m-1), x_{\text{SMKXY}}(m-1)\}$$

XEQ 只考虑 7:00～9:00 和 17:00～19:30 的客流控制。更新最终输入项时不考虑客流控制信息。因此，在本次预测时段中，最终模型输入为

$$x_{\text{XEQ}}(m) = \{y_{\text{XEQ}}(m-1), x_{\text{NS}}(m-1), x_{\text{SHGJY}}(m-1), x_{\text{SHE}}(m-1), x_{\text{GHC}}(m-1),$$
$$x_{\text{ZXZ}}(m-1), x_{\text{SMKXY}}(m-1)\}$$

在所有的预测时段，确定 FCM 的中心和最优簇数。通过最小绝对误差选择最优的簇数。对于该 RBF，不同的预测时段往往具有不同的最优簇数。如图 4-20 所示，不同预测时段对应的值表示不同的最优簇数。对于一个 RBF，不同的簇表示隐含层在不同的时段是变化的。

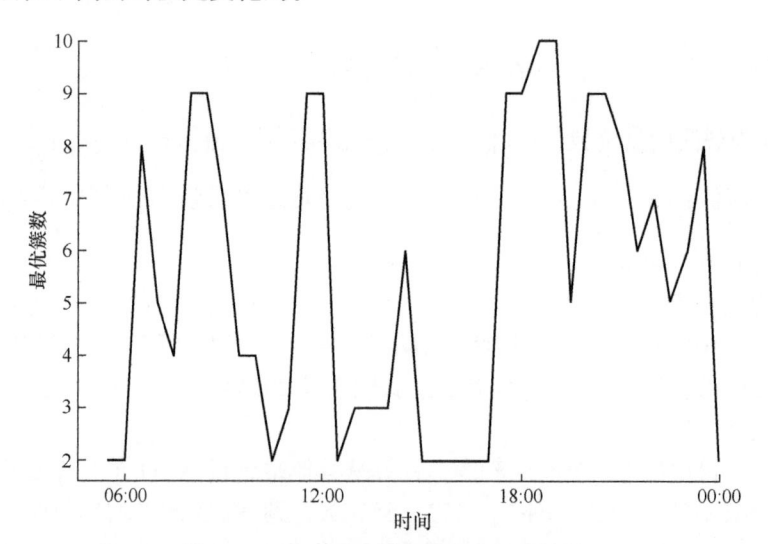

图 4-20　XEQ 在不同时间段的最优簇数

2015 年 3 月 3 日，XEQ 实际出站量及预测出站量如图 4-21 所示，其中预测值与实测值非常接近。XEQ 预测的 RMSE、MAPE、VAPE 分别为 21.1225、0.8004、

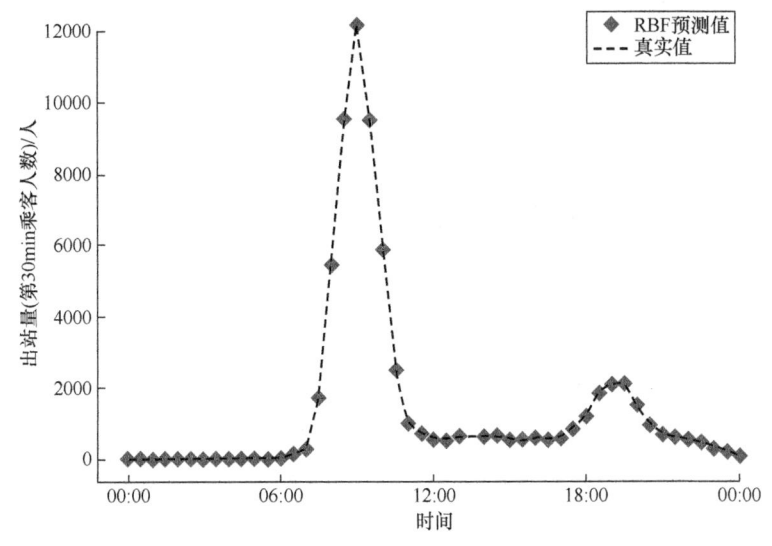

$2.5294×10^{-5}$。由此可知，RBF 在预测所有时间段内的 XEQ 出站量方面表现良好。

图 4-21　2015 年 3 月 3 日 XEQ 实际出站量及预测出站量

我们利用绝对误差和相对误差度量描述模型预测性能。XEQ 在不同滞后时间下的绝对误差和相对误差如图 4-22 所示。RBF 在 XEQ 预测的所有时段上都有很好的表现，只有个别时间段稍有出入。一方面，这两个时间段（06：00 和 00：00）的客流量较小，相对误差较大。另一方面，在早晚高峰时段，绝对误差较大，相对误差较小。因此，这些预测效果略差的时段是有限且确定的。

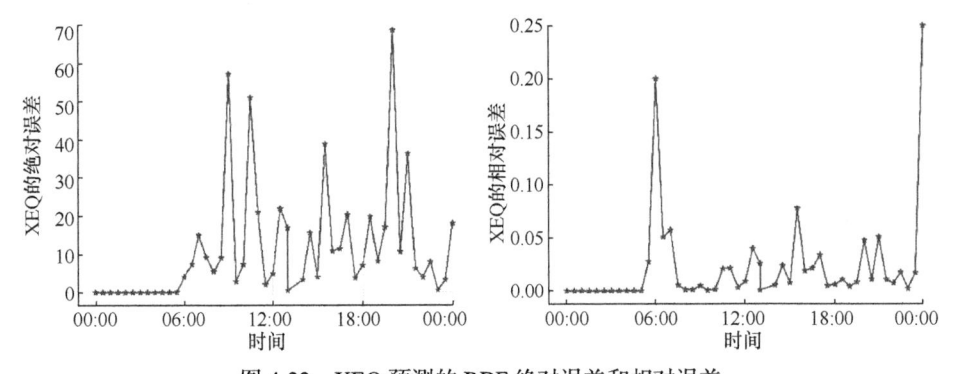

图 4-22　XEQ 预测的 RBF 绝对误差和相对误差

最终的预测结果显示，昌平线上所有其他站点出站量与 XEQ 的出站量密切相关。为了控制 XEQ 的出站量，需要提前 30min 考虑 NS、SHGJY、SHE、GHC、ZXZ、SMKXY 的客流控制。这是旅客从这些站到 XEQ 需要的时间。例如，XEQ 的半小时高峰是 08：30～09：00。此时出站的最大客流量是每小时 12122 人。因此，从 08：00～08：30 开始，考虑对 NS、SHGJY、SHE、GHC、ZXZ 和 SMKXY 的进站量进行控制。

WKS 是北京地铁 1 号线的一个代表站，因为它被购物中心包围。与之前对 XEQ 的预测相比，WKS 的位置吸引着大量的乘客，预测更加复杂。

2015 年 2 月 13 日 04：30～24：00，每 30min 预测一次无客流控制条件下的 WKS 出站量。北京地铁 1 号线有 9 个换乘站，其中进站量和换乘量作为模型输入。

首先，从其他站点到 WKS 的列车运行时间是根据 1 号线的时刻表计算的。

为了预测 WKS 在 m 时间段的出站量，我们选择 1 号线上列车到达 WKS 的运行时间不超过 τ 的站点在时间 $m-1$ 内车站的进站量作为输入。对于列车运行时间在 τ 和 2τ 之间的车站，选择时间段 $m-2$ 内的进站量作为初始模型输入。1 号线车站 PGY、GC、BJYLY、BBS、YQL、WSL、GZF、JSBWG、MXD、NLSL、FXM、XD、TAMX、TAMD、WFJ、DD、JGM、YAL 至 WKS 列车运行时间不超过 τ。因此，选择这些站点在时间间隔内的进站量作为初始模型输入。从总站、DWL、SH、SHD 到 WKS 的列车运行时间在 τ 和 2τ 之间。因此，选择这些站点在时间间隔 $m-2$ 内的进站量作为初始输入。

结果是，最初的模型是一个矩阵，包含训练 19 天不同时间段内的进站和出站量。利用 WKS 05：00～05：30 的时间间隔进行预测，显示所选择的模型输入项，$n_c^*=9$。根据不同初始模型输入项的 ERR 值，选择 10 个模型输入项。选定的 WKS 客流预测模型输入项及误差如表 4-17 所示。1 号线的 SH、FXM、PGY、GC、SHD、BBS、BJYLY、YAL 必须考虑客流控制比例。因此，最终的模型输入为

$$x_{\text{WKS}}^{\text{f}}(m) = \{\delta_{\text{PGY}}(m-1)x_{\text{PGY}}(m-1), x_{\text{BJYLY}}(m-1), x_{\text{YQL}}(m-1),$$
$$\delta_{\text{BBS}}(m-1)x_{\text{BBS}}(m-1), x_{\text{WSL}}(m-1), x_{\text{GZF}}(m-1), x_{\text{JSBWG}}(m-1),$$
$$\delta_{\text{FXM}}(m-1)x_{\text{FXM}}(m-1), x_{\text{WKS}}(m-1)\}$$

表 4-17 选定的 WKS 客流预测模型输入项及误差

输入项	误差
进站量 PGY (04：30～05：00)	0.7148
进站量 BJYLY (04：30～05：00)	0.0929
进站量 YQL (04：30～05：00)	0.0168
进站量 BBS (04：30～05：00)	0.0126
进站量 WSL (04：30～05：00)	0.0413
进站量 GZF (04：30～05：00)	0.0346
进站量 JSBWG (04：30～05：00)	0.0391
进站量 FXM (04：30～05：00)	0.0353
进站量 WKS (04：30～05：00)	0.0021

通过最小绝对误差选择最优的簇，可以得到不同时滞下 WKS 的最优簇数，如图 4-23 所示。不同预测时段值反映不同的最优簇数，证明了在不同的时段上应考虑不同的最优簇数。

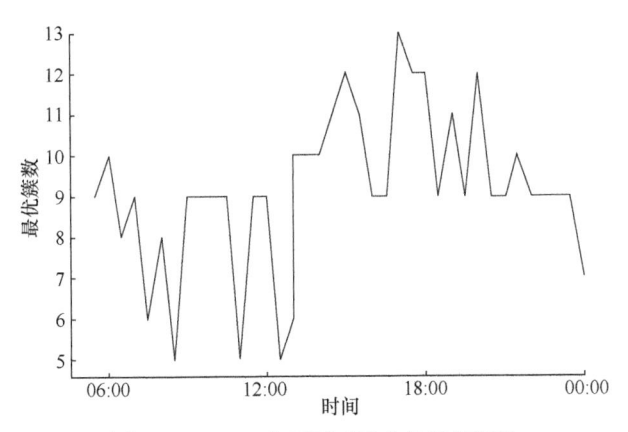

图 4-23　WKS 在不同时段内的最优簇数

2015 年 3 月 3 日 WKS 实际出站量和预计出站量如图 4-24 所示。RBF 几乎在所有时段下都能准确预测 WKS 的出站量。预测的 RMSE 和 MAPE 分别为 112.9727 和 7.4200。

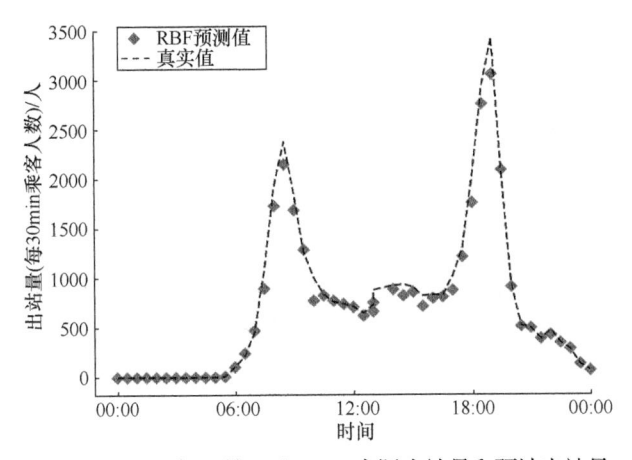

图 4-24　2015 年 3 月 3 日 WKS 实际出站量和预计出站量

WKS 预测的绝对误差和相对误差如图 4-25 所示。除了早高峰结束时段，我们提出的 RBF 几乎在所有的时段内都表现良好。在这段时间内，绝对误差和相对误差都比较大。

根据图 4-25 的最终预测结果，1 号线 PGY、BJYLY、YQL、BBS、WSL、GZF、JSBWG、FXM 的进站量与 WKS 的出站量密切相关。因此，为了控制 WKS

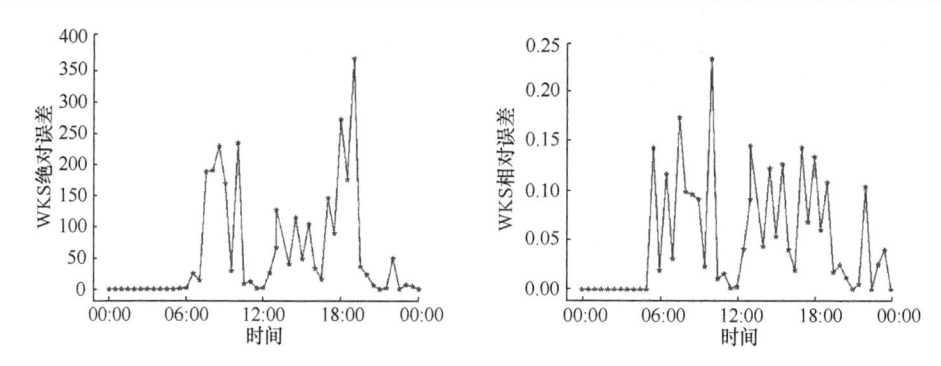

图 4-25 WKS 预测的绝对误差和相对误差

的出站量，应提前 30min 在 PGY、BJYLY、YQL、BBS、WSL、GZF、JSBWG、FXM 实施客流控制措施。例如，当 WKS 的出站量为 3428 人/h 时，18：30～19：00 是该站的高峰期。因此，在 PGY、BJYLY、YQL、BBS、WSL、GZF、JSBWG、FXM 等站，从 18：00～18：30 开始考虑进站客流控制措施。

本节进一步预测客流控制下的晚高峰时段 SH 的出站客流。以 2015 年 2 月 12 日～2015 年 3 月 2 日的数据为训练数据集，从 04：30～24：00，每半小时收集一次数据。

首先，根据 1 号线列车时刻表，计算其他站点到 SH 的列车运行时间。确定初始模型输入的过程与 WKS 的预测过程相同。从 SHD、DWL、GM、YAL、JGM、DD、WFJ、TAMD、TAMX、XD、FXM、NLSL、MXD、JSBWG 到 SH 的列车运行时间不超过 τ，从 GZF、WSL、WKS、YQL、BBS、BJYLY、GC、PGY 到 SH 的运行时间在 τ 和 2τ 之间。因此，初始模型输入为

$$\begin{aligned} x_{SH}(m) = \{ & y_{SH}(m-1), x_{PGY}(m-2), x_{GC}(m-2), x_{BJYLY}(m-2), x_{BBS}(m-2), \\ & x_{YQL}(m-2), x_{WKS}(m-2), x_{WSL}(m-2), x_{GZF}(m-2), x_{JSBWG}(m-1), \\ & x_{MXD}(m-1), x_{NLSL}(m-1), x_{FXM}(m-1), x_{XD}(m-1), x_{TAMX}(m-1), \\ & x_{TAMD}(m-1), x_{WFJ}(m-1), x_{DD}(m-1), x_{JGM}(m-1), x_{YAL}(m-1), \\ & x_{GM}(m-1), x_{DWL}(m-1), x_{SHD}(m-1) \} \end{aligned} \quad (4\text{-}48)$$

利用 SH 06：30～07：00 时间间隔内的预测显示所选择的模型输入项。选择 8 个模型输入项，选择模型输入项和预测 SH 站客流的误差如表 4-18 所示。考虑客流控制，对于 1 号线，SH、FXM、PGY、GC、SHD、BBS、BJYLY、YAL 必须考虑客流控制比例。因此，最终的模型输入为

$$\begin{aligned} x_{SH}^{f}(m) = \{ & \delta_{SHD}(m-1)x_{SHD}(m-1), y_{SH}(m-1), x_{DWL}(m-1), x_{GM}(m-1), \\ & x_{JGM}(m-1), x_{DD}(m-1), x_{WFJ}(m-1), x_{XD}(m-1) \} \end{aligned} \quad (4\text{-}49)$$

表 4-18　选择模型输入项和预测 SH 站客流的误差

输入项	误差
进站量 SHD (06：00～06：30)	0.9154
进站量 SH (06：00～06：30)	0.0166
进站量 DWL (06：00～06：30)	0.0311
进站量 GM (06：00～06：30)	0.0229
进站量 JGM (06：00～06：30)	0.0028
进站量 DD (06：00～06：30)	0.0054
进站量 WFJ (06：00～06：30)	0.0038
进站量 XD (06：00～06：30)	0.0092

确定 FCM 的中心和最优簇数。在不同的时间段可以得到不同的最佳簇数，集群数量与 SH 绝对误差的关系如图 4-26 所示。不同的最优簇数代表 RBF 模型动态变化的隐含层。

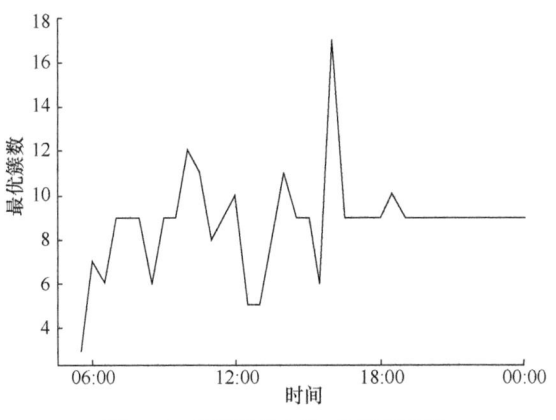

图 4-26　不同时间 SH 的最优簇数

如图 4-27 所示，RBF 在所有时段条件下都能较好地预测 SH 出站量，预测的 RMSE 为 46.6284，预测的 MAPE 为 3.5500。

SH 的绝对误差和相对误差如图 4-28 所示，可以反映模型在所有预测时段下的性能。我们的模型在几乎所有的时段上都表现良好，除了在 12 点左右的时段。在该时段，绝对误差和相对误差相对较大，因为在 12 点之前，存在早高峰大客流。12 点后，由于该站需求较小，客流形成走势平缓的线段。

可以看出，1 号线 SHD、DWL、GM、JGM、XD、DD、WFJ 的入站量与 SH 出站量密切相关。为了控制 SH 出站流量，需要提前 30min 在 SHD、DWL、GM、JGM、XD、DD、WFJ 等站点实施客流控制措施，因为离开这些站点的乘客通常

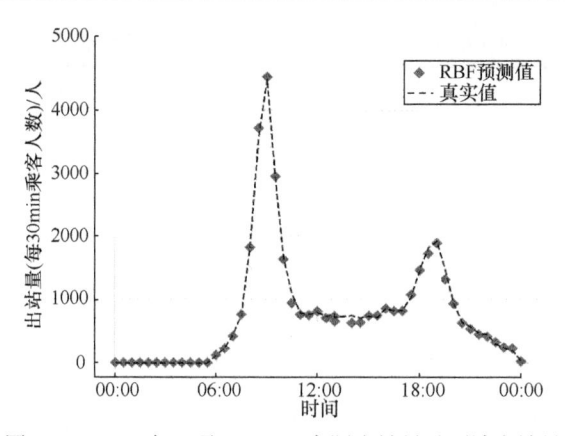

图 4-27　2015 年 3 月 3 日 SH 实际出站量及预计出站量

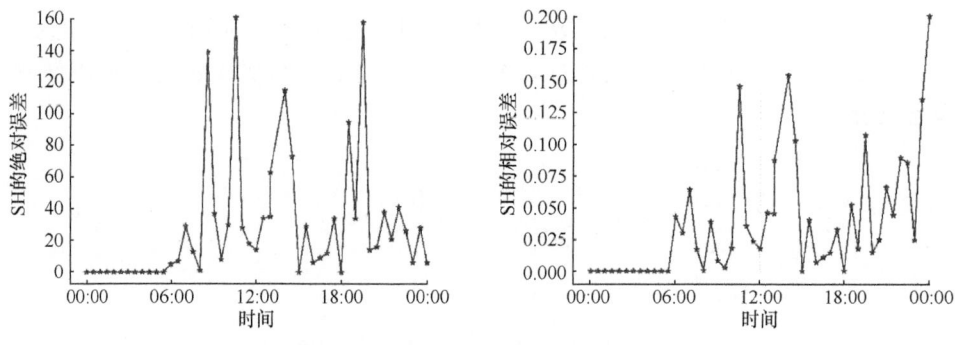

图 4-28　SH 的绝对误差和相对误差

在 30min 内到达 SH。例如，WKS 最繁忙的半小时高峰是 08：30～09：00。这半小时的出站流量为 4489 名乘客。因此，应考虑采取客流控制措施，从 08：00～08：30 开始，在 SHD、DWL、GM、JGM、XD、DD、WFJ 等站实施客流控制措施。

超参数设置和时间复杂度分析时，提前停止是避免过度拟合的常见策略。在 RBF 中，正则化和提前停止都可以避免过拟合。我们以 08：30～09：00 的时间间隔为例来说明提前停止的过程。为了避免过度拟合，采用基于验证的提前停止方法。当训练后验证集损失没有减少时，该方法中断训练过程。为了设置该方法的超参数，我们使用网格搜索寻找使模型具有最佳预测性能的参数。在模型训练过程中，我们随机选取 20% 的数据集作为验证数据集。08：30～09：00 的训练损失和验证损失如图 4-29 所示。

模型包括 FCM 和 RBF 训练过程。对于 FCM，假设 m_1 为样本数量，m_2 为特征数量，k 为迭代次数，我们用中心项的个数 I 表示隐含层的神经元个数，用输入项 J 表示输入层的神经元个数。RBF 在输出层有一个神经元。隐含层的 RBF 采

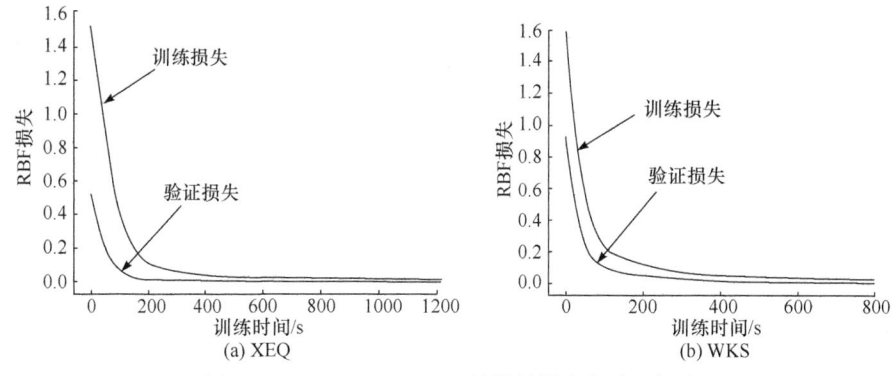

图 4-29　08：30～09：00 的训练损失和验证损失

用平方运算。因此，FCM 的时间复杂度为 $O(km_1m_2I)$，RBF 过程的时间复杂度为 $O((IJ)^2+I)$。总时间复杂度可以表示为 $O((IJ)^2+I)+O(km_1m_2I)≈O(n^2)$。

为了评价动态 RBF、BP 神经网络、小波 SVM 和 KNN 模型的性能，采用绝对误差、相对误差和其他三个预测精度指标。BP 神经网络包含两个隐含层，每个隐含层包含 10 个神经元，使用 ReLU 作为传递函数，自适应矩估计(adaptive moment estimation，Adam)作为优化器。小波 SVM 以 RBF 为核函数，包含两层小波分解。KNN 以 3 作为邻元素的数量。

XEQ、WKS、SH 的绝对误差和相对误差分布如图 4-30 所示。

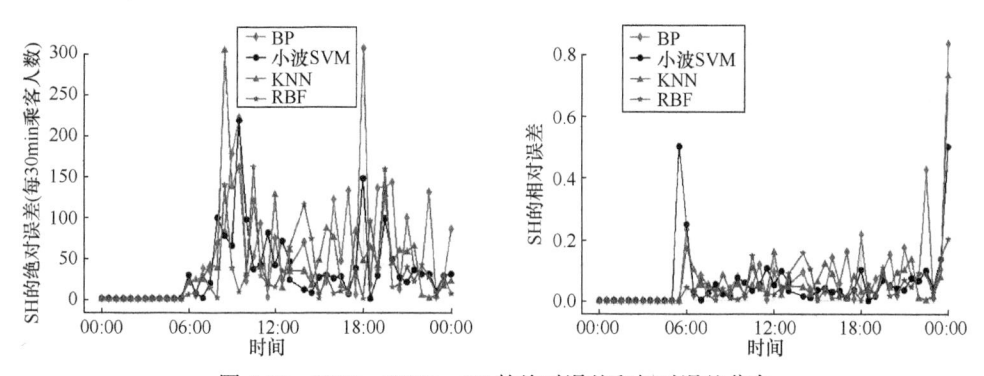

图 4-30　XEQ、WKS、SH 的绝对误差和相对误差分布

在四种方法中，动态 RBF 的绝对误差和相对误差最小。由于模型输入项是根据列车时刻表动态确定的，因此可以精确地确定列车到达站。由于采用客流控制数据，可以准确地获取客流特征，因此动态 RBF 神经网络在预测 XEQ、WKS、SH 出站容量方面优于 BP 神经网络、小波 SVM 和 KNN 模型。

表 4-19～表 4-21 显示了使用这四种方法的 XEQ、WKS、SH 得到的 MAPE、VAPE 和 RMSE。动态 RBF 值较小，表明其精度高于 BP 神经网络、小波 SVM 和

KNN 模型。另外，在客流控制下，XEQ 预计在客流高峰期有较大的客流。提出的动态 RBF 神经网络优于 BP 神经网络、小波 SVM 和 KNN 模型，尤其是在客流较大的情况下。在 WKS 和 SH 的预测中，动态 RBF 模型优于 BP 神经网络、小波 SVM 和 KNN 模型。与 BP 神经网络、小波 SVM 和 KNN 模型相比，动态 RBF 方法不但适用于正常客流，而且适用于客流控制下的客流。此外，动态 RBF 可用于验证实施客流控制措施的有效性。有效控制客流的地铁站(目标站除外)可以被精确定位。

表 4-19　XEQ、WKS 和 SH 的 MAPE 值

车站	BP	小波 SVM	KNN	RBF
XEQ	4.6783	4.4698	2.4551	0.8004
WKS	9.3625	8.3481	10.1222	8.7656
SH	6.6117	4.2408	4.8666	4.0662

表 4-20　XEQ、WKS 和 SH 的 VAPE 值

车站	BP	小波 SVM	KNN	RBF
XEQ	2.9451	1.5893	0.6256	0.2457
WKS	0.9727	2.7595	1.7143	0.4357
SH	21.4034	4.5810	1.3540	0.2619

表 4-21　XEQ、WKS 和 SH 的 RMSE 值

车站	BP	小波 SVM	KNN	RBF
XEQ	98.5032	72.5410	43.3857	21.1225
WKS	131.6676	114.5748	121.0723	112.9729
SH	74.5632	60.2901	58.4507	54.9641

4.4　封站场景下轨道交通进出站量预测方法

4.4.1　封站场景下客流预测方法

1. 考虑时间关系的单站预测方法

动态因子模型(dynamic factor models，DFM)将高维时间序列数据分解为公共因子和特殊因子两个正交分量，使用少量不可观察的公共因子描述数据之间的共同性，特殊因子描述不同数据的差异性。模型表达式为

$$Y_{it} = \Lambda_i F_t + \xi_{tt} \quad (4\text{-}50)$$

$$F_t = A_1 F_{t-1} + A_2 F_{t-2} + \cdots + A_p F_{t-p} + \eta_t \quad (4\text{-}51)$$

$$\xi_{it} = B_{i1}\xi_{it-1} + B_{i2}\xi_{it-2} + \cdots + B_{iq_i}\xi_{it-q_i} + e_{it} \quad (4\text{-}52)$$

其中，$Y_{it}=(x_{i1t}, x_{i2t}, \cdots, x_{iZt})'$ 为车站 $i (i \in V)$ 第 t 个时刻的 z 天序列的客流数据向量；$\Lambda_i=[\lambda_{ijk}]_{Z \times r}$ 为第 k 个公共因子对第 i 个车站第 j 日客流变化影响的系数载荷矩阵；$F_t=(f_{1t}, f_{2t}, \cdots, f_{rt})'$ 为 r 维公共因子向量；$\xi_{it}=(\xi_{i1t}, \xi_{i2t}, \cdots, \xi_{iZt})'$ 为特定日的特殊因子。

此外，公共因子 (F_t) 和特殊因子 (ξ_{it}) 分别遵循向量自回归过程。$A_1, A_2, \cdots, A_p$ 为 F_t 的自回归系数；$B_{i1}, B_{i2}, \cdots, B_{iq_i}$ 为 ξ_{it} 的自回归系数。进站量向量 X_t^* 与公共因子 F_t 有关，同时也受特殊因子 ξ_{it} 的影响。

引入极大似然估计估计 DFM，并使用卡尔曼滤波器递归计算参数。Koutsopoulos 等[9]证明公共因子的极大似然估计具有一致性和有效性。对数似然函数可以表示为

$$\ln L(Y_i, F; \Theta) = -\frac{ZT}{2}\ln(2\pi) - \frac{1}{2}\sum_{t=1}^{T}\ln|\Sigma_t(\Theta)| + \frac{1}{2}\sum_{t=1}^{T}(Y_{it} - \Lambda_i F_t)'(\Sigma_t(\Theta))^{-1}(Y_{it} - \Lambda_i F_t)$$

(4-53)

其中，$Y_i=[Y_{i1}\ Y_{i2}\ \cdots\ Y_{iT}]$ 为在 i 站的 z 日客流序列的数据矩阵；$\Theta=\{\Lambda_i, R_i, A, Q\}$ 为模型参数，其中 $\Sigma_t(\Theta)=\Lambda_i \Psi_t \Lambda_i + R_i$，$\Psi_t=E(F_t F_t')$ 为第 t 个时刻公共因子的方差矩阵，$R_i = E(\xi_{it}\xi_{it}')$ 为特殊因子的方差矩阵，$Q = E(\eta_t \eta_t')$ 为残差值的协方差矩阵。

上述参数可使用卡尔曼滤波器递归计算，并根据预测值进行修改，即

$$F_{t|t-1} = AF_{t-1|t-1} \quad (4\text{-}54)$$

$$\Psi_{t|t-1} = A\Psi_{t-1|t-1}A' + Q \quad (4\text{-}55)$$

$$F_{t|t} = F_{t|t-1} + K_{it}(Y_{it} - \Lambda F_{t|t-1}) \quad (4\text{-}56)$$

$$\Psi_{t|t} = (I - K_{it}\Lambda_i)\Psi_{t|t-1} \quad (4\text{-}57)$$

其中，$F_{t|t-1}$ 为第 t 时刻的公共因子，并根据第 t−1 时刻的公共因子进行预测；K_{it} 为卡尔曼滤波器的增益矩阵，$K_{it} = \Psi_{t|t-1}\Lambda_i'(\Lambda_i\Psi_{t|t-1}\Lambda_i' + R_i)^{-1}$ 由卡尔曼滤波器计算得到。

给定每个参数的初始状态，利用卡尔曼滤波器递归计算对数似然函数中的所有变量，然后通过迭代收敛得到最优参数结果。

具体步骤如下。

Step 1，构建 DFM，并通过极大似然估计估计 DFM。模型估计的结果包括公共因子 $\hat{F}_t$ 和因子载荷矩阵 $\hat{\Lambda}_i$。特殊因子可以从客流时间序列和公共因子之间的差获得，即 $\hat{\xi}_{it} = Y_{it} - \hat{\Lambda}_i \hat{F}_t$。

Step 2，通过 F_t 的自回归过程模型(式(4-51))预测下一时刻公共因子值 $\hat{F}_{t+1}$。

Step 3，通过 ξ_{it} 的自回归过程模型(式(4-52))预测下一时刻特殊因子值 $\hat{\xi}_{i(t+1)}$。

Step 4，对每个位置客流量的下一时刻预测是两个预测的总和，即 $\hat{Y}_{i(t+1)} = \hat{\Lambda}_i \hat{F}_{t+1} + \hat{\xi}_{i(t+1)}$。

2. 多站客流空间预测

令 C 为车站集合，$g(i)$ 为第 i 个车站所属的组，在 c 组的车站数量用 $|c|$ 表示，因此 $c = g(i), c \in C$。首先，根据历史平均客流空间相似性，将车站按层次聚类进行分组，建立各车站组的 DFM。

具体地说，对于每个车站组 c，DFM 的输入数据是 $|c|$ 个历史平均需求序列，用 $S^c = \{x_{i't}^h | i' \in V, g(i') = c, t = 1,2,\cdots,T\}$ 表示。相应地，因子载荷矩阵 $\Lambda^c = [\lambda_{i'k}^c]_{|c| \times r^c}$，$g(i') = c$ 指明第 k 个公共因子对 c 组第 i' 个车站客流变化的影响。第 o 天 c 组车站的预测结果用 $\hat{S}_o^c = [\hat{s}_{i't+1}^c]_{|c| \times T}$ 表示，这可以用上述方法获得，其中 $\hat{s}_{i't+1}^c$ 是属于 c 组的车站 i' 在第 o 天的第 $t+1$ 个时间间隔的客流预测结果。

3. 基于因子负荷权重的综合预测

因为累积系数负荷反映以上两个模型的相对重要性，综合计算加权平均预测结果，计算过程为

$$\hat{x}'_{iot+1} = \theta_{i1} \hat{x}_{iot+1} + \theta_{i2} \hat{s}_{it+1}^{g(i)} \tag{4-58}$$

$$\theta_{i1} = \frac{\sum\limits_{k=1}^{r} \lambda_{iok}}{\sum\limits_{k=1}^{r} \lambda_{iok} + \sum\limits_{k=1}^{r^{g(i)}} \lambda_{ik}^{g(i)}} \tag{4-59}$$

$$\theta_{i2} = \frac{\sum\limits_{k=1}^{r^{g(i)}} \lambda_{ik}^{g(i)}}{\sum\limits_{k=1}^{r} \lambda_{iok} + \sum\limits_{k=1}^{r^{g(i)}} \lambda_{ik}^{g(i)}} \tag{4-60}$$

其中，$\hat{x}'_{iot+1}$ 为目标日 o 车站 i 在 $t+1$ 时刻时空加权出站量预测结果；$\hat{x}_{iot+1}$ 为基于

时间模型和权重 θ_{i1} 的预测结果；$\tilde{s}_{it+1}^{g(i)}$ 为基于空间模型、权重 θ_{i2} 和 $\sum_{k=1}^{r}\lambda_{iok}$ 的预测结果；$\sum_{k=1}^{r^{g(i)}}\lambda_{ik}^{g(i)}$ 为时间特征和空间特征的累积因素负荷。

第 o 天的时空加权预测结果表达为 $\hat{X}'_{ot+1}=[\hat{x}'_{1ot+1},\hat{x}'_{2ot+1},\cdots,\hat{x}'_{iot+1},\cdots]_{|V|\times 1}$。

4. 基于 SVR 修正的客流预测结果

由于公共因子和特殊因子的自回归过程模型是一个线性回归过程，因此在该加权模型的剩余误差中仍然存在许多信息。这里使用 SVR 模型考虑车站关闭引起的时空效应残差，提取客流系列中相应的非线性分量，并修正其对受影响站的预测结果。SVR 模型的表达式为

$$\varepsilon_{iot}=\chi(\varepsilon_{iot-1},\varepsilon_{iot-2},\cdots)+\tau_{iot} \tag{4-61}$$

其中，o 为非线性模型确定的函数；$\varepsilon_{iot}=x_{iot}-\hat{x}'_{iot}$ 为车站 i 在第 t 时刻的模型残差；χ 由核函数计算得出。

由于 RBF 核函数具有更好的稳定性，我们选择 RBF 做 SVM 的核函数，其函数形式为

$$K(\varepsilon_{it},\varepsilon_{jt})=\exp\left\{-\gamma\left\|\varepsilon_{it}-\varepsilon_{jt}\right\|^{2}\right\} \tag{4-62}$$

其中，$\gamma=\frac{1}{2\sigma^{2}}$，$\sigma>0$ 为控制内核形状的超参数。

对于各站的受影响时段，采用 SVR 模型可以得到残余误差的预测值 $\hat{\varepsilon}_{iot+1}=\chi(\hat{\varepsilon}_{iot},\hat{\varepsilon}_{iot-1},\cdots,\hat{\varepsilon}_{io1})$。残差加到原预测，修正后的客流预测值为

$$\hat{x}''_{iot+1}=\hat{x}'_{iot+1}+\hat{\varepsilon}_{iot+1} \tag{4-63}$$

4.4.2 案例分析

1. 基于时间的单站客流预测

考虑单个站点客流的时间相关性，我们将 DFM 应用于客流预测，并对两个受影响较大的站点进行说明(8 号线的换乘站奥林匹克公园和非换乘站森林公园南门)。我们研究 1~5 个因素估计 DFM，其中 85%以上的信息是通过其中 3 个因素解释的。因此，我们选择这三个因素预测单个站点的客流。

随后，对因子载荷矩阵、特征因子和贡献率进行估计，描述每个站点 15d 客流时间序列中公共因子的线性组合形式。选择奥林匹克公园作为详细描述的示例。首先，从每个站点提取三个公共因子。计算得到的 DFM 因子载荷矩阵如表 4-22 所示。客流公共特征因子如图 4-31 所示，其含义解释如下。

表 4-22 15d 的因子载荷矩阵(OG 站)

因子	日期														
	1	2	3	4	5	6	7	8	9	10	11	12	13	14	15
	周二	周三	周四	周五	周六	周日	周一	周二	周三	周四	周五	周六	周日	周一	周二
1	0.07	0.13	0.13	0.13	0.09	0.09	0.13	0.12	0.13	0.13	0.13	0.09	0.10	0.13	0.12
2	−0.26	0.03	0.04	0.05	−0.22	−0.22	0.09	−0.09	0.06	0.08	0.08	−0.22	−0.19	0.08	0.11
3	0.14	0.12	0.13	−0.05	0.04	−0.17	−0.01	−0.29	−0.06	0.03	0.05	0.01	−0.02	−0.16	0.09

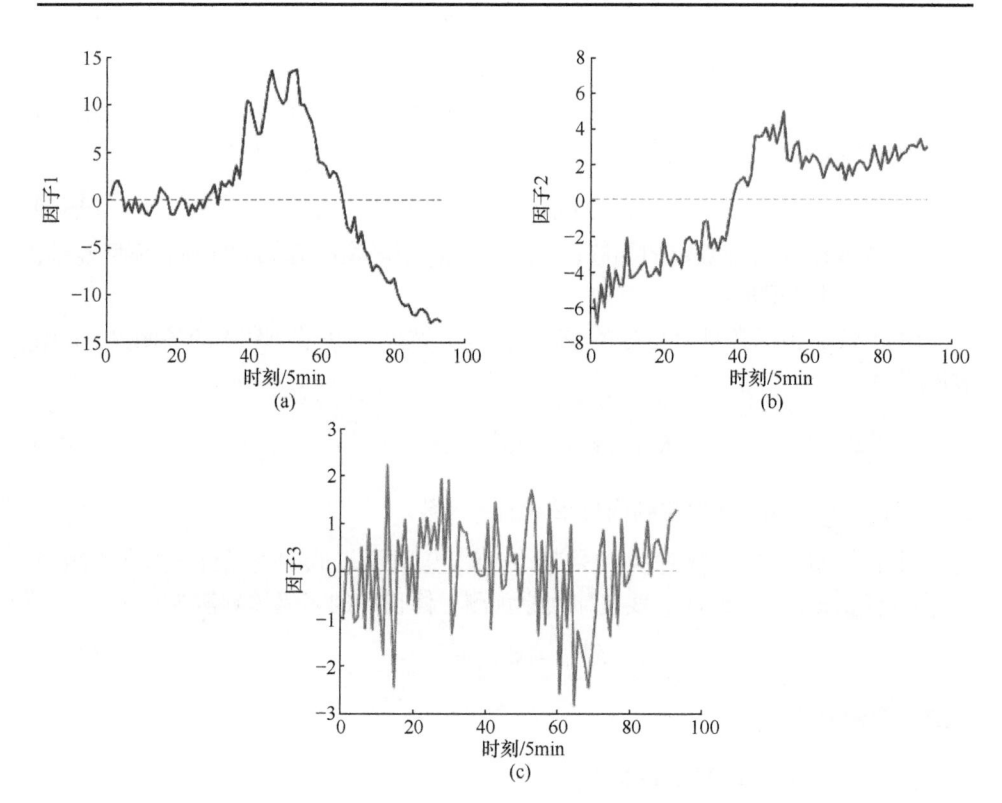

图 4-31 奥林匹克公园站 15d 内客流公共特征因子

因子 1 定义为通勤客流因子，平日数值较大，周末数值较小。从图 4-31(a)可以看出，高峰出现在晚高峰之前，低谷出现在晚高峰之后。因此，反映晚高峰时段出站量先增加后减少的客流特征，这与通勤客流的特征一致。

因子 2 定义为休闲客流因子，在晚高峰前为负，在晚高峰时为正(图 4-31(b))。一方面，周末时其为负值且绝对值较大，这与游客下午去奥林匹克公园站点游玩、晚上离开去吃饭的习惯是一致的。另一方面，工作日的负荷为正且绝对值较小。这符合工作日下午休闲活动的游客较少，晚餐后的乘客也较少的客流规律。

因子 3 定义为其他活动因子。该因子在一天对应的负荷相对随机，且各时刻的值(图 4-31(c))较小，波动明显，随机性强，说明乘客由于其他出行目的而产生不可预见的活动。

然后，计算各站点因子贡献率，如表 4-23 所示。3 个公共因子在每个站点的平均累积贡献率约为 89%。其中，霍营、永泰庄、育新的累积因子贡献率均大于 95%，说明所选的三个特征因子对三个站点客流信息的贡献率均大于等于 95%。综上所述，这三个因素可以充分捕捉客流随时间变化的关系，并将时间关系嵌入预测模型中。基于时间的 DFM 可以通过考虑单个站点客流的时间相关性来预测客流。

表 4-23 时间特征因子贡献率(以第二次封站为例)

车站	通勤客流因子	休闲客流因子	其他活动因子	累积贡献率
安德里北街	0.6334	0.1030	0.0758	0.81
安华桥	0.7119	0.0947	0.0638	0.87
安立路	0.6256	0.1747	0.0656	0.87
奥林匹克公园	0.6126	0.2638	0.0376	0.91
北沙滩	0.6298	0.1358	0.0775	0.84
北土城	0.6294	0.1402	0.0732	0.84
大屯路东	0.7153	0.1338	0.0624	0.91
惠新西街南口	0.7323	0.1075	0.0606	0.90
霍营	0.9031	0.0610	0.0148	0.98
立水桥	0.8564	0.0995	0.0171	0.97
林萃桥	0.6325	0.1327	0.0733	0.84
六道口	0.6808	0.1120	0.0749	0.87
清华东路西口	0.5990	0.1331	0.0824	0.81
森林公园南门	0.4415	0.3067	0.0776	0.83
望京西	0.6896	0.2214	0.0317	0.94
西小口	0.6731	0.1343	0.0658	0.87
永泰庄	0.8009	0.1173	0.0306	0.95
育新	0.8061	0.1159	0.0297	0.95

2.多站客流空间预测

对四次封站当天 18 个车站的出站量数据进行空间特征预测，首先通过系统聚类方法找到相似的车站并分组，然后采用 DFM 对每组车站进行客流预测。车站聚类结果及各组特征如表 4-24 所示。

表 4-24　车站聚类结果及各组特征

种类	车站
其他换乘站及全部非换乘站	安德里北街、安华桥、安立路、北沙滩、北土城、大屯路东、惠新西街南口、林萃桥、六道口、清华东路西口、森林公园南门、望京西、西小口、永泰庄、育新
距离封站车站较远的换乘站 （换乘一次及以上才能到达）	霍营、立水桥
距离封站车站较远的换乘站(无须换乘，行程不超过 10min)	奥林匹克公园

以第二次封站为例，捕捉不同车站客流趋势的相似度，并以此为依据对车站进行系统聚类得到三组车站，分别有 15 个车站、2 个车站和 1 个车站(图 4-32)。

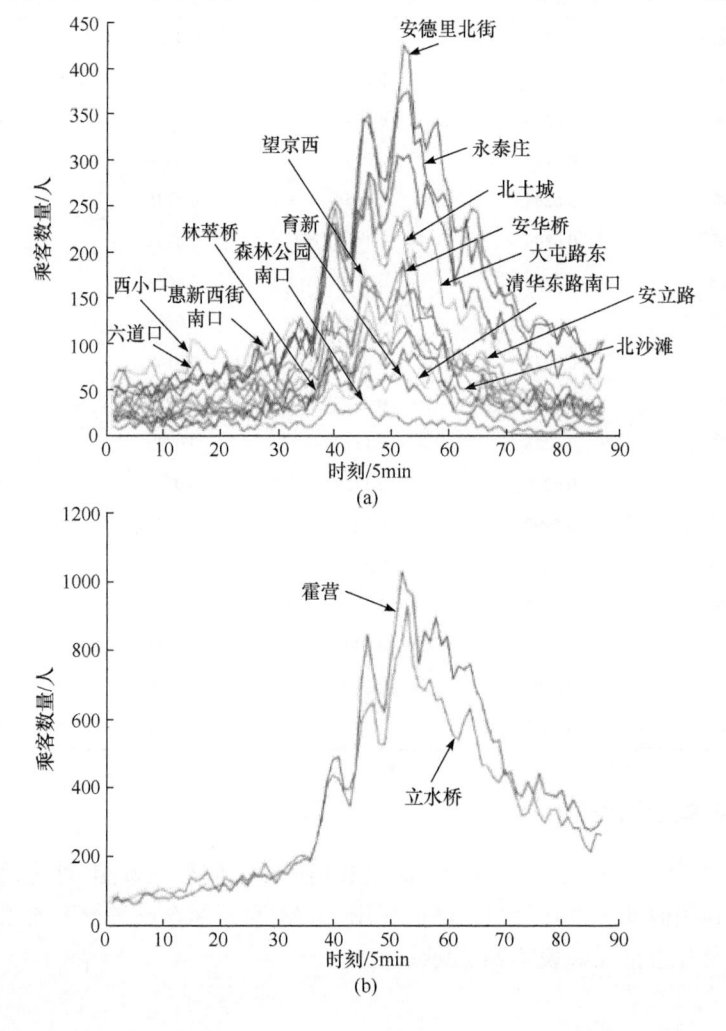

(c)

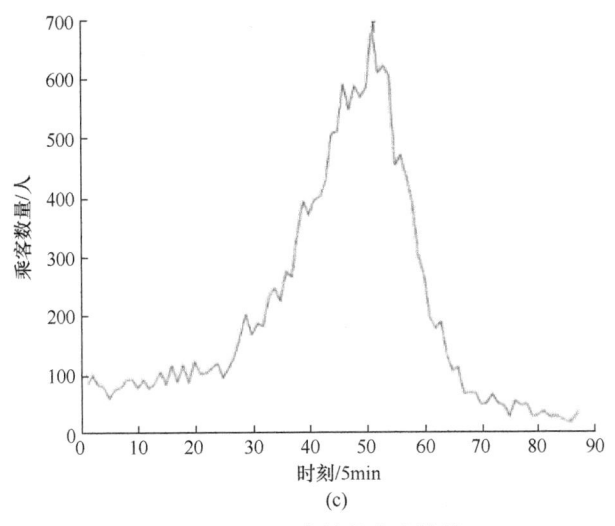

图 4-32 三组车站的客流情况

根据车站分布的空间特征,第二类车站为距离封站车站较远的换乘站(换乘一次及以上才能到达或行程在 30min 及以上)。客流特征如图 4-32(b)所示,存在晚高峰且峰值较大,晚高峰前期客流波动较大,晚高峰后客流逐渐减小,但夜间仍保持在 200 左右。第三类车站为距离封站车站较远的换乘站(无须换乘行程不超过 10min)。客流特征如图 4-32(c)所示,存在晚高峰且峰值较大,晚高峰前期客流波动较小,之后迅速上升,晚高峰后客流迅速减小,夜间客流稀少。其他换乘站及全部非换乘站为第一类车站。客流特征如图 4-32(a)所示,存在晚高峰但峰值较小。

DFM 对空间特征分析计算得到因子载荷矩阵,其因子贡献率描述各个车站客流时间序列公共因子的线性组合形式,说明特定车站各个因子的重要程度,以及具有共同趋势的一组车站之间的相互联系。各个车站空间特征的因子贡献率如表 4-25 所示。

表 4-25 各个车站空间特征的因子贡献率

项目	车站	周围车站因子	换乘车站因子	较远换乘车站因子
第一类车站	安德里北街	0.12	−0.20	0.11
	安华桥	0.13	−0.04	0.09
	安立路	0.13	0.00	−0.01
	北沙滩	0.13	0.02	0.01
	北土城	0.13	−0.06	0.19
	林萃桥	0.13	−0.10	0.15
	六道口	0.13	0.08	−0.01

续表

项目	车站	周围车站因子	换乘车站因子	较远换乘车站因子
第一类车站	清华东路西口	0.13	−0.07	0.18
	森林公园南门	0.13	0.01	0.02
	西小口	0.13	0.11	−0.03
	大屯路东	0.09	−0.46	−0.37
	惠新西街南口	0.13	−0.19	0.15
	望京西	0.13	0.07	−0.10
	永泰庄	0.13	0.11	−0.08
	育新	0.13	0.18	−0.16
因子贡献率	—	0.8934	0.0561	0.0170
第二类车站	霍营	0.58	0.62	0.52
	立水桥	0.60	0.56	−0.51
因子贡献率	—	0.8768	0.1097	0.0034
第三类车站	奥林匹克公园	0.65	−0.35	0.01
因子贡献率	—	0.8768	0.1197	0.0035

以第一次封站为例进行分析，第一组车站最终提取到 3 个公共因子。第一个公共因子在第一组车站处贡献率较大，且较多车站对应载荷值相近。由于这些车站均为第一类车站，因此不妨定义该因子为反映较多车站空间特征共性的周围车站因子。第二个公共因子在奥林匹克公园、大屯路东、霍营、立水桥站的贡献率和车站对应的因子载荷均较大。由于这些车站均为换乘站，因此定义该因子为换乘车站因子。第三个公共因子仅在第二类车站载荷较大，属于距离封站车站较远的换乘站(行程在 30min 及以上)，因此定义第三个因子为较远换乘车站因子。

由于三个公共因子的累积因子载荷均为 90%以上(96.65%、98.99%、1)，也就是以上三种因子能够解释绝大部分的客流信息，因此模型能够充分捕捉车站间的依赖关系，将时空关系嵌入预测模型[10]。

3. 预测结果

(1) 评价指标

采用 RMSE、MAE 和 MAPE 评价模型的性能。在上述评价指标中，RMSE 和 MAE 都是绝对指标，取值范围为$(0,+\infty)$，可以用来度量预测误差，且其值越小，代表预测误差越小，预测性能越好。MAPE 是相对指标，范围为$[0,+\infty)$，当其值为 0 时表示完美模型，大于 1 时表示劣质模型。

(2) 混合预测结果

首先，分别采用考虑时间、空间两种不同特征的 DFM 进行车站短时出站量的预测，结果如表 4-26 所示。结果表明，时间特征预测对部分车站的预测结果存在偏差。虽然大部分车站的 RMSE 指标在 10 左右，但是例如奥林匹克公园站预测精度指标 RMSE 为 40，霍营站 RMSE 接近 30，相对较差。这些车站的客流预测效果在空间特征预测中得到了较为明显的改善，奥林匹克公园站 RMSE 值约为 9，霍营站 RMSE 值约为 20。望京西、惠新西街南口、大屯路东等多个车站的预测精度指标相比时间预测结果对应的指标均有所增大。因此，仅进行时间特征预测或空间特征预测是不充分的，并不能同时对所有车站都实现较好的精度，需要综合考虑时间特征和空间特征的客流预测。

表 4-26　第二次封站场景下不同模型得到的客流预测结果

车站	DFM 效果 RMSE	MAE	MAPE	基于时间的单站 DFM RMSE	MAE	MAPE	基于空间的 DFM RMSE	MAE	MAPE
安德里北街	5.02	3.91	0.19	5.03	3.91	0.23	5.69	4.42	0.22
安华桥	7.36	5.91	0.11	8.30	6.54	0.15	7.61	6.02	0.11
安立路	6.34	5.29	0.12	6.49	5.06	0.13	6.83	5.55	0.12
奥林匹克公园	22.57	17.47	0.19	40.03	30.55	0.36	9.00	7.24	0.07
北沙滩	6.06	5.03	0.14	6.47	5.01	0.17	6.68	5.33	0.16
北土城	9.37	6.99	0.13	9.00	6.90	0.17	9.81	7.02	0.12
大屯路东	10.23	8.12	0.08	10.84	8.77	0.10	11.22	8.69	0.08
惠新西街南口	11.18	8.53	0.08	11.41	8.80	0.10	11.77	9.20	0.08
霍营	22.30	15.56	0.06	27.00	18.93	0.14	21.51	15.94	0.06
立水桥	17.06	13.16	0.05	21.44	16.92	0.11	13.51	10.04	0.04
林萃桥	5.43	3.96	0.12	5.45	4.17	0.16	5.65	4.30	0.13
六道口	7.98	6.61	0.11	8.70	7.02	0.14	7.75	6.52	0.11
清华东路西口	4.12	3.18	0.11	4.51	3.59	0.14	4.19	3.38	0.12
森林公园南门	2.03	1.55	0.16	3.91	3.02	0.29	1.69	1.33	0.14
望京西	8.85	7.34	0.11	8.87	7.12	0.12	11.62	9.27	0.14
西小口	6.96	5.66	0.15	6.68	5.34	0.17	7.74	6.16	0.16
永泰庄	11.15	8.82	0.08	12.32	9.47	0.13	16.03	13.10	0.11
育新	12.95	10.48	0.09	11.38	9.16	0.13	18.27	14.72	0.12

为综合时间、空间预测结果，采用时空特征加权的 DFM 进行车站短时出站量的预测，结果如表 4-26 所示。结果表明，除霍营、立水桥、奥林匹克公园，所有车站 DFM 预测精度指标 RMSE 均在 20 以下，数值较小；整体预测 MAE 的均值在 8 左右，总体误差可以接受；MAPE 均小于 20%，不存在仅考虑空间或时间特征时表现出的部分车站预测精度明显较差的情况。因此，模型均为非劣质模型，模型预测精度良好。

进一步对残差进行详细分析，探讨传统 DFM 在封站历史影响时空范围内的预测效果。残差序列未通过步长为 20 的 LB(Ljung-Box)检验，说明残差序列不是白噪声序列，预测结果中依然有可以通过寻找规律进而剔除的误差。具体而言，由图 4-33 可知，各个车站在不受封站影响时段(正常时段)的对应预测都很准确，但受影响时段残差较大。以奥林匹克公园、森林公园南门为例，奥林匹克公园在不受影响时段，即正常时段的 DFM 预测残差大多未超过 20，而受影响时段较多时间点均超过 20，最大预测残差接近 60，如图 4-34(b)所示。森林公园南门在受封站影响时段，DFM 预测残差最大超过 5，正常时段基本在 3 以下，如图 4-35(b)所示。这表明，传统的 DFM 未能完全捕获封站对客流的影响，导致封站影响时段的预测结果出现可修正的偏差，对该时段的预测结果进行修正可以实现更好的精度。

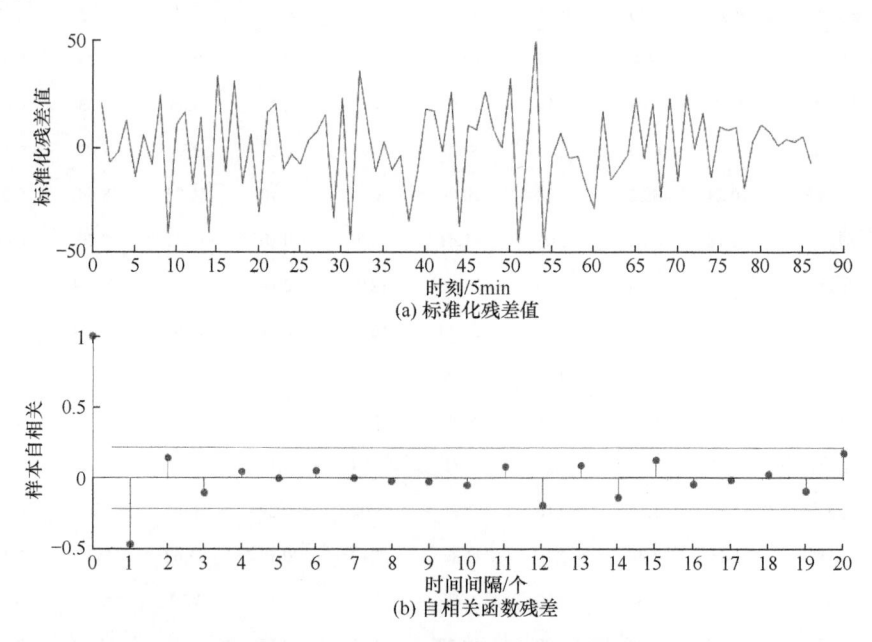

图 4-33 第二次封站预测的残差和自相关图

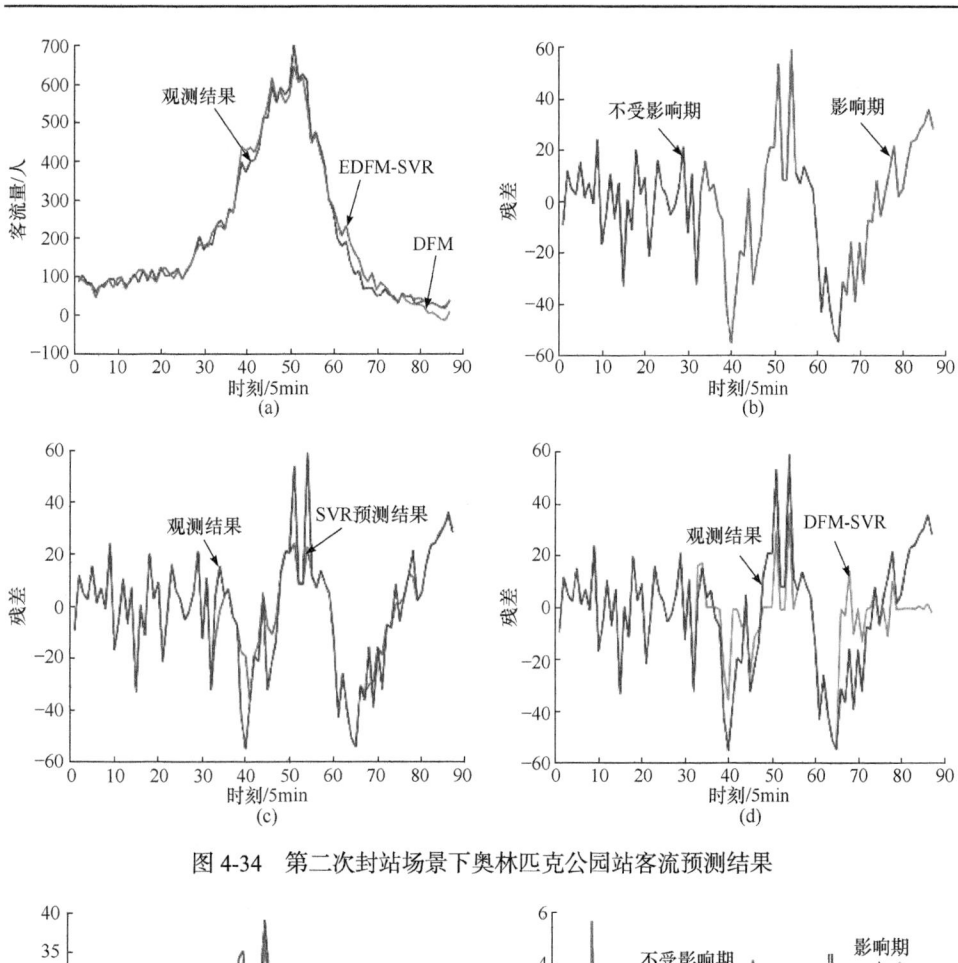

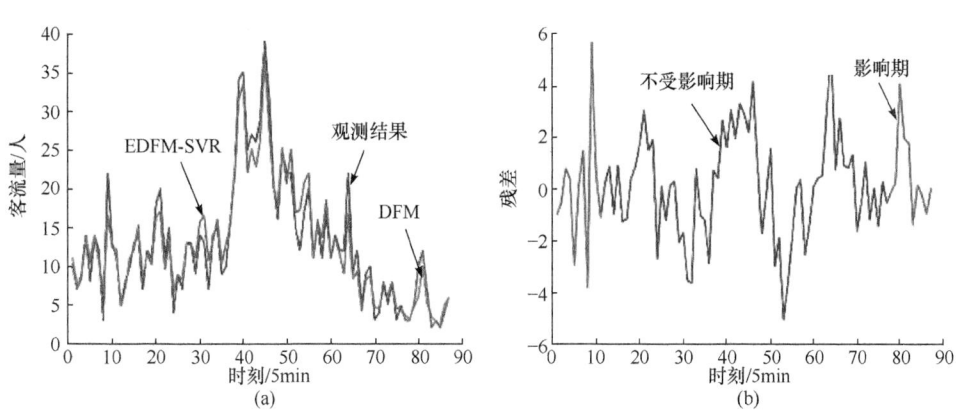

图 4-34　第二次封站场景下奥林匹克公园站客流预测结果

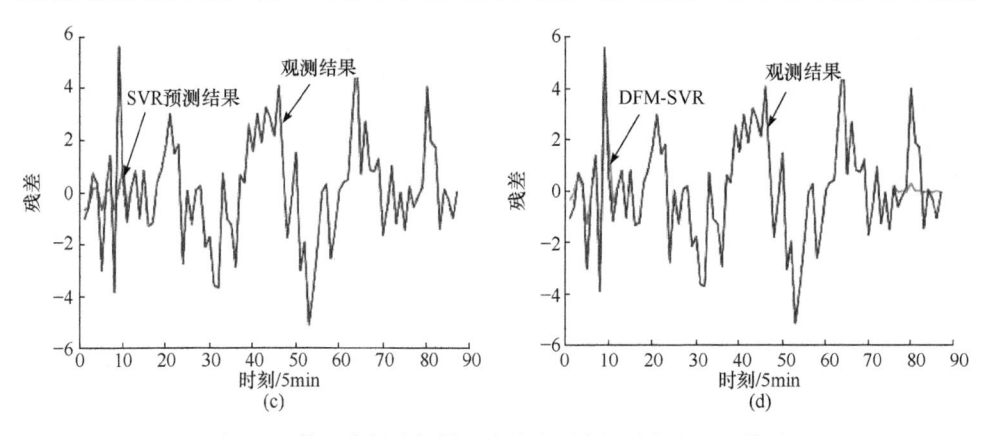

图 4-35　第二次封站场景下森林公园南门站客流预测结果

为了更好地捕捉和纠正车站关闭对客流的影响,我们将提出的集成动因子模型-支持向量回归(ensemble dynamic factor models-support vector regression,EDFM-SVR)混合算法应用于案例研究,采用 SVR 对影响区段进行残差修正。与表4-26中集成DFM的指标相比,我们提出的EDFM-SVR平均RMSE降低11.40%,平均 MAE 降低 22.30%,平均 MAPE 降低 16.67%。如图 4-33 所示,残差序列通过白噪声测试。残差的 LB 检验结果表明,数据中几乎没有留下序列相关性。由图 4-34(c)和图 4-35(c)可知,奥林匹克公园、森林公园南门受影响时段的预测残差和实际残差平均偏差很小(分别为 7.52 和 3.64)。该部分残差能被 SVM 模型较好地预测。因此,SVM 模型可以对 DFM 未曾捕获的封站影响部分做出较好地预测和修正。最后,对 DFM 和修正 DFM 的残差进行比较分析。由图 4-34(d)和图 4-35(d)可知,修正后各车站的残差显著降低,奥林匹克公园的最大残差由 60 左右变为略高于 30,森林公园南门的最大残差不超过 3,显著降低。

综上所述,残差修正可以捕捉停站对客流的影响,提高预测精度,弥补集成DFM 的不足。第二次封站客流预测结果如图 4-36 所示。

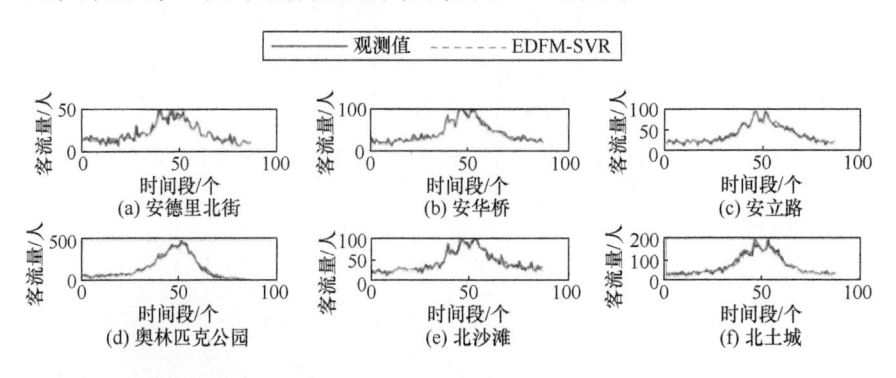

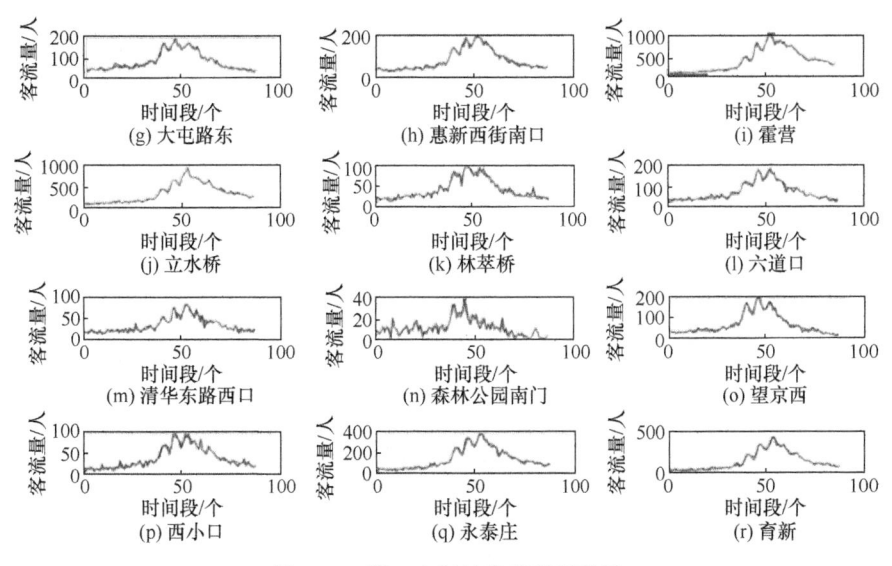

图 4-36 第二次封站客流预测结果

4. 模型比较

我们将该模型与 BP、神经网络-自回归综合移动平均(neural network-autoregressive integrated moving average，NN-ARIMA)、LSTM、时域图卷积网络(timegraph convolutional networks，TGCN)、DFM 和 GRU 模型的性能进行比较。采用 RMSE、MAE 和 MAPE 对其性能进行评价(图 4-37)。第二种情况下基线模型预测与所提方法预测结果的比较如表 4-27 所示。

① 与经典的 BP 方法相比，基于 SAX-DTW 的修正 DFM 的平均 RMSE 降低 48.09%、MAE 降低 49.47%、MAPE 降低 37.5%。这表明，我们提出的模型比 BP 具有更好的预测效果。

进一步与不具备时间信息捕捉能力的非线性模型 SVR 进行比较可以发现，模型的平均 RMSE 降低 71.65%、MAE 降低 79.3%、MAPE 降低 91.45%。然后，与不具备空间信息捕捉能力的 GRU 和 LSTM 模型进行对比可以发现，我们提出的模型的平均 RMSE 分别降低 51.37%和 78.07%、MAE 分别降低 52.28%和 69.43%、MAPE 分别降低 41.17%和 37.5%。也就是说，我们提出的预测模型比神经网络类模型(SVR、GRU、LSTM)具有更好的预测效果，能够挖掘客流间的时空关系，更准确地捕捉客流的非线性信息。

与考虑时空关联特性的 TGCN 相比，我们提出的模型平均 RMSE 降低 70.82%、MAE 降低 68.23%、MAPE 降低 65.52%。这可能是由于 TGCN 虽然考虑时空特性，但并未对结果进行残差检验和修正，没有充分挖掘残差数据中隐藏的封站带来的影响。

(a) RMSE

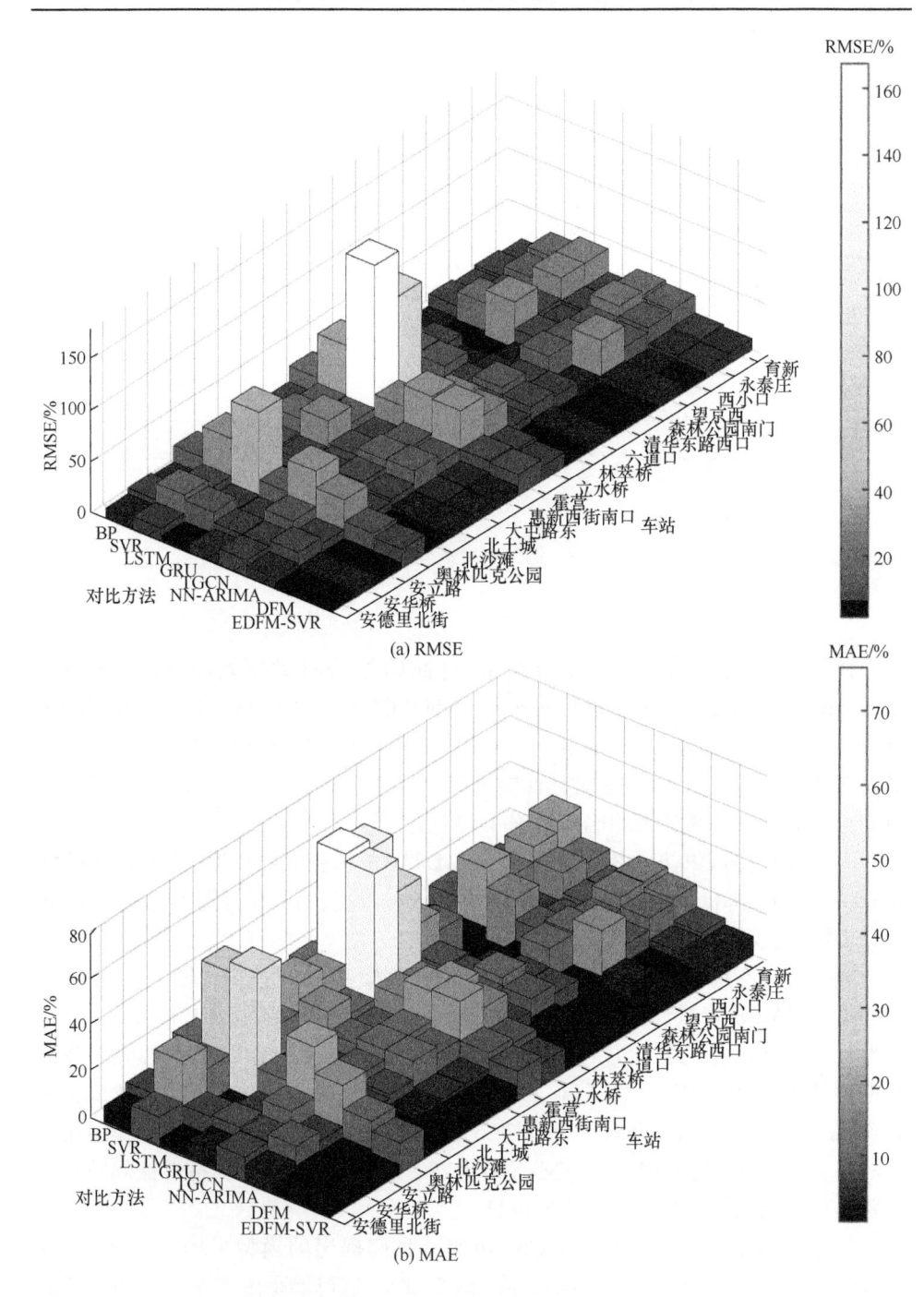

(b) MAE

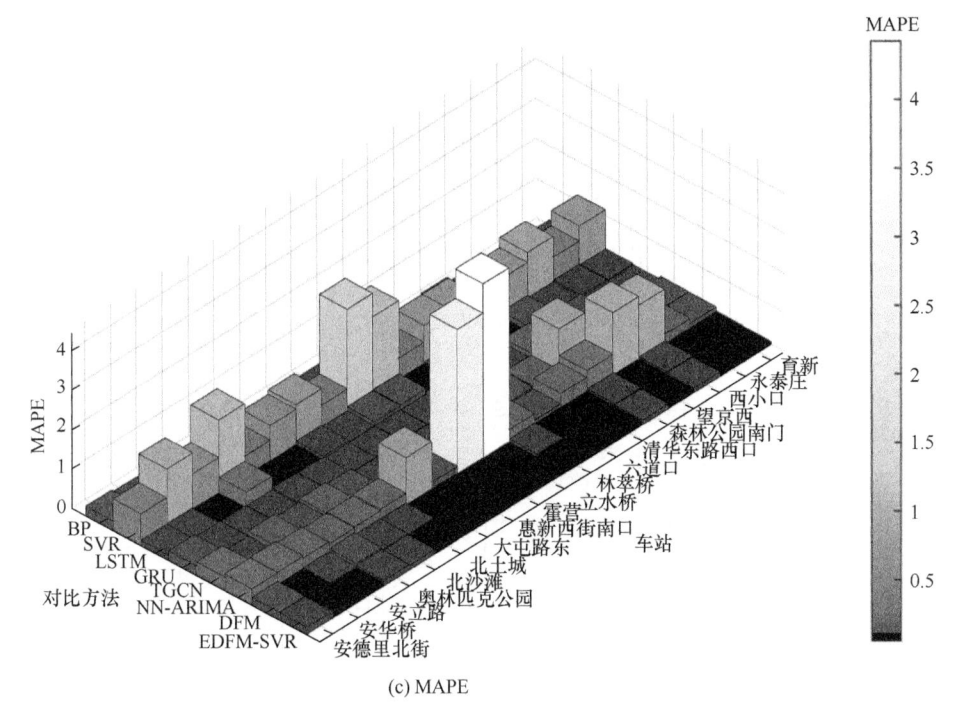

第四章 面向大数据的轨道交通客流预测方法

(c) MAPE

图 4-37 第二次封站场景下八个模型的 RMSE、MAE 和 MAPE

综上，本书方法比传统的数据驱动方法的预测精度要好，能体现时空关联特性。

② 与残差修正和神经网络相结合，但未考虑客流时空特征的 NN-ARIMA 模型。我们提出的模型平均 RMSE 降低 65.46%、MAE 降低 61.56%、MAPE 降低 89.47%，效果更好。因此，我们提出的既有时空范围识别和残差修正方法结合的方法不仅能提高精度，还能提高可解释性，实现残差的主动精准修正(列举前面的残差修正图)，为管理者提供更直接可靠的决策依据。

③ 虽然传统 DFM 加权模型精度也较好，但是我们提出的方法依然比 RMSE 降低 11.40%、MAE 降低 22.30%、MAPE 降低 16.67%。这同样是由于加入 SVR 修正，残差分布接近白噪声，更好地提取了序列的非线性特征，从而提高精度。同时，我们还考虑时空关系，克服既有模型只考虑空间关系的局限性。

综上，我们提出的基于 SAX-DTW 的修正 DFM 的整体预测性能更好，能够更准确地捕捉封站影响客流的非线性关系。

进一步对比单个车站的模型预测性能可以发现，我们提出的预测模型在所有车站的 RMSE 均低于其他基准模型，仅有安德里北街、森林公园南门、望京西的 MAPE 略大于 LSTM 模型，奥林匹克公园的 MAE 与 GRU 效果一致，森林公园南门的 MAE 与 LSTM 模型效果一致。除此以外，所有车站的 MAPE 与 MAE 均

表 4-27 第二种情况下基线模型预测与所提方法预测结果的比较

方法	指标	安德里北街	安华桥	安立路	奥林匹克公园	北沙滩	北土城	大屯路东	惠新西街南口	霍营	立水桥	林萃桥	六道口	清华东路西口	森林公园南门	望京西	西小口	永泰庄	育新	均值
EDFM-SVR	RMSE	4.96	6.80	5.54	18.59	5.66	9.12	9.38	8.84	20.52	13.84	5.16	7.12	3.77	1.90	8.57	6.08	9.99	10.95	8.71
	MAE	3.75	5.08	3.88	13.05	4.40	6.46	6.45	6.29	12.72	9.88	3.44	5.20	2.70	1.36	6.73	4.28	7.55	7.89	6.17
	MAPE	0.18	0.10	0.10	0.15	0.12	0.11	0.05	0.06	0.06	0.05	0.10	0.09	0.10	0.13	0.09	0.12	0.07	0.07	0.10
BP	RMSE	9.23	14.66	11.68	27.69	10.58	12.79	20.58	18.66	33.96	30.55	10.38	14.11	9.61	7.64	19.06	15.8	18.93	16.04	16.78
	MAE	6.89	10.77	9.23	19.74	8.15	9.6	15.31	14.51	21.57	20.8	7.63	11.03	7.45	6.02	14.16	11.34	13.61	11.9	12.21
	MAPE	0.22	0.16	0.15	0.15	0.18	0.15	0.12	0.12	0.13	0.13	0.17	0.14	0.16	0.3	0.15	0.18	0.13	0.13	0.16
LSTM	RMSE	5.01	25.36	13.85	94.63	6.25	18.07	43.81	27.55	167.6	123.2	5.83	25.88	7.42	1.6	46.09	20.59	41.11	41.07	39.72
	MAE	3.01	10.93	5.83	60.93	3.91	6.5	25.28	18.1	72.54	58.4	4.14	13.23	3.35	1.04	23.56	9.98	22.21	20.24	20.18
	MAPE	0.12	0.12	0.10	0.49	0.11	0.10	0.18	0.14	0.23	0.25	0.12	0.14	0.08	0.08	0.20	0.14	0.18	0.16	0.16
GRU	RMSE	9.68	15.63	12.7	28.13	10.95	13.11	21.36	19.63	40.93	32.37	10.58	15.81	10.64	7.67	19.89	16.07	18.95	18.34	17.91
	MAE	7.38	11.86	10.15	19.72	8.39	10.09	16.33	15.03	24.08	22.2	7.89	12.21	8.34	5.95	14.67	11.63	13.52	13.23	12.93
	MAPE	0.23	0.17	0.16	0.14	0.18	0.16	0.12	0.12	0.14	0.12	0.19	0.15	0.18	0.3	0.15	0.22	0.13	0.13	0.17
TGCN	RMSE	15.8	14.72	25.52	60.39	19.21	21.08	28.63	26.02	61.99	44.48	21.31	28.16	15.98	30.02	28.23	25.98	36.73	33	29.85
	MAE	10.46	10.91	17.62	39.29	13.3	14.9	19.13	19.08	31.74	27.52	15.8	18.92	11.06	18.81	19.65	16.91	22.04	22.38	19.42
	MAPE	0.33	0.17	0.29	0.21	0.29	0.24	0.14	0.16	0.16	0.14	0.38	0.23	0.26	1.30	0.20	0.30	0.18	0.21	0.29
NN-ARIMA	RMSE	10.13	20.83	14.82	43.82	13.27	16.17	29.8	22.38	59.78	41.75	13.07	20.86	16.41	7.77	43.42	22.6	27.07	30.04	25.22
	MAE	7.39	14.02	9.96	27.82	9.74	11.25	19.37	16.16	32.62	23.47	9.29	14.78	10.65	5.72	25.4	13.12	18.11	20.08	16.05
	MAPE	0.4	0.41	0.36	0.31	0.33	0.37	1.27	0.24	3.69	4.43	0.35	0.19	0.45	0.62	1.68	1.46	0.32	0.20	0.95
DFM	RMSE	5.01	7.45	6.34	38.76	6.05	9.41	10.23	11.24	23.79	19.03	5.45	8.11	4.19	2.45	9.08	6.95	11.32	13.49	11.02
	MAE	3.9	6	5.3	29.77	5.03	7.05	8.13	8.59	16.95	14.8	3.97	6.71	3.23	1.91	7.5	5.68	8.89	10.9	8.57
	MAPE	0.19	0.11	0.12	0.33	0.14	0.13	0.08	0.08	0.07	0.06	0.12	0.12	0.12	0.19	0.11	0.15	0.08	0.09	0.13

明显低于基准模型。以受影响最大的车站奥林匹克公园为例，其通过修正 DFM 得到的预测结果的 RMSE 为 18.59，比 BP、SVR、GRU、LSTM、TGCN 分别降低 32.86%、67.83%、80.36%、33.91%、69.22%，比 NN-ARIMA 降低 57.58%，比修正前的加权 DFM 降低 17.63%。同样，修正 DFM 的相对指标 MAPE 与其他 7 种方法相比，降低 25.30%(DFM)~78.58%(LSTM)。MAE 与 GRU、BP 效果相同，与其他方法相比更小。

因此，我们提出的基于 SAX-DTW 的修正 DFM 在单个车站层次也具有良好的预测效果，能很好地用于封站情况下路网的客流预测。

4.5 本章小结

本章详细介绍面向大数据的城市轨道交通短期客流预测方法。首先，收集土地利用数据，依据吸引范围多圈层划分对数据进行统计，得到回归变量候选集，构建 GWR 模型，提出一种 GCGRU 预测轨道交通的短时客流。GRU 用以提取时间特征，GCN 用以提取空间特征。模型具有较好的精度，可以较好地为地铁日常客流组织和管理提供辅助决策。然后，为了解决客流控制下的客流预测问题，提出利用列车时刻表、客流、客流控制数据对车站出站流量进行预测的 RBF 神经网络模型。在客流控制情况下的短时客流量预测对调整客流控制策略、缓解拥堵问题具有重要意义。最后，借助修正的 DFM 为封站场景下的客流预测提供解决方案。

参 考 文 献

[1] 王爽. 北京市国贸地区公交客流特征分析及对策. 公路交通科技(应用技术版), 2019, 15(1): 323-326.

[2] 张旭. 基于精细化用地数据的城市轨道交通客流预测. 北京: 北京交通大学, 2019.

[3] Billings S A, Wei H L, Balikhin M A. Generalized multiscale radial basis function networks. Neural Networks, 2007, 20(10): 1081-1094.

[4] de Leon-Delgado H, Praga-Alejo R J, Gonzalez-Gonzalez D S, et al. Multivariate statistical inference in a radial basis function neural network. Expert Systems with Applications, 2018, 93: 313-321.

[5] Alam J, Hassan M, Khan A, et al. Robust fuzzy RBF network based image segmentation and intelligent decision making system for carotid artery ultrasound images. Neurocomputing, 2015, 151: 745-755.

[6] Jia W K, Zhao D A, Ding L. An optimized RBF neural network algorithm based on partial least squares and genetic algorithm for classification of small sample. Applied Soft Computing, 2016, 48: 373-384.

[7] Billings S A, Wei H L. The wavelet-NARMAX representation: a hybrid model structure combining polynomial models with multiresolution wavelet decompositions. International

Journal of Systems Science, 2005, 36(3): 137-152.
[8] Wei H L, Billings S A, Liu J. Term and variable selection for non-linear system identification. International Journal of Control, 2004, 77(1): 86-110.
[9] Koutsopoulos N P, Haris N. Real time transit demand prediction capturing station interactions and impact of special events. Transportation Research Part C: Emerging Technologies, 2018, 97: 277-300.
[10] 梁强升, 许心越, 刘利强. 面向数据驱动的城市轨道交通短时客流预测模型. 中国铁道科学, 2020, 41(4): 153-162.

第五章 面向数据驱动的轨道交通路网状态识别方法

5.1 基于谱聚类的路网能力瓶颈识别方法

谱聚类算法是一种可以收敛于全局最优解的聚类算法。该算法建立在谱图理论基础上，本质是将聚类问题转化为图的最优划分问题，是一种点对聚类算法，对数据聚类问题具有很好的应用前景[1]。在使用谱聚类算法识别城市轨道交通路网瓶颈时，其重点在于如何构建拓扑图及图中相关矩阵的计算。因此，首先依据城市轨道交通路网拓扑、复杂网络理论来构建抽象网络。然后，通过选择合适的路网指标，确定图中边的权重。最后，选择合适的准则，建立基于改进谱聚类的城市轨道交通瓶颈识别模型。

5.1.1 轨道交通拓扑网络构建

首先，构建路网拓扑图，将有 N 个车站的轨道交通网络抽象为加权有向图 $G=(V,E,w)$；V 表示车站集合，$V=V_T \bigcup V_N$，V_T 表示换乘站集合，V_N 表示普通站集合；E 表示顶点间弧的集合，$E=\{e|e=(i,j), i,j \in V, i \neq j\}$；$w$ 表示顶点间弧的权重，$w=\{w_e|e \in E\}$，可以采用两点间的距离作为弧的权重，即

$$w_e = \sum_{m=1}^{k} \exp\left(-\frac{\|x_{im} - x_{jm}\|^2}{2\sigma^2}\right) \tag{5-1}$$

由于两站采用的指标是确定的，因此 $w_e = w_{e'}$，其中 $e'=(j,i)$。图 G 可以转换为无向图。

在路网中，换乘站较非换乘站有更重要的地位，并且更容易出现拥堵。因此，本节算法关注由换乘站构成的换乘网络。这样不仅可以降低计算复杂度，还可以更具有针对性。路网 G_U 转换为换乘网 $G_{U,T}$ 的方法如下。

算法：换乘网络构建方法

输入：城市轨道交通网络 $G_U = (V,E,w)$；

计算时间段 t；

车站指标；

输出：换乘网络 $G_{U,T}=(V_T,E_T,w)$
1　对于每个节点 $i \in V$
2　　对于每个节点 $j \in V$
3　　若 $i \in V_T \cup j \in V_T$
4　　若 $i \neq j$
5　　增加边 $e=(i,j)$ 到 E_T
6　　$|w_{ij}| = \sum_{m=1}^{k} \exp\left(-\frac{\|x_{im}-x_{jm}\|^2}{2\sigma^2}\right)$
7　结束
8　结束

5.1.2 车站评价指标选取

采用车站集散能力利用率，以及车站站台拥挤度作为车站的评价指标，对算法输入进行拥堵车站的识别。

车站集散能力利用率为

$$u_{it} = \frac{n_{it}^{in} + n_{it}^{out} + n_{it}^{tran}}{p_i} \times 100\% \tag{5-2}$$

其中，u_{it} 为车站 i 在统计时段 t 的车站集散能力利用率；n_{it}^{in} 为车站 i 在统计时段 t 的进站客流量；n_{it}^{out} 为车站 i 在统计时段 t 的出站客流量；n_{it}^{tran} 为车站 i 在统计时段 t 的换乘客流量；p_i 为车站 i 的车站集散能力。

车站站台拥挤度为

$$c_{it} = \frac{\sum_{j=1}^{N} n_{it}^{j}}{A_i} \tag{5-3}$$

其中，c_{it} 为车站 i 在统计时段 t 的站台拥挤度；N 为站台数目；n_{it}^{j} 为车站 i 在统计时段 t 的站台 j 等待人数；A_i 为车站 i 的站台总面积。

5.1.3 基于换乘网的车站拥堵识别模型构建

对于图 G，定义其加权邻接矩阵为 A_S，其维度为 $n \times n$。矩阵 A_S 中的元素为

$$a_{ij} = \begin{cases} \exp\left(-\frac{\|x_i - x_j\|^2}{2\sigma^2}\right), & i \neq j \\ 0, & \text{其他} \end{cases} \tag{5-4}$$

定义度矩阵 D_S 的对角线元素为

$$d_{mm} = \sum_{m \in V} a_{mn}, \quad n \in V \tag{5-5}$$

其他元素均为 0。令 L_S 为图 G 的拉普拉斯矩阵，则 $L_S = D_S - A_S$。

谱聚类的目标是将图切割成 K 个子图，并保证连接子图的区间权重和最小，子图内权重较大[2]。

假设将图切割为两个子图，对于子图 S 和 $\bar{S}$，假设二者之间的连接路径集合为 E_b，并且有

$$E_b = \{a_e | e = (m,n), m \in S, n \in \bar{S}\} \tag{5-6}$$

则该路径集合权重和 W_b 为

$$W_b = \sum_{i \in S, j \in \bar{S}} |a_e| \tag{5-7}$$

基于谱聚类的轨道交通路网瓶颈区间识别目标函数为

$$\min \text{Cut}(G,K) = \frac{1}{2} W_b \tag{5-8}$$

基于 MNcut 的瓶颈区间识别模型为

$$\min \text{Cut}(G,K,T) = \sum_{i=1}^{K} \sum_{j=1}^{K} \frac{W_{(S_i, S_j)}}{\sum_{u \in S_i, t \in G}^{T} a_{ut}} \tag{5-9}$$

$$\text{s.t.} \begin{cases} K \geq 2 \\ T = 5\min \\ S_1 \cup S_2 \cup \cdots \cup S_K = V \end{cases} \tag{5-10}$$

5.1.4 拥堵识别模型求解流程

综上，给出拥堵识别模型的求解过程。

Step 1，初始化 σ 和 K，计算 A_S、D_S、L_S。

Step 2，标准化拉普拉斯矩阵 $L_S = D_S^{-1/2} L D_S^{-1/2}$，计算 L_S 的前 k 个小的特征值对应的特征向量 φ_k，组成向量空间 $\Psi = [\varphi_1, \varphi_2, \cdots, \varphi_k]$。

Step 3，将 Ψ 中所有行向量转换为单位向量，得到矩阵 X。

Step 4，对矩阵的每一行使用 k 均值算法，得到 k 个簇。

Step 5，当矩阵 X 的第 i 行属于类别 j 时，将数据点 x_i 划分到类别 j 中。

Step 6，计算目标函数值 f，随机 σ 和 K，并重复 Step 1～Step 5，得到新

函数值 f'。

Step 7，计算增量 Δf，并选择是否接受新解。

Step 8，若达到迭代次数，转 Step 9；否则，转 Step 6。

Step 9，若满足终止条件，则转 Step 10；否则，转 Step 6。

Step 10，输出最优解。

5.1.5 案例分析

1. 数据准备

本案例采用广州地铁 2018 年 12 月 21 日早 8：00 的实时运营数据。选择该日期该时段的原因如下，该日为周五，属于工作日，可以反映日常乘客的出行情况。广州的早高峰集中于 7：30～8：30，因此选择 8：00 作为识别时段，可以反映工作日早高峰的路网运行状况，具有一定的代表性。

截至 2018 年 12 月 21 日，广州地铁共计运营线路 12 条(含三号线北延线)，共计车站 207 座，其中换乘车站 26 座。广州地铁路网示意图如图 5-1 所示。

在早高峰 8：00～8：05 期间，换乘站集散能力利用率与站台拥挤度如表 5-1 所示。

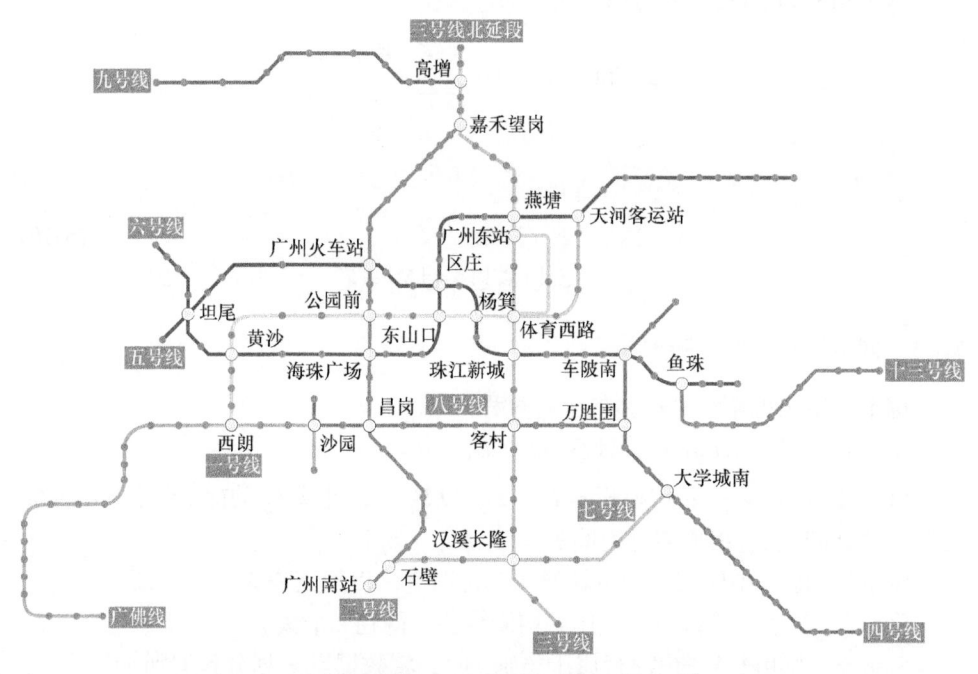

图 5-1 广州地铁路网示意图(截至 2018 年 12 月 21 日)

表 5-1 换乘站集散能力利用率与站台拥挤度

编号	名称	u_{it}	c_{it}	编号	名称	u_{it}	c_{it}
H01	西朗	0.166	0.783	H14	汉溪长隆	0.068	0.785
H02	黄沙	0.148	0.528	H15	客村	0.401	1.460
H03	公园前	0.105	0.287	H16	珠江新城	0.612	1.474
H04	东山口	0.130	0.550	H17	天河客运站	0.257	1.148
H05	杨箕	0.202	0.697	H18	燕塘	0.492	2.046
H06	体育西路	0.297	1.811	H19	高增	0.056	1.236
H07	广州东站	0.072	0.509	H20	大学城南	0.174	0.791
H08	广州南站	0.045	0.241	H21	万胜围	0.445	0.747
H09	石壁	0.084	0.518	H22	车陂南	0.409	1.751
H10	昌岗	0.359	1.344	H23	坦尾	0.383	0.888
H11	海珠广场	0.250	1.095	H24	区庄	0.279	1.297
H12	广州火车站	0.251	0.604	H25	鱼珠	0.095	0.648
H13	嘉禾望岗	0.641	2.007	H26	沙园	0.344	1.818

2. 换乘网络构建及算法参数选择与实现

首先将路网转换为换乘网络，转换后的路网如图 5-2 所示。

在算法初始参数上，选择初始温度值为 1000，终止温度值为 0.1，降温速率为 0.7，初始解为 $\sigma=1$、$K=5$。算法以 ThinkPad T470 为平台，使用 Python 编程实现。目标函数变化趋势图如图 5-3 所示。聚类结果如图 5-4 所示，其中正方形为严重拥堵、五角星为较为拥堵、圆形为一般拥堵、三角形代表正常。拥堵分布信息如图 5-5 所示。

3. 结果分析

如图 5-3 所示，算法收敛速度很快，表明算法有良好的收敛效果。最终目标函数值为 1.003。如图 5-4 所示，这 26 座换乘站最终被归为 4 类。交通状态参数均值如表 5-2 所示。图 5-5 和表 5-2 表明，类别之间存在明显的区别，聚类效果良好。

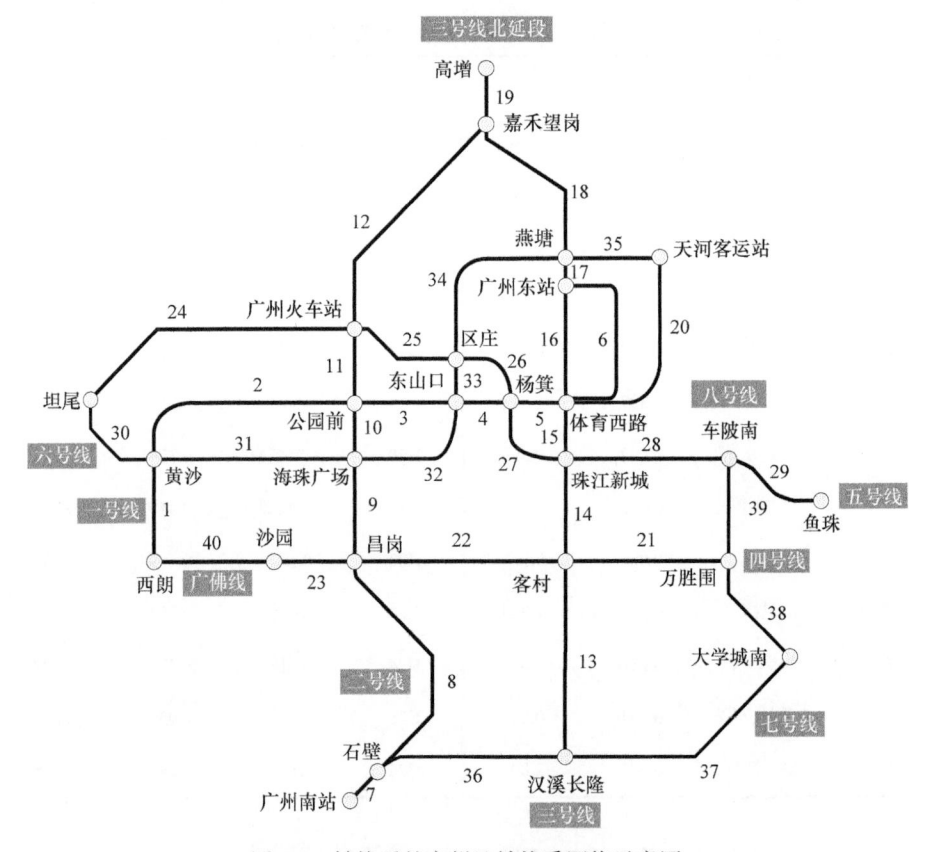

图 5-2 转换后的广州地铁换乘网络示意图

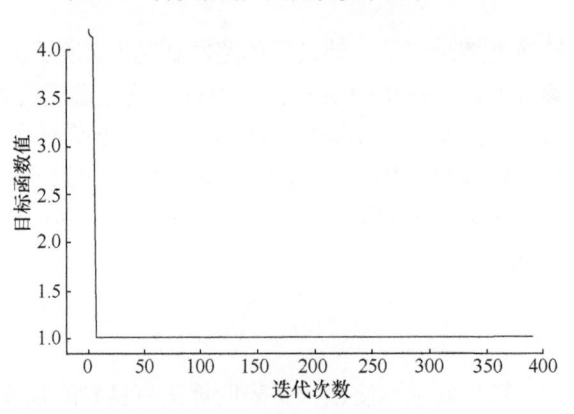

图 5-3 目标函数变化趋势图

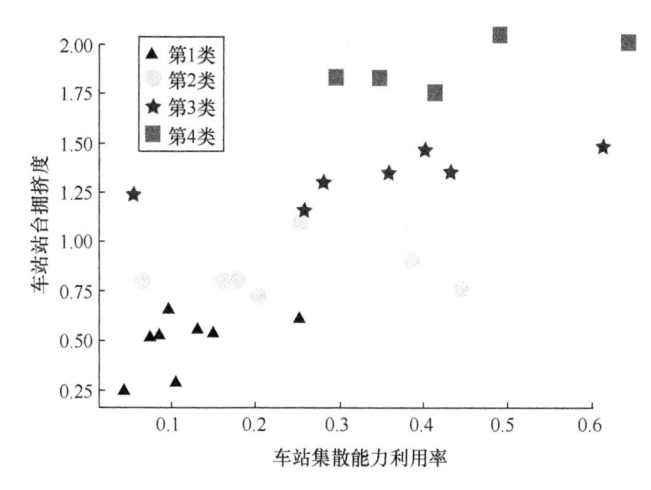

第五章　面向数据驱动的轨道交通路网状态识别方法

图 5-4　聚类结果

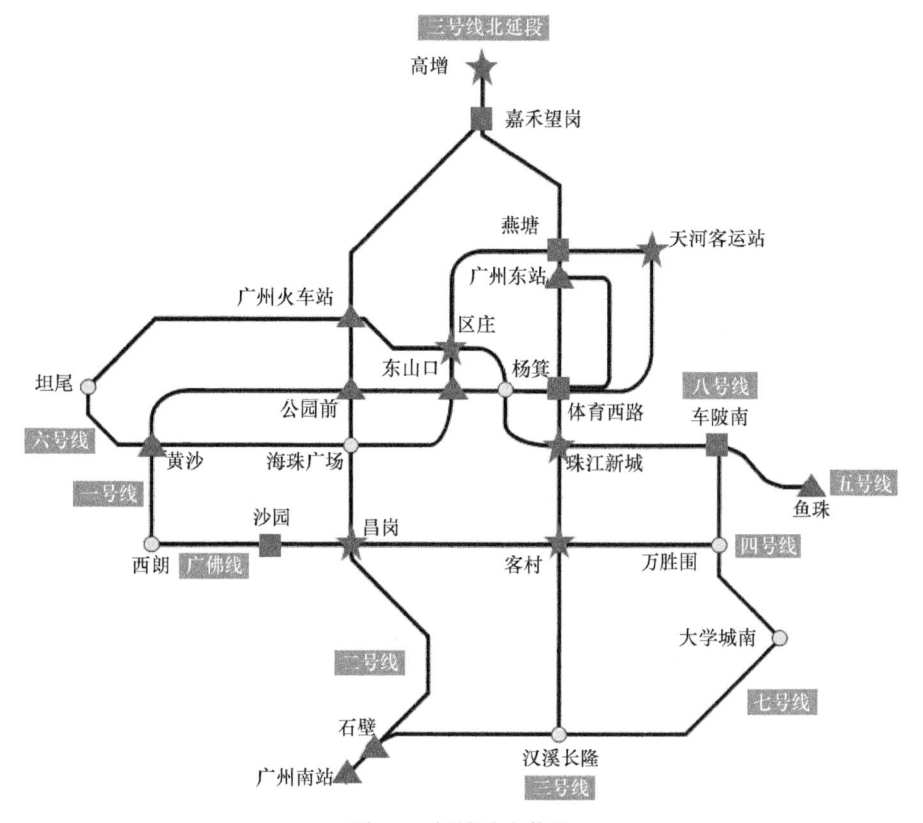

图 5-5　拥堵分布信息

表 5-2　交通状态参数均值

类别	交通状态	车站集散能力利用率	站台拥挤度
1	顺畅	0.116	0.486
2	稳定	0.241	0.827
3	拥挤	0.328	1.327
4	拥堵	0.437	1.897

从结果可以得出以下结论。

① 车站集散能力利用率低，站台拥挤度低的车站被划归为顺畅类别。

② 车站集散能力利用率中等，站台拥挤度中等的车站被划归为稳定类别。

③ 车站集散能力利用率较高，站台拥挤度较高的车站被划归为较为拥挤类别。

④ 车站集散能力利用率高，站台拥堵度高的车站被划归为拥堵类别。

以上结果表明，当进站、出站、换乘乘客较少，车站集散能力利用率较低，站台人数较少时，车站处于顺畅状态。此时，乘客具有最优的出行体验。随着车站集散能力利用率的提高，车站进出站、换乘乘客的数目不断增加，站台人数增加。车站状态不断恶化。随着车站聚集人数的不断增加、列车无法一次为在站台候车的所有乘客提供服务，导致乘客滞留，乘客在站台不断积聚，站台拥挤度进一步增加、车站运行状态进一步恶化。因此，通过两个指标的相关关系分析，可以验证算法成果的合理性。

为进一步确定算法的有效性，从实际运行数据的角度出发，提取该时段路网断面满载率信息。对比聚类结果，由于换乘区间存在多个实际子区间，采用子区间中最大的满载率值作为该换乘区间的满载率值。进一步，为体现断面的不均衡性，使用满载率分布熵这一指标作为换乘区间内的另外一个衡量指标，即

$$\chi = -\sum_{k=1}^{K} p(n_k(T)) \ln p(n_k(T)) \tag{5-11}$$

其中，χ 为满载率分布熵；K 为分级数目；$n_k(T)$ 为在 T 时刻换乘区间子区间属于第 k 个类别的数目；$p(n_k(T))$ 为 T 时刻换乘区间子区间属于第 k 个类别的数目子区间总数的比例。

满载率分布熵值越大，表明换乘区间内各个断面满载率差异越大，换乘区间内部负载不均衡现象严重。当满载率分布熵为 0 时，表明该换乘区间只有一个子区间。

因此，由 2018 年 12 月 21 日早 8：00 换乘区间满载率、换乘区间满载率分布熵可知。

① 一号线上行方向越靠近体育西路站，其区间满载率越大，当越过体育西路站后，区间满载率突降，表明一号线客流在早高峰主要向体育西路方向集结。同时，上行方向换乘区间的满载率分布熵较低，表明整个线路上行方向客流均衡，向体育西路方向流动。

② 二号线下行方向，即石壁-昌岗方向满载率较高，且满载率分布熵较低，表明该方向的乘客人员密集，但在海珠广场后的满载率明显降低，恢复正常状态。值得注意的是，嘉禾望岗-广州火车站的列车满载率也较高，同时其满载率分布熵也较低，表明该区段运行压力也较大。

③ 三号线汉溪长隆-体育西路方向满载率极大，且满载率分布熵较小，在通过体育西路后满载率恢复正常。这表明，该线乘客的主要出行目的是珠江新城、体育西路一带。这也与广州市早高峰实际情况相符，这一点从三号线下行天河客运站-珠江新城方向的满载率也能体现。不但如此，三号线北延线自高增-体育西路也存在满载率极高、满载率分布熵较低的现象。这说明，三号线的乘客大部分均以珠江新城-体育西路周边作为出行目的地。

④ 四号线车陂南-万胜围方向客流压力较大。这是由于万胜围是新 CBD 地区，周围云集了很多公司。同时，该站作为换乘站，乘客可通过该站换乘八号线。

⑤ 关于五号线的运行情况，以珠江新城为中心，东西两侧靠近珠江新城方向，其满载率较高，尤其是以车陂南站作为换乘节点前往珠江新城方向的客流较为突出。这是由于五号线连接着鱼珠车站，是黄浦区市民乘坐轨道交通进城上班的必要通道。

⑥ 六号线西侧自坦尾向东，满载率逐渐变低，东侧自天河客运站向西，满载率逐渐降低，最终到区庄附近到达最低值。这表明，两侧乘客较多以区庄及其周边地区作为出行目的。

⑦ 七号线全线运行良好，乘客出行体验较好。

⑧ 八号线全线运行正常，乘客出行体验一般。

⑨ 广佛线西朗-沙园区间满载率未超过 1，运行平稳。

通过以上对数据的初步分析，以 5 个拥堵最严重的车站为例，对其合理性进行分析。

① 对于沙园站，虽然其相邻区间运行情况较正常，但其作为广佛线的重要换乘站之一，是广佛线与八号线的交汇处，大量乘客在此换乘前往广州或前往佛山。该站在 8:00 进出站人数分别为 281 和 243，但换乘客流却高达 1393，表明该站是核心换乘站之一。

② 对于嘉禾望岗站，该站承担广州北部流向广州火车站及体育西路周边的客流，有较大的运行压力。

③ 对于燕塘站，该站承担着自嘉禾望岗方向客流的同时，还承担自天河客运

站方向前往区庄和体育西路方向的中转换乘任务，运行压力极大。

④ 对于体育西路站，该地区作为广州最核心的区域之一，数条线路的客流流向均朝向该地区，该站和珠江新城承担巨大的客流压力。

⑤ 对于车陂南站，该站承担四号线及九号线乘客自该站前往珠江新城地区和万胜围的中转任务，运行压力极大。

5.2 基于密度聚类的轨道交通路网状态识别方法

5.2.1 路网状态评价指标构建

本节主要通过全路网的拥挤范围和拥挤分布评价路网状态。高满载率区间比例反映轨道交通路网的拥挤范围。满载率分布熵利用信息熵来评价路网满载率分布，进而依据满载率分布反映路网的稳定程度[2,3]。因此，将高满载率区间比例和满载率分布熵作为路网状态评价指标具有综合性。

然而，高满载率区间比例和满载率分布熵都是基于路网区间满载率计算的，因此区间满载率是反映路网状态拥挤程度的根本性因素。区间满载率表示在单位时间内通过某区间断面的客流量与列车额定载客能力的比值，即

$$L_{i,j} = \frac{pf_{i,j}}{N_{\text{train}} \times \lambda_n} \tag{5-12}$$

其中，$L_{i,j}$为单位评估时间内在车站i和车站j之间区间满载率；$pf_{i,j}$为单位评估时间内该区间通过的客流量；N_{train}为单位评估时间内通过该区间的列车数目；λ_n为每列车额定运载乘客的数目。

① 高满载率区间比例。高满载率区间比例是指单位时间内路网高满载率区间数目占路网全部区间数目的比重。高满载率的界定是根据乘客对于车厢的拥挤性和舒适度感知而衡量的。一般情况下，满载率值大于80%的区间称为高满载率区间[2]。在路网中，高满载率区间比例越大，表示该评估时段路网拥挤范围越大，路网安全性越差。高满载率区间比例为

$$Z_t = \frac{N_t^h}{N} \tag{5-13}$$

其中，Z_t为在单位评估时间t内高满载区间比例；N_t^h为在单位评估时间t内高满载率区间的数目；N为轨道交通全路网的区间数目。

② 满载率分布熵。满载率分布熵综合区间满载率和信息熵两方面来制定路网评价指标。本节利用信息熵[4]的概念描述轨道交通路网的满载率分布信息，如果满载率分布越离散，路网状态就越不稳定；如果路网区间满载率基本一致，即熵

值最小，路网达到最稳定状态。满载率分布熵可以反映单位评估时间内全路网的拥挤分布，以及稳定程度。轨道交通路网中有 G 个满载率区间，满载率分布熵指标取值范围为 $[0,\ln G]$，满载率分布熵为

$$E_t = -\sum (R_g \times \ln R_g) \tag{5-14}$$

其中，E_t 为单位时间 t 内的满载率分布熵；g 为区间满载率离散值，应保留 0.1 的精度进行计算，北京地铁路网中区间满载率最大为 150%，即 ($g = 0, 0.1, \cdots, 1.5$)；R_g 为单位评估时间内满载率为 g 的区间所占全路网区间的比例。

5.2.2 基于历史数据的路网评价指标分级

本节介绍通过轨道交通路网、车站的历史数据对路网和车站状态分级的方法，即基于具有噪声的基于密度的聚类方法(density-based spatial clustering of applications with noise, DBSCAN)改进的 GMM 聚类算法。该模型基于 DBSCAN 聚类来确定 GMM 中的未知聚类数目，以及最大似然估计求解的初始值，对于传统的 GMM 具有一定的改进，解决聚类数目难以确定和 GMM 求解效率低下等问题。最后，提出聚类效果评价的指标，比较分析基于 DBSCAN 聚类改进后的 GMM 算法与传统 GMM 聚类在效果上的差异。

1. 基于 GMM 的聚类

GMM 聚类是一种典型的基于模型的聚类，利用 GMM 进行状态指标数据分级时，需要对各个区间和车站状态指标进行高斯拟合，即将数据点表示为 K 个高斯分布。不同的分布代表不同簇，基于此可以用各个分布的均值和协方差等参数作为簇原型。但是，具体某个客流状态评价指标数据是属于某个单高斯模型是未知，而且单高斯分布在混合模型中所占比例也是未知的，因此需要通过 EM 算法求解 GMM 中的未知参数，从而确定数据点对应高斯分布的概率密度函数，再利用相应的概率密度函数值度量状态指标分级的情况。

建立的 GMM 的概率密度函数为

$$P(X|\theta) = \sum_{k=1}^{K} \omega_k p_k(x|\theta_k) \tag{5-15}$$

$$p_k(x|\theta_k) = \frac{1}{(2\pi)^{\frac{|y|}{2}} |\sum_k|^{\frac{1}{2}}} \exp\left(-\frac{1}{2}(x-\mu_k)^{\mathrm{T}} \sum_K^{-1}(x-\mu_k)\right) \tag{5-16}$$

其中，$\theta = (\theta_k, \omega_k)^{\mathrm{T}}$；$\theta_k = (\mu_k^{\mathrm{T}}, \sum_k)^{\mathrm{T}}$；$K$ 为 GMM 的聚类数目；ω_k 为第 k 个高斯分布被选择的概率；μ_k 为第 k 个高斯分布的均值；$\sum_k$ 为第 k 个高斯分布的协方

差；$p_k(x|\theta_k)$ 为第 k 个高斯分布的概率密度函数；v 为向量的维数。

根据 GMM 的定义，GMM 示意图如图 5-6 所示。

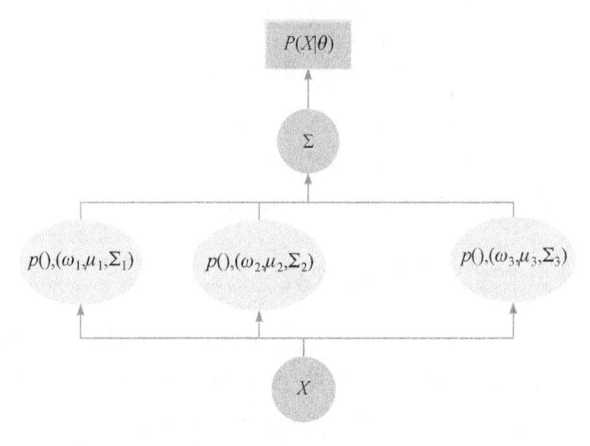

图 5-6　GMM 示意图

GMM 的优点是通过求解后得到的概率表示类别，而不是一个确定的分类。同时，其计算结果较为稳定准确。

GMM 的缺点是每一步迭代后的计算比较复杂。GMM 由于无法观察到数据集含有的所有信息，造成对极大似然估计直接求解的相对困难。因此，在求解该模型时需要利用 EM 算法完成，虽然在求解过程中有时会陷入局部极值，但是这只和 EM 算法的初始值选取有关系，需要对 EM 算法的初始值进行优化，从而避免这一问题的产生。

EM 算法可以用来对概率模型的参数进行极大似然估计，其每次迭代包括期望步(expectation step, E-Step)和最大化步(maximization step, M-Step)。通过 EM 算法求解的 GMM 聚类步骤如下所示。

输入：样本集 $D=\{x_1,x_2,\cdots,x_m\}$，高斯混合的分布数目 k。

Step 1，初始化 E-Step 中的参数 $\beta_0=\{\omega_k,\mu_k,\sum_k\}$，令 $t=0$，其中 k 为聚类个数。

Step 2，E-Step，由式(5-17)确定每类高斯分量的后验概率，即

$$\Pr(k|x_i,\beta)=\frac{\omega_k p(x_i|\mu_k,\sum_k)}{\sum_{j=1}^{K}\omega_j p(x_i|\mu_j,\sum_j)} \tag{5-17}$$

Step 3，M-Step，根据 E-Step 得到的后验概率，更新参数 β，即

$$\omega_k^{\text{new}} = \frac{1}{N}\sum_{i=1}^{N}\Pr(k\,|\,x_i,\beta) \tag{5-18}$$

$$\mu_k^{\text{new}} = \frac{\sum_{i=1}^{N}\Pr(k\,|\,x_i,\beta)x_i}{\sum_{i=1}^{N}\Pr(k\,|\,x_i,\beta)} \tag{5-19}$$

$$\sum\nolimits_k^{\text{new}} = \frac{1}{\sum_{i=1}^{N}\Pr(k\,|\,x_i,\beta)}\sum_{i=1}^{N}\Pr(k\,|\,x_i,\beta)(x_i-\mu_k^{\text{new}})(x_i-\mu_k^{\text{new}})^{\text{T}} \tag{5-20}$$

Step 4，如果 $t > t_{\max}$，则迭代计算结束，输出参数 β_t；否则，$t = t+1$，并进入 Step 2 继续迭代计算。

输出：每一类的聚类中心，将数据集划分到每个聚类的概率值。

2. 基于 DBSCAN 的聚类

DBSCAN 算法[5]是一种基于高密度连接区域的密度聚类算法。DBSCAN 算法的最大优点是可以自动确定聚类数目。但是，该聚类对参数调节比较敏感，使参数调节过程十分复杂。DBSCAN 聚类算法主要有两个重要参数需要进行调节，即邻域的最大半径和在邻域中的最少点数。DBSCAN 算法的输入为样本数据 D、邻域的最大半径和邻域中的最少点数。

DBSCAN 算法通过设置合适邻域的最大半径和邻域中的最少点数能够完成任意形状簇的聚类，并且也能够自动确定聚类数目，不需要提前设定[6]。但是，DBSCAN 算法仍然存在一些缺点，主要体现在以下两方面。

① 模型中调节邻域的最大半径和在邻域中的最少点数问题复杂，因为DBSCAN 算法输入参数选择敏感且具有全局性，然而对于密度分布不均匀数据集调节参数比较复杂，聚类效果较差。如果模型中设定的邻域的最大半径值较大，那么很多密度较大的自然簇被合并为同一个簇。如果模型中设定邻域的最大半径值较小，那么密度较小的一个簇被分成多个簇，并产生大量的噪声点。因此，DBSCAN 算法调节参数的过程十分复杂。

② 算法聚类效率较低问题，在 DBSCAN 聚类过程中，核心点簇扩展时，需要不断迭代地搜索邻域，当样本数据量大时，会严重降低算法效率。

我们利用 DBSCAN 算法改进 GMM 过程，得到聚类数目和初始值，因此可以在一定程度上避免 DBSCAN 参数调节的灵敏和复杂的问题。DBSCAN 算法的参数调节，可以通过聚类评价指标综合评定调节参数和确定最佳聚类数目。

3. 基于 DBSCAN 改进的高斯混合模型聚类分级方法

为了解决传统的 GMM 聚类，由于初始值确定不佳，局部最优和路网(车站)状态分级聚类数目未知等问题，本节提出一种基于 DBSCAN 的 GMM 算法。

基于 DBSCAN 改进的 GMM 聚类进行路网(车站)状态分级主要包括两个过程。

① 通过聚类评价指标调节 DBSCAN 聚类中的参数。一方面，可以确定 DBSCAN 算法输出的路网(车站)分级数目和每个等级的中心值；另一方面，可以将原来输入路网(车站)状态数据进行去除噪声数据处理。

② 将获取的路网(车站)状态分级最佳聚类数和初始等级中心值输入 GMM 的 K 值和 EM 初始值进行无监督训练，以求得最终的路网(车站)状态最佳分级结果。改进后的 GMM 的计算流程如下所示。

输入：路网(车站)状态评价指标 $D=\{x_1,x_2,\cdots,x_m\}$，并将状态评价指标进行标准化处理。

Step 1，通过均方差和轮廓系数综合评价调节 DBSCAN 算法的参数，确定聚类数目 k 值和 EM 算法中 $\beta_0=\{\omega_k,\mu_k,\sum_k\}$。

Step 2，初始化 E-Step 中的参数 $\beta_0=\{\omega_k,\mu_k,\sum_k\}$，并令 $k=0$，开始进行 EM 算法求解。

Step 3，E-Step，确定每类高斯分量的后验概率，并利用当前估计的参数值计算对数似然的期望值。

Step 4，M-Step，根据 E-Step 得到的后验概率，根据式(5-18)~式(5-20)寻找 E-Step 中似然 EM 的参数值，并更新参数 β。

Step 5，如果 $t>t_{\max}$，则迭代计算结束，输出参数 β_t；否则，$t=t+1$，转 Step 2。

输出：每一类的聚类中心；将路网区间(车站)划分到每个聚类的概率值。

4. 评价指标的分级效果分析

为了确定对路网和车站状态历史数据分级准确程度，我们利用均方差和轮廓系数评价聚类效果。轮廓系数计算如式(5-21)所示，其取值范围为[-1,1]，取值越接近 1，说明聚类性能越好；相反，取值越接近-1，说明聚类性能越差。均方差的计算见式(5-22)，数据点与聚类中心之间的偏离程度越小，则均方差越低，从而说明数据越聚集，聚类效果也越好。

$$S(i)=\frac{b(i)-a(i)}{\max\{b(i),a(i)\}} \qquad (5-21)$$

其中，$S(i)$ 为轮廓系数；$a(i)$ 为同一簇中数据样本 i 与其他数据样本距离的平均值；$b(i)$ 为数据样本 i 到其他簇中所有样本的平均距离，即

$$\sigma = \sqrt{\frac{1}{\zeta}\sum_{i=1}^{\zeta}(x_i - \mu_k)^2} \tag{5-22}$$

其中，σ 为均方差；ζ 为数据样本的个数；x_i 为数据样本的值；μ_k 为每个聚类的聚类中心。

5.2.3 基于 KNN 算法的路网状态评估

本节介绍利用 KNN 算法评估路网和车站预测状态。基于路网历史状态评价指标的分级结果，并结合预测交通状态评价指标的计算值判别路网预测状态的拥挤等级。通过路网预测状态确定是否达到识别关键车站的条件，从而进行关键车站识别。

KNN 算法是一种较为常用的模式识别算法。它既可以做数据分类，也可以做数据回归[7,8]。该算法需要确定三个要素，分别为 K 的取值、距离度量和分类的决策规则。对于 K 值的选取，一般取决于测试数据的数目 I，即 $K=\sqrt{I}$；对于距离的度量，现在有很多距离度量方式，常用的是欧氏距离；对于分类决策规则，可以使用前面提到的多数决定法，即

$$D(x,y) = \sqrt{(x_1-y_1)^2 + (x_2-y_2)^2} \tag{5-23}$$

利用 KNN 算法进行路网和车站未来状态识别的流程如下。

Step 1，设定参数值 K。

Step 2，计算某时刻城市轨道交通预测状态评价指标与训练集中历史状态评价指标的欧氏距离。

Step 3，将计算的欧氏距离按递增顺序进行排序。

Step 4，选取欧氏距离排序最小的前 K 个点。

Step 5，确定前 K 个点所在状态标签值的出现频率。

Step 6，返回前 K 个点中出现频率最高的状态标签值作为此时城市轨道交通路网(车站)预测状态的标签。

5.2.4 案例分析

利用 2018 年 9 月 4 日～2018 年 9 月 13 日，8 个工作日上午的区间满载率历史数据对北京地铁全路网状态分级，再基于 9 月 14 日的区间满载率预测数据对全路网状态评估。

在路网分级过程中，需要先利用 DBSCAN 算法确定最佳聚类数目和求解 GMM 采用 EM 算法的初始值，然后将聚类数目和初始值输入 GMM 中进行聚类，实现路网状态的分级。由于指标之间具有一定的数量级偏差，为了使聚类中路

网状态评价指标权重一致，在聚类之前，需要对路网状态评价指标进行标准化处理。

由于 DBSCAN 算法调节参数过于敏感复杂，而且只需确定最佳聚类数目和 EM 算法的初始值，因此利用轮廓系数和均方差聚类评价指标进行交叉确定最佳聚类数目。在聚类中，轮廓系数越大，均方差越小，聚类效果越好。如图 5-7 所示，当 $K=5$ 时，均方差为下降速度最快，而且该点位于这条线的拐肘处。此时，轮廓系数的值约为 0.362，也是最大值。因此，$K=5$ 是最佳聚类数。

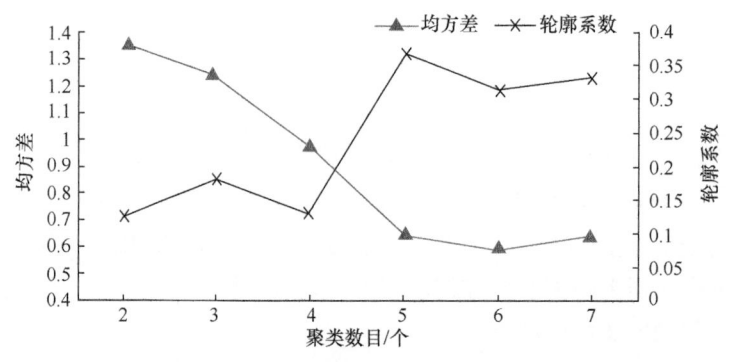

图 5-7 基于 DBSCAN 的路网聚类数目与评价指标的关系

通过 DBSCAN 算法确定最佳聚类数目和 EM 初始值后，将其输入 GMM 聚类进行路网状态指标分级。通过表 5-3 中的聚类效果评估，改进的 GMM 聚类性能有很大的提高，轮廓系数从 0.329 增加到 0.546，均方差从 0.527 减少到 0.499。基于 DBSCAN 算法改进 GMM 模型的同时，还优化了 EM 算法的初始值，可以有效地避免陷入局部极值。

表 5-3 两种聚类方法的结果评价

聚类方法	轮廓系数	均方差
基于 DBSCAN 的 GMM 聚类	0.546	0.499
GMM	0.329	0.527

基于区间满载率的预测数据，计算得到高满载率区间比例和满载率分布熵。9月14日北京地铁6：30～11：00 的路网状态评估结果如表 5-4 所示。如表 5-4 所示，北京地铁在 8：00～8：15 和 8：15～8：30 时段内的路网状态为 E 级，表示在此评估时段路网处于最拥挤的水平。此外，从 7：30～8：00 和 8：30～9：00 的地铁网络状态为 D 级，即路网处于相对拥挤状态。根据北京地铁的路网状态评估结果显示，9月14日早高峰拥挤时段为 7：30～9：00。因此，需要在此拥挤时段内进一步识别路网关键车站，为制定车站防控措施提供基础。

表 5-4　北京地铁 6：30～11：00 的路网状态评估结果

评估时段	高满载率区间比例	满载率分布熵	评估状态
6：30：00~6：45：00	0.0013	1.4392	A
6：45：00~7：00：00	0.0027	1.7004	A
7：00：00~7：15：00	0.0221	1.8795	B
7：15：00~7：30：00	0.0415	2.0584	C
7：30：00~7：45：00	0.1127	2.2044	D
7：45：00~8：00：00	0.1440	2.3505	D
8：00：00~8：15：00	0.1815	2.4143	E
8：15：00~8：30：00	0.1989	2.4781	E
8：30：00~8：45：00	0.1622	2.4117	D
8：45：00~9：00：00	0.1255	2.3453	D
9：00：00~9：15：00	0.0899	2.2293	C
9：15：00~9：30：00	0.0544	2.1132	C
9：30：00~9：45：00	0.0307	2.0076	B
9：45：00~10：00：00	0.0070	1.9020	B
10：00：00~10：15：00	0.0049	1.8195	B
10：15：00~10：30：00	0.0028	1.7370	A
10：30：00~10：45：00	0.0014	1.6494	A
10：45：00~11：00：00	0.0002	1.5616	A

5.3　基于密度聚类的轨道交通关键车站状态识别方法

5.3.1　车站状态评价指标构建

本节将到达列车平均满载率和车站各线路平均客流量作为车站状态评价指标。到达列车平均满载率是由单位评估时间内列车运载能力和通过车站断面的客流量共同决定的，到达列车平均满载率越大，列车车厢的人数越多，车厢越拥挤，进而本车站上车人数越少，车站越拥挤。到达列车平均满载率为

$$L_{i,t} = \frac{\sum_{n=1}^{N_{\text{train}}} \frac{\phi_n}{\lambda_n}}{N_{\text{train}}} \tag{5-24}$$

其中，$L_{i,t}$ 为在单位评估时间 t 内车站 i 的到达列车平均满载率；N_{train} 为在单位评估时间 t 内通过车站 i 的列车数目；ϕ_n 为在单位评估时间 t 内的第 n 列车上的乘客人数；λ_n 为每列车额定运载乘客的数目。

车站各线路平均客流量主要由车站在单位评估时间内进站人数和换乘人数之和决定。一方面，由于车站类型不同，有的车站地处居民住宅区会产生较大的进站需求；有的车站为换乘枢纽会产生较大的换乘需求，因此需要综合考虑进站人数和换乘人数来计算车站到达人数。由于每个车站线路数目不同，即车站的运输能力不同，因此也会影响车站的拥挤状态。于是，车站各线路平均客流量为

$$C_{i,t} = \frac{N_{i,t}^{\text{in}} + N_{i,t}^{\text{tran}}}{M} \tag{5-25}$$

其中，$C_{i,t}$ 为在单位评估时间 t 内车站的各条线路平均客流量；$N_{i,t}^{\text{in}}$ 为在单位评估时间 t 内进入车站 i 的进站客流量；$N_{i,t}^{\text{tran}}$ 为在单位评估时间 t 内在车站 i 产生的换乘人数；M 为车站 i 内拥有的线路数目。

5.3.2 关键车站识别流程

关键车站识别过程涉及历史路网和车站状态分级、路网和车站预测状态评估，以及关键车站关联度分析这三个部分。关键车站前瞻性识别流程图如图 5-8 所示。

5.3.3 基于密度聚类形成关键车站区域

由于城市轨道交通车站之间具有一定的相关性，本节通过车站之间的 OD 分析关键车站之间的相关性。轨道交通路网中的车站众多，不仅需要通过分析车站之间的关联度来划分车站区域，还需要筛选出客流量较大的车站区域，即关键车站区域。为此，需要利用基于密度的聚类方法进行划分筛选，本书采用没有预定聚类数量的 DBSCAN 算法筛选路网关键车站和划分关键车站区域。

在路网中，车站之间的关联度一般是由路网拓扑结构和车站间的 OD 共同决定的，但是路网拓扑结构在客流高峰期间的决定性作用不是很大，主要是体现在车站间的 OD 量。因此，如何有效地利用车站间 OD 量作为指标来衡量车站间的关联程度是十分重要的。车站之间的 OD 量越大，说明两个车站之间具有客流拥

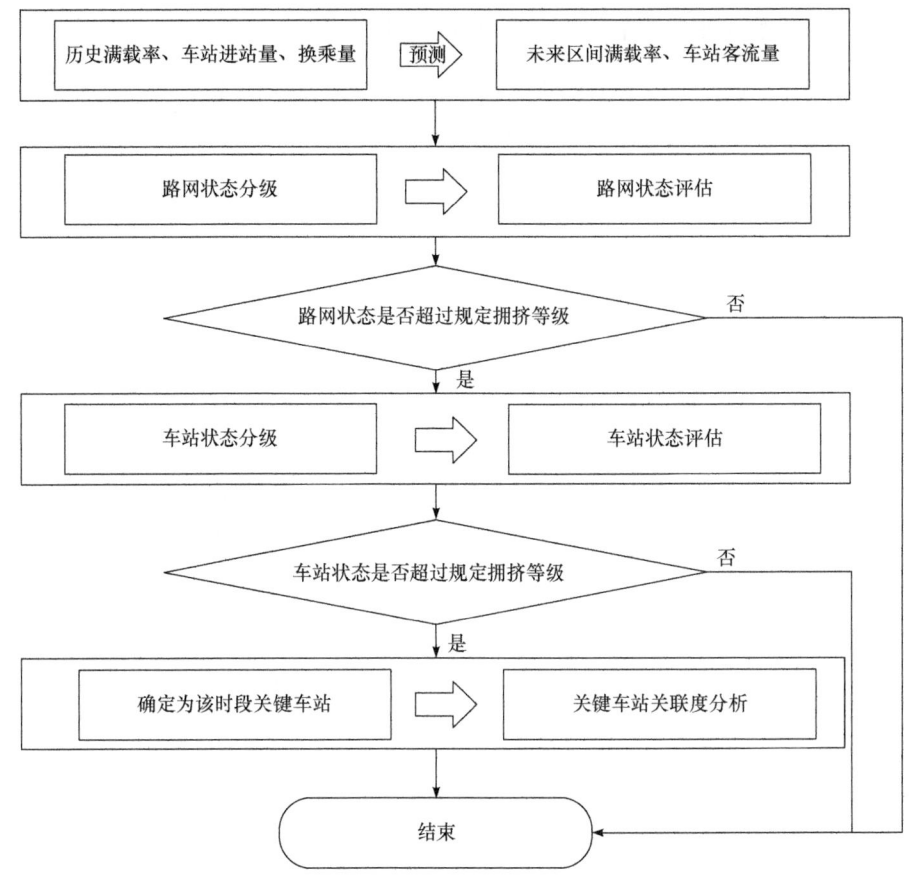

第五章　面向数据驱动的轨道交通路网状态识别方法　　·171·

图 5-8　关键车站前瞻性识别流程图

挤传播现象，则车站之间的关联性越强。

为了确定关键车站的区域，我们基于车站之间的客流量 f_{ij}(OD 量)，在建立车站 OD 量转移矩阵时，需要将输入聚类的转移矩阵进行如式(5-26)所示的实对称化处理。在关键车站区域识别过程中，与 DBSCAN 中传统的地理距离度量恰好相反，车站之间 OD 流量大的车站容易形成同一聚类，因此需要在式(5-27)中继续将 $g_{i,j}$ 转换成 $g'_{i,j}$，以实现较大的车站 OD 量会形成同一聚类。最后，基于 DBSCAN 聚类结果将识别和划分为关键车站区域，即

$$g_{ij} = f_{ij} + f_{ji}, \quad i,j \in S \tag{5-26}$$

$$g'_{i,j} = \max_{i,j \in S} g_{i,j} - g_{ji}, \quad i,j \in S \tag{5-27}$$

其中，$g_{i,j}$ 为变换后的 OD 量。

5.3.4 基于线性回归验证车站关联度分析有效性

为了验证 DBSCAN 算法识别关键车站区域的有效性，我们提出基于线性回归车站客流来源贡献度概念，已知确定一个车站(D 站)为目的地，可以将其客流来源车站(O 站)进行统计。在统计的时间段内，车站之间的 OD 客流量占目的地车站总出站量的比例可以称为车站客流来源度，即

$$\beta_{ij} = \frac{q_{ij}}{\sum_{i=1}^{N} q_{ij}} \tag{5-28}$$

其中，β_{ij} 为车站 i 到车站 j 之间的客流来源度；q_{ij} 为从车站 i 到车站 j 之间的 OD 量。

通过车站客流来源度排序，筛选排名前几的车站，证明这些车站之间具有关联性，容易形成关键车站区域，从而验证聚类形成关键车站区域的有效性。

5.3.5 案例分析

1. 车站状态分级和评估

根据路网评估结果确定拥挤时段是 7：30～9：00。为了提高车站状态识别的准确性，本节对拥挤时段的全路网车站状态指标通过改进后的 GMM 聚类来分级确定阈值，然后进一步识别各时段的关键车站。车站状态分级和评估的过程如下。首先，建立到达列车平均满载率和车站各线路平均客流量作为车站评价指标。然后，基于 DBSCAN 改进的 GMM 聚类对历史车站状态数据训练分级。最后，基于分级结果和车站状态预测数据通过 KNN 算法评估车站状态确定在各个拥挤时段内的关键车站。

将车站评价指标数据标准化处理后，通过 DBSCAN 算法确定最佳聚类数目和 EM 算法的初始值。如图 5-9 所示，可以确定 $K=4$ 是最佳聚类数。

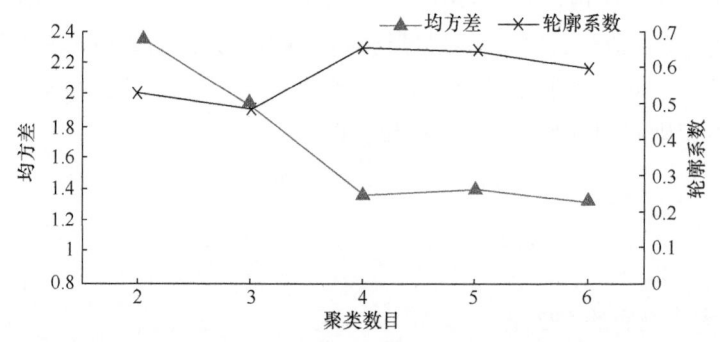

图 5-9 基于 DBSCAN 的车站聚类数目与评价指标的关系

通过表 5-5 中的聚类效果评估，改进的 GMM 聚类性能有了很大提高，轮廓系数从 0.254 增加到 0.575，均方差从 0.917 减少到 0.834。基于 DBSCAN 算法改进的 GMM 模型还优化了 EM 算法的初始值，可以有效避免陷入局部极值的缺点。

表 5-5　两种聚类方法的结果评价

聚类方法	轮廓系数	均方差
基于 DBSCAN 的 GMM 聚类	0.575	0.834
GMM 聚类	0.254	0.917

基于城市轨道交通车站状态评价指标的分类结果和车站预测状态数据，利用 KNN 方法对车站预测状态进行评估。9 月 14 日 7：30～7：45 的国家图书馆站，基于预测数据计算得出车站各线平均客流量为 3508 人，且列车平均到达满载率为 0.492。

2. 关键车站单时段识别评价

如表 5-6 所示，7：30～7：45 这时段内共识别出 42 个关键车站，其中处于 D 等级的车站是宋家庄站和惠新西街南口站，是本时段内最拥挤的车站，且都在 5 号线和 10 号线上；其余 40 个车站为 C 等级，是较拥挤的车站。在识别的关键车站结果中，共有两种类型的关键车站，即居民住宅区非换乘站和换乘客流较大的换乘站。其中，有 12 个居民住宅区的非换乘站，这些车站大多处于远郊线路上，早高峰有较大的进站客流，从而造成站台拥挤；其余的 30 个关键车站都为换乘站。这些换乘站中的换乘客流较大和列车到达车站后剩余载客能力不足，导致换乘站的换乘通道和站台拥挤。

表 5-6　北京地铁 7：30～7：45 关键车站识别结果

车站	所在线路	车站各线路平均客流量/(人/15min)	到达列车平均满载率	评估状态
北京南站	4、14	2629	1.245	C
北土城	8、10	2403	0.736	C
北运河西	6	2241	0.211	C
朱辛庄	8、昌平线	2071	1.241	C
草房	6	2304	0.910	C
崇文门	2、5	2388	0.983	C
磁器口	5、7	2402	0.900	C

续表

车站	所在线路	车站各线路平均客流量/(人/15min)	到达列车平均满载率	评估状态
公益西桥	4	4084	1.201	C
宋家庄	5、10、亦庄线	4539	0.850	D
惠新西街南口	5、10	3913	1.068	D
公主坟	1、10	2702	0.922	C
郭公庄	房山线、9	3693	1.122	C
国家图书馆	4、9	3508	0.492	C
国贸	1、10	2732	0.794	C
海淀黄庄	4、10	3029	0.623	C
呼家楼	6、10	3431	1.073	C
回龙观	13	3387	0.467	C
霍营	8、13	3301	0.788	C
建国门	2、1	2325	0.725	C
角门西	4、10	3221	1.050	C
金台路	14、6	2573	1.100	C
劲松	10	3296	0.692	C
九龙山	14、7	2197	0.572	C
立水桥	5、13	3116	0.696	C
六里桥	9、10	2755	1.194	C
龙泽	13	2935	0.665	C
苹果园	1	2666	0.045	C
芍药居	10、13	2292	0.750	C
十里河	14、10	2625	0.584	C
四惠	1、八通线	2986	0.414	C
四惠东	1、八通线	3055	1.026	C
天通苑	5	3495	0.293	C
天通苑北	5	2850	0.036	C
望京	14、15	2378	0.958	C
物资学院路	6	2454	0.653	C
西二旗	昌平线、13	3218	1.175	C
西苑	16、4	2531	0.656	C
西直门	2、4、13	3569	0.545	C

续表

车站	所在线路	车站各线路平均客流量/(人/15min)	到达列车平均满载率	评估状态
新宫	4	2404	1.093	C
宣武门	4、2	2489	1.297	C
知春路	10、13	2573	1.019	C

如图 5-10 和图 5-11 所示，为了清晰显示每条线路中关键车站的类型，图中非换乘车站为三角标记，换乘车站未标记，而且换乘站在其所属的两条线路中均展示出来。我们对关键车站的状态指标进行如下分析。

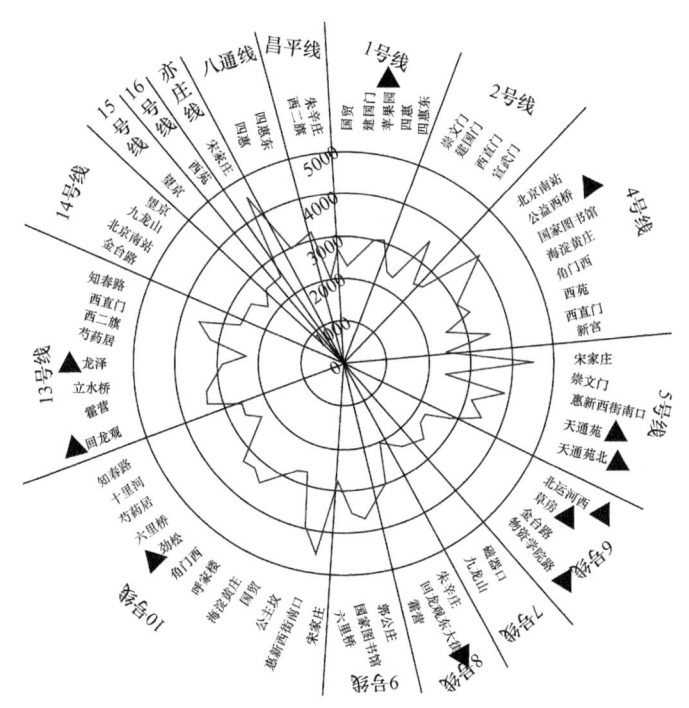

图 5-10　7：15～7：30 车站各线路平均客流量雷达图

(1) 车站各线路平均客流量

如图 5-10 所示，在 7：15～7：30，13 号线和 10 号线车站各线路平均客流量明显大于其他几条线路的车站。对于 13 号线，因为这条线路吸引周边居民区的客流，如龙泽、回龙观和回龙观东大街车站都会产生大量的进站客流需求，所以导致车站及区间的客流量增加。另外，昌平线的市郊客流也会流入 13 号线，使 13 号线换乘客流也增加；该时段内 13 号线在路网中的客流拥挤水平很高。对于 10 号线，主要是因为此线路是环形线路，基本吸纳周围八通线、亦庄线、房山线等的城郊客流,而且在 10 号线中关键车站基本为换乘车站,说明主要是换乘客流大导致的,因此 10 号线也是此时间段内最为繁忙的线路。

综上所述,车站各线路平均客流量大的车站通常存在大量换入客流的换乘站,或者是具有大量乘客出行的起点车站,即居民住宅区的附近车站。

(2) 列车平均到达满载率

如图 5-11 所示,在 7:30~7:45,识别出换乘关键车站的列车平均到达满载率基本都大于 0.8,非换乘关键车站的居民区车站列车平均到达满载率均比较小,10 号线和 4 号线的车站列车到达满载率明显大于其他线路。对于 10 号线,本线路为环形线路,早高峰由于吸纳大量的远郊客流,而且这部分客流基本会选择沿环线到达目的地,10 号线路列车平均到达满载率很大。对于 4 号线,这是一条贯穿南北的地铁线路,承担大量的北上工作的市郊客流,造成列车平均到达满载率较大。

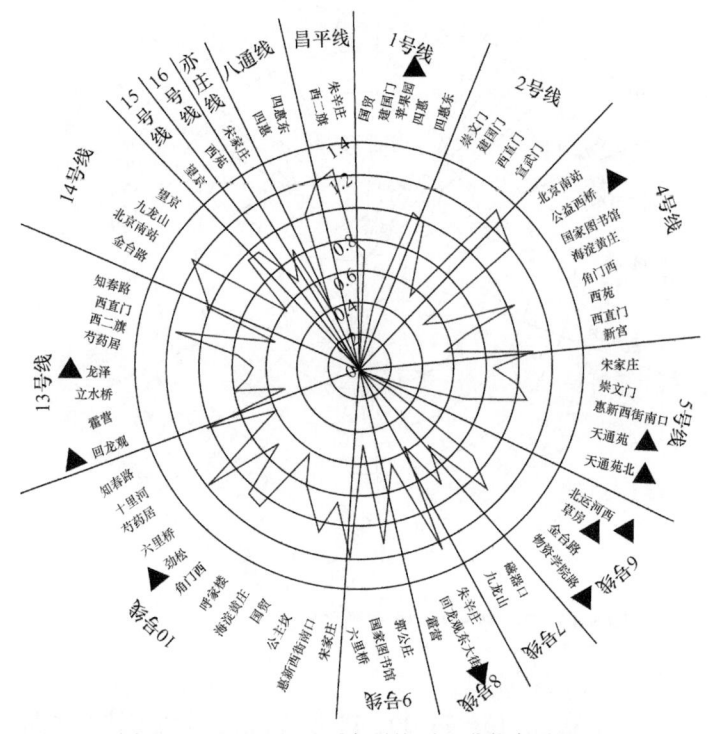

图 5-11 7:30~7:45 列车平均到达满载率雷达图

综上所述,列车平均到达满载率的车站通常存在大量换入客流的换乘站。

3. 关键车站多时段识别评价

基于车站分级结果和车站状态预测数据,对于 9 月 14 日早高峰 7:30~9:00

各个时段的关键车站识别，我们将状态 C 和 D 等级的车站均称为关键车站。利用 KNN 算法对所有车站进行评估。如表 5-7 所示，随着时间的变化，处于 D 等级的车站呈先增加后减少的趋势。在早高峰初期的 7：30～7：45，关键车站主要为换乘站和居民住宅区的非换乘站。该时间段内由于早高峰的居民开始从城郊乘车到达市中心，居民住宅区的非换乘车站容易成为关键车站。在早高峰中期的 7：45～8：30，关键车站数目逐渐增多，且基本为市中心的换乘车站。这是多数客流已经达到城市中心导致的。

表 5-7　北京地铁 7：30～9：00 关键车站识别结果

时间段	关键车站
7：30～7：45	北京南站、北土城、北运河西、朱辛庄、草房、崇文门、磁器口、公益西桥、宋家庄、惠新西街南口、公主坟、郭公庄、国家图书馆、国贸、海淀黄庄、呼家楼、回龙观、回龙观东大街、霍营、建国门、角门西、金台路、劲松、九龙山、立水桥、六里桥、龙泽、苹果园、芍药居、十里河、四惠、四惠东、天通苑、天通苑北、望京、物资学院路、西二旗、西苑、西直门、新宫、宣武门、知春路
7：45～8：00	北京南站、北土城、菜市口、草房、磁器口、大屯路东、大望路、东单、东四、公益西桥、公主坟、郭公庄、国家图书馆、国贸、海淀黄庄、海淀五路居、呼家楼、回龙观、回龙观东大街、惠新西街南口、霍营、积水潭、建国门、角门西、金台路、劲松、九龙山、军事博物馆、立水桥、六里桥、龙泽、苹果园、芍药居、十里河、四惠、四惠东、宋家庄、天通苑、天通苑北、望京、物资学院路、西二旗、西苑、西直门、知春路
8：00～8：15	北土城、菜市口、崇文门、磁器口、大屯路东、大望路、东单、公益西桥、公主坟、郭公庄、国家图书馆、国贸、海淀黄庄、海淀黄庄、呼家楼、回龙观、回龙观东大街、惠新西街南口、霍营、建国门、角门西、金台路、劲松、九龙山、立水桥、六里桥、龙泽、芍药居、十里河、四惠、四惠东、宋家庄、天通苑、天通苑北、望京、西二旗、西苑、西直门、知春路
8：15～8：30	北土城、磁器口、大屯路东、大望路、公益西桥、公主坟、郭公庄、国家图书馆、国贸、海淀黄庄、呼家楼、回龙观、回龙观东大街、惠新西街南口、霍营、建国门、角门西、金台路、劲松、立水桥、龙泽、芍药居、十里河、四惠、四惠东、宋家庄、天通苑、天通苑北、望京、西二旗、西直门、知春路
8：30～8：45	北土城、国家图书馆、国贸、海淀黄庄、呼家楼、回龙观、惠新西街南口、霍营、金台路、劲松、立水桥、龙泽、芍药居、十里河、四惠、四惠东、宋家庄、天通苑、天通苑北、望京、西二旗、西直门
8：45～9：00	国贸、海淀黄庄、呼家楼、惠新西街南口、霍营、金台路、立水桥、四惠东、宋家庄、天通苑、天通苑北、望京、西二旗、西直门

为了显示关键车站状态在早高峰期间多时段的动态变化，利用热力图表示关键车站早高峰的车站状态指标变化。对于车站各线路平均客流量，结果如图 5-12 所示。关键车站的各线路平均客流量在纵向时刻的变化具有相同趋势，均先增加后减少，如公益西桥、宋家庄、西直门等关键车站在 7：45～8：00 客流量达到最大值，然后再逐渐减少；从热力图的横向来看，有一些关键车站具有明显较大的

客流量，如西二旗、宋家庄、公益西桥和惠新西街南口等。这些车站是连接城郊线路和中心环线的枢纽车站，其换乘客流是造成车站拥挤的主要客流。因此，多时段的车站客流量评价对关键车站制定灵活的客运组织措施具有一定的意义。

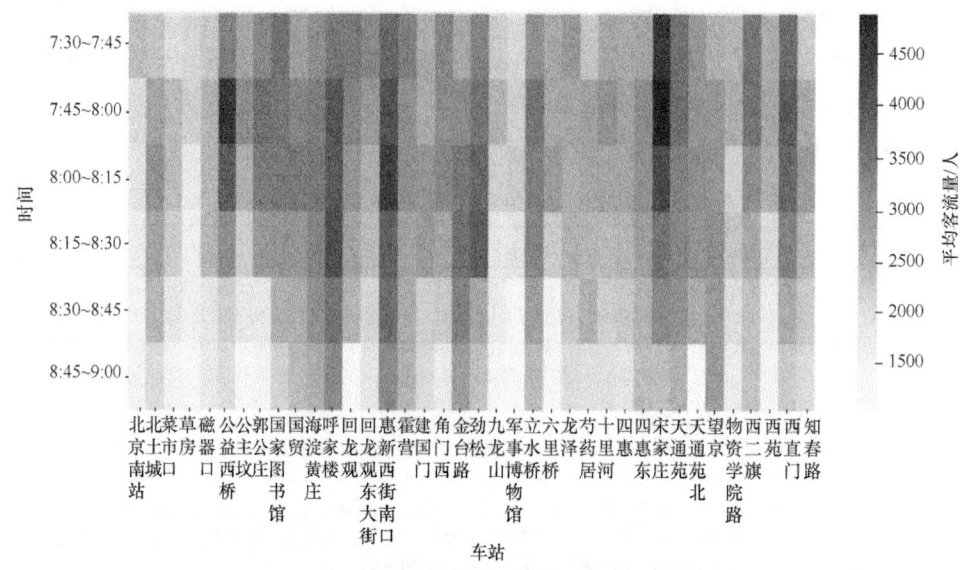

图 5-12 早高峰关键车站的车站各线路平均客流量热力图

对于车站的列车平均到达满载率，结果如图 5-13 所示。每个关键车站从纵向时刻来看，同一车站不同时间段的列车平均到达满载率差别比较小。这是由于列车平均到达满载率在早高峰期间受时间的影响较小，更多的是车站在路网的位置决定其列车平均到达满载率大小。另外，从热力图的横向来看，在关键车站中，如菜市口、西二旗等换乘站列车到达满载率基本都大于 0.8。这是由于客流早高峰需要在车站换乘，间接导致车站客流拥堵。像天通苑、草房等非换乘的居民区车站，其列车达到满载率一般较小，车站拥挤主要受进站客流影响。因此，早高峰期间列车平均到达满载率多时段评价对于关键车站制定有针对性的客运组织措施具有一定的意义。

4. 关键车站空间关联度分析

关键车站的识别评价在时间上有一定的变化性。为了进一步研究关键车站在空间上位置的关联性，需要对车站进行一定的区域划分。利用 DBSCAN 聚类的方法将早高峰期间车站 OD 量作为衡量指标，识别并筛选出关键车站区域，从而为关键车站之间的协同采取制定客运组织措施提供基础。

(1) 关键车站区域识别

通过建立车站 OD 邻接矩阵，基于 DBSCAN 聚类识别筛选来划分关键车站

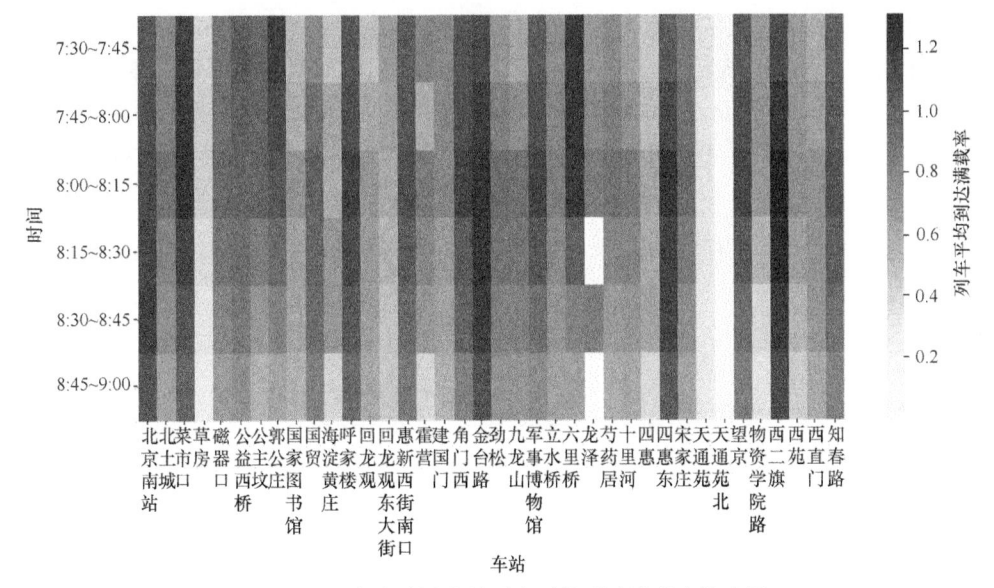

图 5-13 早高峰关键车站列车平均到达满载率热力图

区域。由于识别早高峰路网拥挤时段为 7:30～9:00，因此我们选择 2018 年 9 月 12 日这一时段的 AFC 数据识别关键车站之间的空间关系。首先，建立 327×327 车站 OD 邻接矩阵，通过聚类指标得出最佳的聚类结果。在北京地铁路网的 327 个车站中，通过 DBSCAN 聚类形成 6 个关键车站区域，其中形成聚类的车站共有 40 个，其中最大的聚类由 17 个关键车站组成。其他 291 个站点没有识别出相关性，而是形成仅由一个车站组成的区域。这是因为较多车站去向的客流 OD 量很小，有时基本为零。这造成聚类样本向量呈现严重的稀疏性，因此这 291 个车站没有识别形成聚类。综上所述，经过聚类后，在北京地铁路网中总共确定 297 个具有地理边界的区域。

如图 5-14 所示，共有 6 个关键车站区域。在这 6 个区域中，识别出远郊居民住宅区关键车站的相关性，并形成关键的车站区域，可以考虑利用车站之间的相互关系协同客流控制等。对于形成的最大聚类，即路网中最大的关键车站区域共有 17 个关键车站。关键车站区域由以西二旗为中心的 13 号线、昌平线和 5 号线的部分关键车站组成。这表明，13 号线和昌平线的关键车站具有一定的相关性，可以形成一个关键车站区域，从而协同采取防范措施。

经过聚类识别可以形成以西二旗为中心的关键车站区域。为了验证其识别的有效性，可利用线性回归计算早高峰以西二旗车站为目的地的客流来源度。通过 7:30～9:00 西二旗车站的各个车站客流来源贡献度统计，可以发现大部分车站的总体客流来源具有典型的长尾效应，即以西二旗为目的地的客流只存在少部分贡献度较大的来源车站。车站出站量大部分由众多的小比例流向构成。根据图 5-15 中的曲线转折点可以筛选出前 19 个车站与西二旗车站关联度较大。如表 5-8 所示，这 19 个车站与 DBSCAN 聚类识别出的以西二旗为中心的关键车站区域中的车站基本一致，因此进一步验证了本节识别关键车站区域方法的有效性。

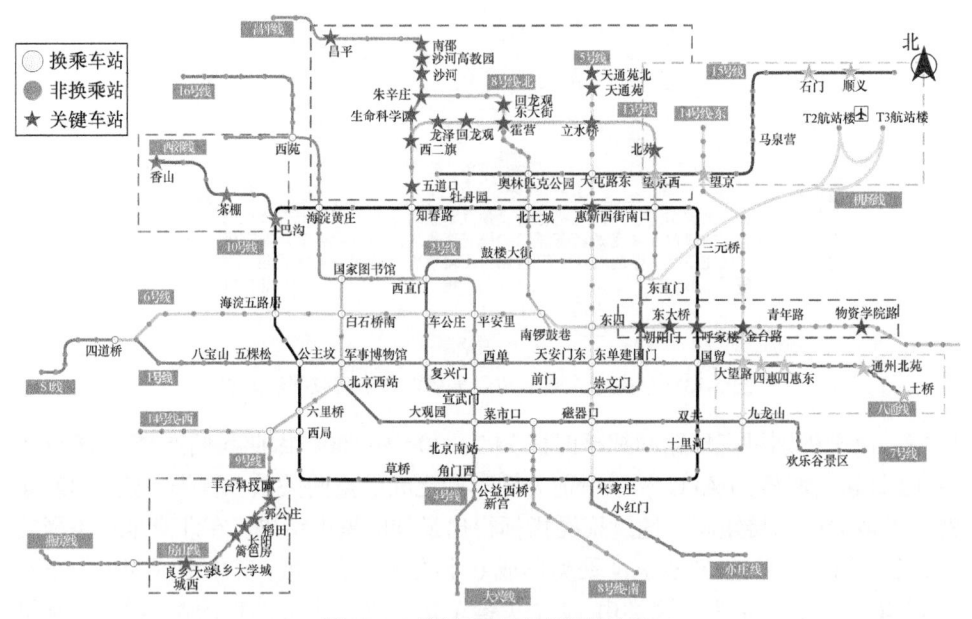

图 5-14 关键车站区域识别结果

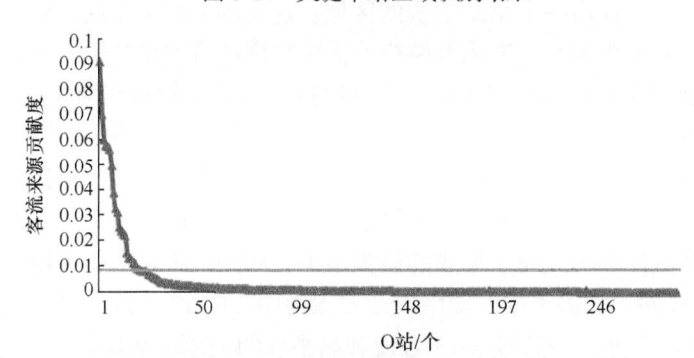

图 5-15 西二旗车站出站量的客流来源分布

表 5-8 西二旗客流来源分布

O 站	D 站	OD 量/人	客流来源贡献度
沙河	西二旗	3121	0.092
霍营	西二旗	2406	0.071

续表

O 站	D 站	OD 量/人	客流来源贡献度
回龙观	西二旗	2077	0.061
朱辛庄	西二旗	1988	0.058
立水桥	西二旗	1984	0.058
沙河高教园	西二旗	1937	0.057
昌平	西二旗	1722	0.051
龙泽	西二旗	1348	0.040
南邵	西二旗	1135	0.033
回龙观东大街	西二旗	1087	0.032
天通苑	西二旗	894	0.026
天通苑北	西二旗	839	0.025
北苑	西二旗	804	0.024
生命科学园	西二旗	775	0.023
平西府	西二旗	534	0.016
五道口	西二旗	464	0.014
望京西	西二旗	455	0.014
昌平东关	西二旗	405	0.012
大钟寺	西二旗	386	0.011

(2) 与现有的研究对比

李明高等[9]和王卫东等[10]均采用复杂网络理论和熵权-TOPSIS 进行关键车站综合评价,同时以北京地铁作为案例来分析。识别结果与其有相似之处,这表明我们的结果具有一定的可靠性,但是在指标的构建、分级确定,以及识别结果时空性分析具有一定的区别。

① 李明高等[9]的研究中,关键车站识别结果中不仅包括西二旗、知春路等的换乘车站,还包括如回龙观等非换乘的居民区车站。我们的研究结果中也同时挖掘出这些换乘关键车站和非换乘居民区车站,因此证明结果具有一定的可靠性,并且与已有研究结果是一致的。

② 李明高等[9]是基于历史数据仿真后识别关键车站排名,而我们是基于状态指标预测和历史状态指标数据分级结果来识别未来路网关键车站,具有一定的前瞻性。这更有助于运营者前瞻性地采取客运组织措施来防控风险。

③ 王卫东等[10]主要从早高峰分时段进行指标综合评价,得到车站的重要度排名,而不能得知具体车站受哪一种指标影响因素更强。我们按照车站客流量和列车平均到达满载率指标评价关键车站,可以帮助运营者根据具体影响关键车站因素不同而更有针对性地采取客运组织措施。

④ 李明高等[9]和王卫东等[10]主要从早高峰分时段进行指标综合评价得到车站的重要度排名，不能得知哪些关键车站在早高峰期间具有空间关联性。我们重点识别了以西二旗为中心的关键车站区域，可以在区域内进行协同，采取防范风险措施缓解路网拥挤。

5.4 本章小结

本章提出基于数据驱动的地铁关键车站拥堵识别，采用谱聚类和改进后的GMM识别方法，建立对于车站拥堵的评估指标，进而对于路网中的关键车站进行识别。谱聚类识别方法主要在换乘网络进行谱聚类，并寻求最优划分。在改进后的GMM识别方法中，首先构建城市轨道交通路网状态评价指标，以及车站状态评价指标。其次，结合GMM、EM算法和DBSCAN聚类，提出基于DBSCAN的GMM聚类方法，对路网评价指标、车站评价指标进行分级。最后，在评价指标分级结果的基础上，利用KNN算法对路网状态进行评估，利用DBSCAN根据OD量对车站进行关联度分析形成关键区域。识别路网中的关键限流车站，可以为进一步确定路网协同限流的限流车站和限流强度打下良好的基础[11]。

参 考 文 献

[1] 蔡晓妍, 戴冠中, 杨黎斌. 谱聚类算法综述. 计算机科学, 2008, (7): 14-18.

[2] 赵若愚. 拥挤条件下城市轨道交通客流诱导方法与系统研究——以广州地铁为例. 北京: 北京交通大学, 2019.

[3] 权经超. 基于数据驱动的城市轨道交通路网协同限流研究. 北京: 北京交通大学, 2019.

[4] 邵长龙, 孙统风, 丁世飞. 基于信息熵加权的聚类集成算法. 南京大学学报(自然科学版), 2021, 57(2): 189-196.

[5] Ester M, Kriegel H P, Sander J, et al. A density-based algorithm for discovering clusters in large spatial databases with noise. KED, 1996, 96(34): 266-231.

[6] 李晓璐, 于昕明, 郗艳红, 等. 基于DBSCAN算法的城轨车站乘客聚集特征分析. 控制与决策, 2019, 34(1): 18-24.

[7] 马宏兴. 基于K-近邻准则的若干模式分类方法研究. 西安: 陕西师范大学, 2018.

[8] 石欣, 印爱民, 张琦. 基于K最近邻分类的无线传感器网络定位算法. 仪器仪表学报, 2014, 35(10): 2238-2247.

[9] 李明高, 杜鹏, 朱宇婷, 等. 城市轨道交通换乘节点与网络运行效率关系研究. 交通运输系统工程与信息, 2015, 15(2): 48-53.

[10] 王卫东, 杜香刚, 钟晟. 城市轨道交通评价指标权重模糊决策方法. 中国铁道科学, 2009, 30(1): 118-121.

[11] 张亚敏. 基于数据驱动的城市轨道交通路网关键车站识别方法研究. 北京: 北京交通大学, 2021.

第六章 基于强化学习的轨道交通路网协同限流方法

6.1 城市轨道交通路网协同限流模型建立

6.1.1 符号定义

本章模型符号与定义如表 6-1 所示。

表 6-1 本章模型符号与定义

符号	定义
m	车站集合,$m=1,2,\cdots,M$
n	列车集合,$n=1,2,\cdots,N$
Δt	时间间隔
q_m^o	车站 m 进站口处等待进站的乘客数量
q_m^e	车站 m 进站口处进入车站的乘客数量
$q_{m,n}^p$	在列车 n 到达车站 m 后,车站 m 站台候车的乘客数量
$q_{m,n}^b$	在列车 n 到达车站 m 后,从车站 m 站台上车进入列车 n 的乘客数量
$q_{m,n}^a$	在列车 n 到达车站 m 后,从列车 n 下车到达车站 m 站台的乘客数量
$q_{m,n}^d$	在列车 n 离开车站 m 后,未从车站 m 站台上车进入列车 n 的乘客数量
$q_{m,n}^{\text{allow}}$	在列车 n 到达车站 m 前,允许进入列车 n 内的乘客数量
$q_{m,n}^{in}$	在列车 n 到达车站 m 后,列车 n 内的乘客数量
r_m^{ar}	车站 m 的乘客到达率
$\eta_{m,n}$	在列车 n 到达车站 m 时,列车 n 的乘客下车率
A_m	车站 m 站台的有效面积
θ_m	车站 m 站台的站台密度
$Q_{m,\max}^e$	车站 m 的最大进站乘客数量
$Q_{m,\min}^e$	车站 m 的最小进站乘客数量
Q_n	列车 n 最大容纳的乘客数量
a_m	车站 m 进站口处的限流比例

6.1.2 模型假设

为简化城市轨道交通路网协同限流模型的建模过程，针对其构建过程进行以下几点假设。

① 各车站乘客到达率保持不变，即客流需求保持不变，而且乘客不会因车站采取限流措施而离开。

② 简化乘客的进出站过程，只对站外限流、进站、候车、上下车、站台滞留和出站等过程进行分析。

③ 根据列车时刻表行车，列车在区间运行的时间和在站台停站的时间不变，并且不存在晚点现象。

④ 乘客在上下车过程中需要服从先下后上的乘车原则。

⑤ 假设出站乘客下车后及时出站，不在站台和站厅停留，并忽略出站乘客对站台和站厅拥挤人数的影响。

⑥ 站台候车乘客上车行为仅受列车剩余能力影响，不考虑乘客在列车能力允许的情况下故意不上车的特殊行为。

6.1.3 目标函数

为确保城市轨道交通路网的运输能力得到最大利用、运营收益最大化，我们选取各车站服务人数作为目标函数中的变量，但随着服务人数的增多，路网和车站的客流压力也会随之增大。为了避免客流压力增大造成的路网和车站的安全隐患，选取站台平均聚集人数为目标函数中的另一个变量，对客流压力进行限制，进而确保路网能够安全运营。因此，以城市轨道交通路网各车站服务人数最大化、各车站站台平均聚集人数最小化为目标。除了考虑运营收益和运输能力，还考虑运营安全和乘客安全，即

$$R = \max \sum_{m=1}^{M} q_m^b - q_m^c \tag{6-1}$$

其中，q_m^b 为评估时段内车站 m 的服务人数，即车站 m 的上车人数；q_m^c 为评估时段内车站 m 的站台平均聚集人数。

车站服务人数是评估时间段内车站完成的输送人数，即车站的上车人数。该指标反映城市轨道交通车站的运营收益，服务人数越多，收益越多。

站台聚集人数表示评估时间段内站台内聚集的人数。该指标反映城市轨道交通车站的安全性，站台平均聚集人数越少，车站越安全。

6.1.4 约束条件

本节对乘客完成城市轨道交通出行服务的各个环节约束进行说明，包括客流

需求约束、限流约束、进站约束、站台约束、列车约束、上下车约束。乘客进站流程及约束如图 6-1 所示。

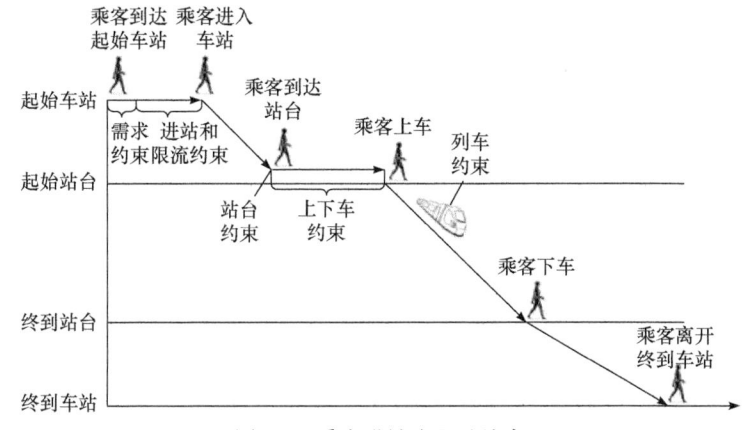

图 6-1 乘客进站流程及约束

1. 客流需求约束

乘客不会因限流措施而离开车站,所以乘客的进站需求只与乘客到达率和时间间隔有关,即

$$q_m^o = r_m^{ar} \Delta t \tag{6-2}$$

2. 限流和进站约束

限流和进站约束可控制车站进站口处进站乘客的数量,降低乘客的进站速度,避免站台拥挤乘客过多,进而确保车站和乘客的安全[1]。

① 车站内的乘客人数可由乘客到达规律和制定的限流方案共同决定。因为采取限流措施会导致部分乘客不能进站,所以进站的乘客数量为进站的乘客需求量与不能进站的乘客数量之差,未能进站的乘客数量为乘客需求量与限流比例(决策变量)的乘积,即

$$q_m^e = q_m^o (1 - a_m) \tag{6-3}$$

② 为均衡考虑城市轨道交通路网综合运输的效率和收益,除了对关键限流车站进行客流控制,还应考虑各车站的最小进站量,避免路网中部分车站的进站量为 0 的情况发生,因此客流需求需要满足最小进站需求约束。另外,由于城市轨道交通车站处于比较封闭的环境,各车站的进站人数会有一定限制,例如进站闸机的通过能力约束,因此还需要要求每个车站的进站乘客人数不超过车站的最大进站人数,即

$$Q_{m,\min}^e \leqslant q_m^e \leqslant Q_{m,\max}^e \tag{6-4}$$

③ 为保障城市轨道交通车站的安全，避免站台乘客过度拥挤，进站人数需要小于等于站台的剩余人数，即

$$q_m^e \leqslant A_m \theta_m - q_{m,n}^p \tag{6-5}$$

3. 站台容纳能力和列车剩余能力约束

目前，城市轨道交通车站内的大多数设备设施，以及在运行的列车都存在其自身的能力，出于安全考虑，应对设备设施和列车的能力进行约束。我们主要考虑站台容纳能力和列车剩余能力约束。

① 考虑车站站台自身的能力，在站台等待的人数需小于等于站台的容纳能力，站台容纳能力为站台密度与有效面积的乘积，即

$$q_{m,n}^p \leqslant A_m \theta_m \tag{6-6}$$

② 由于运行列车自身能力的约束，列车剩余人数应小于等于列车的容纳能力。考虑协同限流，列车到站时列车剩余能力还需大于 0，即

$$0 < q_{m,n}^{\text{allow}} \leqslant Q_n \tag{6-7}$$

4. 上下车约束

乘客进入车站后，需要到达车站站台进行候车。当列车到达车站时，列车下车乘客和站台上车乘客会发生位置的交换。此时，车站内主要存在两种行为，一种是列车内乘客下车进入站台的下车行为，可根据乘客 OD 的规律以一定比例计算在车站下车乘客的数量；另一种是在站台候车的乘客进入列车的上车行为，如果候车乘客的数量小于乘客下车后的列车的剩余能力，那么候车的乘客都可以上车，否则会出现乘客滞留的现象，即部分乘客不能上车，需继续在站台等候，直到下一辆列车进站。

① 列车到达 m_1 车站时的乘客数量，由到达 m_2 车站前的乘客数量减去 m_2 车站的下车乘客数量再加上 m_2 站的上车乘客数量计算得到，即

$$q_{m_1,n}^{\text{in}} = q_{m_2,n}^{\text{in}} - q_{m_2,n}^a + q_{m_2,n}^b \tag{6-8}$$

其中，m_2 车站为 m_1 车站的上一车站。

② 在列车停站期间，下车乘客数量可根据列车内乘客数量的比例进行计算。该约束考虑统计时段内乘客的 OD 规律，即

$$q_{m,n}^a = q_{m,n}^{\text{in}} \eta_{m,n} \tag{6-9}$$

③ 到达车站时的列车剩余能力可根据列车能够容纳的最大乘客数量减去列

车内的乘客数量得到，即

$$q_{m,n}^{\text{allow}} = Q_n - q_{m,n}^{\text{in}} \tag{6-10}$$

④ 考虑列车能力的约束，上车乘客的数量不能大于下车乘客的数量和列车剩余能力之和，并且上车乘客的数量与乘客下车后的列车剩余能力和站台候车乘客数量有关，由两者中较小的数值决定，即

$$q_{m,n}^{b} = \begin{cases} \tau q_{m,n}^{p}, & q_{m,n}^{p} \leqslant q_{m,n}^{\text{allow}} + q_{m,n}^{a} \\ \tau(q_{m,n}^{\text{allow}} + q_{m,n}^{a}), & q_{m,n}^{p} > q_{m,n}^{\text{allow}} + q_{m,n}^{a} \end{cases} \tag{6-11}$$

为缓解车站拥挤程度，列车到达拥挤车站时需要留有一定的列车剩余能力，对上一车站的上车人数进行控制，并且车站拥挤程度越高，列车到达该站时的列车剩余能力应越大，对上一车站的上车人数进行控制的程度应越大。τ 表示对上车人数的控制程度，其大小与下一车站的拥挤程度有关。

⑤ 由于列车能力的限制，未能上车的乘客数量即滞留乘客人数，由站台候车乘客的数量减去上车乘客的数量得到，即

$$q_{m,n}^{d} = \begin{cases} (1-\tau)q_{m,n}^{p}, & q_{m,n}^{p} \leqslant q_{m,n}^{\text{allow}} + q_{m,n}^{a} \\ q_{m,n}^{p} - \tau(q_{m,n}^{\text{allow}} + q_{m,n}^{a}), & q_{m,n}^{p} > q_{m,n}^{\text{allow}} + q_{m,n}^{a} \end{cases} \tag{6-12}$$

6.2 城市轨道交通路网协同限流模型求解

我们构建的路网协同限流模型的求解规模较大，若关键限流车站数量为 m，各车站的状态可分成 s 个等级，各车站可选择的限流强度有 a 个，则共有 $(a^s)^m$ 种方案，很难用传统的启发式算法进行求解，而强化学习在大规模动态优化问题求解上的效率、准确性均比较高，因此利用权经超[2]使用的 Q-learning 学习算法对协同限流模型进行求解，根据求解结果确定具体限流车站和限流强度，完成路网协同限流方案的定量制定。

智能体从环境状态到动作映射过程中的学习称为强化学习。其目的是最大化动作从环境状态中得到的奖赏值。常用的算法包括 Q-learning、深度强化学习网络、策略梯度算法等，其中 Q-learning 是强化学习算法中的经典算法，优点在于通俗易懂、效率较高，因此我们选择利用 Q-learning 学习算法对城市轨道交通路网协同限流模型进行求解。

Q-learning 学习算法是在随机动态过程中不依靠精确数学模型的一种强化学习方法。Q-learning 学习算法首先需要建立一张 Q-table 表，智能体通过不停

地与环境交互得到奖赏值,并根据奖赏值不断修改 Q-table 表,进而增大正奖赏值对应动作的选择概率,减少负奖赏值对应动作的选择概率。随着智能体与环境不停地交互,对活动策略集进行不断地修改,可不断对智能体的活动集进行优化。

在 Q-learning 学习算法中,除了智能体、环境,还包括状态、活动、奖励函数和 Q 值函数四个基本元素[2]。根据 Q-learning 学习算法的大概学习过程可以对以上四个基本元素进行分析。

① 状态。Q-learning 学习算法建立在马尔可夫模型的基础之上,整个学习过程是智能体在状态转移过程中不断优化的过程。

② 活动。在 Q-learning 学习算法的整个过程中,智能体最终的目的是依据状态转移的策略进行活动的选取,并通过采取活动对环境产生影响。通过不断学习,最终选取最佳的活动对整个系统进行优化。

③ 奖励函数。奖励函数在整个 Q-learning 学习算法过程中起奖惩的作用,主要体现在智能体进行活动选取之后对环境造成影响的反馈上。奖励函数可对当前状态选择活动的优劣进行评价,是活动选取的依据,通常以正数作为正奖赏,负数作为负奖赏。

④ Q 值函数。Q 值函数又称效用函数,是在状态转移和奖励函数之间形成的。如果仅凭奖励函数对活动进行决策,容易出现局部最优而非全局最优的情况。对状态转移的策略进行评估时应当采取对未来的最大奖励函数值作为评估标准,而 Q 值函数的远见性恰好起到对未来最大奖励值的评估作用。这使奖励函数更具有实际意义。

为了更好地利用 Q-learning 学习算法求解城市轨道交通路网协同限流模型,我们的智能体为 Q 值迭代,即 Q-table 的更新、环境为城市轨道交通路网仿真系统、状态为车站状态、活动为限流措施、奖励函数为城市轨道交通路网协同限流模型的目标函数。Q-learning 学习算法示意图如图 6-2 所示。

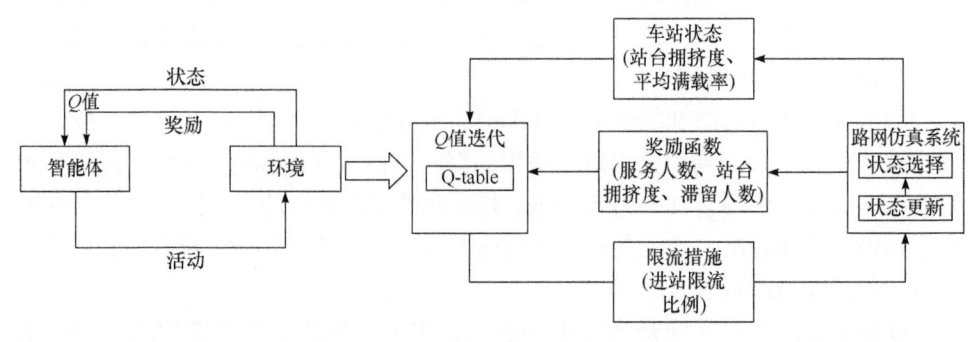

图 6-2 Q-learning 学习算法示意图

基于 Q-learning 学习算法求解城市轨道交通路网协同限流模型的步骤如下。

Step 1，初始化由关键限流车站状态与限流强度形成的 Q-table 矩阵。

Step 2，计算当前时段各关键限流车站的状态 state。

Step 3，为避免局部最优，利用贪婪算法，选择各关键限流车站在状态 state 下可能采取的限流强度 action。

Step 4，对各关键限流车站进行限流。

Step 5，调用城市轨道交通路网仿真系统。

Step 6，计算采取限流措施之后的奖励函数 reward。

Step 7，计算下一时段各关键限流车站的新状态 states。

Step 8，利用贝尔曼公式，更新关键限流车站状态与限流强度的 Q-table 矩阵。

Step 9，判断是否达到迭代次数，若未达到迭代次数，将采取限流措施后各关键限流车站的新状态 states 作为当前各关键限流车站的状态 state，并进入 Step 3；否则，终止迭代，输出各关键限流车站对应的限流强度。

状态集 S 表示关键限流车站的状态 $\{A, B, C, D, E\}$，利用构建的车站状态评价指标(站台拥挤度和到达列车的平均满载率)，以及 KNN 算法对各个关键限流车站的状态进行识别，并根据车站的状态等级对限流强度进行选择。

活动集 a 表示关键限流车站的限流强度 $\{0, 0.1, 0.2, 0.3, 0.4\}$，如果某时刻某车站进站客流量为 1000 人，限流强度为 $a = 0.2$，则只有 800 人可以进站，其余 200 人需要在站外排队等候进站。因此，有

$$\pi[a|s_t] = \frac{Q(m, s_t, a)}{\sum_{a \in A} Q(m, s_t, a)} \tag{6-13}$$

其中，$\pi[a|s_t]$ 为各限流强度的选择概率；Q 值越大，对应的限流强度被选择的概率越大。

贪婪算法又称贪心算法，是对最优问题进行求解的近似方法，具有无后向性。其基本思想是逐步逼近所求解的目标函数，在求解过程中，总是做出当前状态下的最佳选择，进而总体上达到最优。在城市轨道交通路网协同限流求解的限流强度选取中，利用贪婪算法选取当前车站状态所对应选择概率最大的限流强度对城市轨道交通路网客流进行限流，但容易出现一直选择某种限流强度的可能，即局部最优解。为避免求解结果为局部最优，我们在贪婪算法的基础上加入参数 ε，即只有 $1-\varepsilon$ 的概率选定 Q 取最大值时对应的限流强度。这样在贪婪规则的基础上增大其他限流强度被选择的概率，进而达到全局最优。为了平衡 Q-learning 算法中的探索与利用，初期参数 ε 应设为较大的值，随着迭代次数的增加，适当减小参数 ε 的取值。

奖励函数为城市轨道交通路网协同限流模型的目标函数，我们从城市轨道交

通车站运营的收益、安全性,以及限流效果角度出发,选取服务人数、站台平均聚集人数等指标对限流效果进行评价,即

$$R = q_m^b - q_m^c \tag{6-14}$$

其中,R 为评估时段内的奖励函数;q_m^b 为评估时段内车站 m 的服务人数,即车站 m 的上车人数;q_m^c 为评估时段内车站 m 的站台平均聚集人数。

服务人数越多、站台平均聚集人数越少,说明路网协同限流效果越好。

在迭代学习的过程中,我们使用贝尔曼公式对 Q 值进行推导,进而更新 Q-table,即

$$Q(m, s_t, a) = (1-\alpha)Q(m, s_t, a) + \alpha(R_m(s_t, a) + \gamma \max Q(m, s_{t+1}, a)) \tag{6-15}$$

其中,$\alpha \in [0,1]$ 为学习速率,α 越大,智能体 Q-table 迭代更新的效果越显著;$\gamma \in [0,1]$ 为折扣因子,折扣因子越大,未来状态的动作中最大效用值起到的作用就越大;$R_m(s_t, a)$ 为采取限流措施后,根据城市轨道交通路网仿真系统的结果得到的奖励值;$\max Q(m, s_{t+1}, a)$ 为下一刻关键限流车站状态下 Q-table 中所有限流强度对应值中的最大值。

6.3 案例分析

本节以广州地铁路网为背景,对城市轨道交通路网协同限流进行案例分析。为了在客运强度较大的情况下,保证地铁的安全运行,以及乘客的安全,在早晚高峰时段内对各线路的部分车站采取常态化的客流控制。广州地铁常态化客流控制车站如表 6-2 所示,其中辅控站主要配合主控站对客流进行控制,采用多站联控的形式缓解地铁拥堵。

表 6-2 广州地铁常态化客流控制车站

线路	主控站	辅控站
一号线	公园前、杨箕、黄沙、广州东站、体育西路	芳村、陈家祠、西门口
二号线	昌岗、海珠广场、公园前、嘉禾望岗	人和、高增
三号线	天河客运站、大石、珠江新城、林和西、广州东站、同和、嘉禾望岗、客村、体育西路、燕塘、沥滘	梅花园、京溪南方医院、龙归、永泰、人和、高增、厦滘、市桥、岗顶、华师、大石
四号线	车陂南、万胜围	车陂
五号线	车陂南、员村、珠江新城、杨箕、坦尾、鱼珠、区庄	大沙地、东圃、三溪

续表

线路	主控站	辅控站
六号线	坦尾、黄沙、植物园、天河客运站、沙贝、横沙站、浔峰岗、燕塘、区庄、海珠广场	
八号线	客村、昌岗、万胜围	晓港、宝岗大道、鹭江
十三号线	鱼珠	
十四号线	嘉禾望岗	人和、高增
广佛线	沥滘	厦滘、市桥、大石

根据关键限流车站识别的结果对识别出的 20 个关键限流车站进行协同限流，利用 Q-learning 学习算法进行求解。

如图 6-3 和图 6-4 所示，随着 Q-learning 学习算法迭代次数的增加广州地铁西朗站的 Q 值和损失函数均逐渐处于收敛状态。

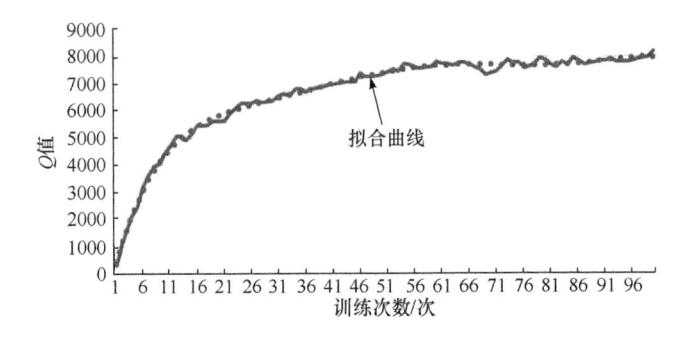

图 6-3　Q-learning 学习算法的 Q 值(西朗站)

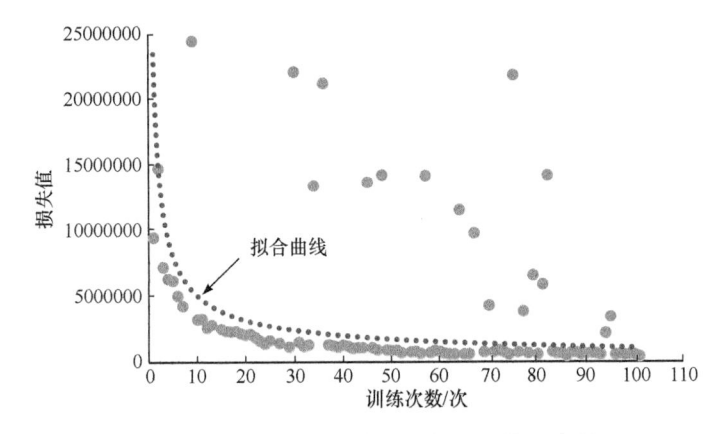

图 6-4　Q-learning 学习算法的损失函数(西朗站)

如表 6-3～表 6-6 所示，西朗站 7：45～8：00 的限流强度应为 10%，8：00～8：15 的限流强度应为 10%，8：15～8：30 的限流强度应为 10%，8：30～8：45 的限流强度应为 30%。由于采取限流措施后西朗站在 8：30～8：45 时间段的状态由 E 等级变为 D 等级，因此需要看表 6-5 中 D 等级最大 Q 值对应的限流比例。

表 6-3　7：45～8：00 西朗站求解结果

限流强度	0.0	0.1	0.2	0.3	0.4
A	0.0	0.0	0.0	0.0	0.0
B	0.0	0.0	0.0	0.0	0.0
C	0.0	0.0	0.0	0.0	0.0
D	613.697	1745.825	986.975	5097.177	549.928
E	6905.276	8192.537	7220.800	6840.320	5512.784

表 6-4　8：00～8：15 西朗站求解结果

限流强度	0.0	0.1	0.2	0.3	0.4
A	0.0	0.0	0.0	0.0	0.0
B	0.0	0.0	0.0	0.0	0.0
C	0.0	0.0	0.0	0.0	0.0
D	613.697	1745.825	986.975	5097.177	549.928
E	6905.276	8285.928	7220.800	6840.320	5512.784

表 6-5　8：15～8：30 西朗站求解结果

限流强度	0.0	0.1	0.2	0.3	0.4
A	0.0	0.0	0.0	0.0	0.0
B	0.0	0.0	0.0	0.0	0.0
C	0.0	0.0	0.0	0.0	0.0
D	613.697	1745.825	986.975	5097.177	549.928
E	6905.276	8302.371	7220.800	6840.320	5512.784

表 6-6　8：30～8：45 西朗站求解结果

限流强度	0.0	0.1	0.2	0.3	0.4
A	0.0	0.0	0.0	0.0	0.0
B	0.0	0.0	0.0	0.0	0.0
C	0.0	0.0	0.0	0.0	0.0
D	613.697	1745.825	986.975	5211.395	549.928
E	6905.276	8302.371	7220.800	6840.320	5512.784

同理，可以得出广州地铁路网 11 月 26 日上午早高峰 7：40～8：45 所有关键限流车站的限流方案，如表 6-7 所示。

表 6-7　广州地铁 7：40～8：45 的限流方案

关键限流车站	限流时段			
	7：45～8：00	8：00～8：15	8：15～8：30	8：30～8：45
西朗	0.1	0.1	0.1	0.3
黄沙	0.3	0.3	0.3	—
坦尾	0.1	0.1	—	0.3
菊树	0.3	—	0.3	—
海珠广场	—	0.4	0.3	0.3
体育西路	0	0.4	0.4	0.4
嘉禾望岗	0.1	0.1	0.1	—
天河客运站	0.2	0.1	—	0.2
燕塘	0.2	0.2	0.2	0.2
梅花园	0.2	—	—	—
同和	—	0.2	0.2	—
区庄	—	0.1	—	—
长湴	0.2	0.2	0.1	0.1
白云公园	—	0.1	0.1	—
客村	0.3	0.3	0.3	0.3
珠江新城	0.2	0.2	0.2	0.2
车陂南	0.2	0.2	0.3	0.3
车陂	0.2	0.2	0.4	—
昌岗	0.2	—	0.2	0.1
万胜围	0.1	—	0.1	0.1

6.4　本 章 小 结

本章以城市轨道交通路网各车站服务人数最大化、各车站站台平均聚集人数最少化为目标，考虑客流需求、进站过程、限流过程、站台能力、列车能力和上下车过程等约束条件，构建路网的协同限流模型。在路网协同限流模型的基础上，介绍 Q-learning 算法的原理及流程，并求解路网协同限流模型。根据求解结果确定具体限流车站及其限流强度，完成给定路网能力配置策略下的路网协同限流方案的定量制定，达到路网协同限流的效果。

参 考 文 献

[1] 高阳, 陈世福, 陆鑫. 强化学习研究综述. 自动化学报, 2004, (1): 86-100.
[2] 权经超. 基于数据驱动的城市轨道交通路网协同限流研究. 北京: 北京交通大学, 2019.

第七章 数据驱动的轨道交通精准诱导方法及系统

7.1 城市轨道交通路网精准诱导理论

为实现轨道交通精准化诱导，需要从具有多源感知大数据支撑的轨道交通网络出发，探索客流诱导对乘客出行行为的影响机理、精准客流诱导方案的生成和优化框架。轨道交通路网精准诱导理论技术路线如图 7-1 所示。它可以解决如下两个关键问题。第一，基于轨道交通乘客出行各个环节，需要面向具有不同偏好的乘客提供个性化诱导信息和发布形式，实现客流诱导信息个性化、定制化。第二，需实现对各环节诱导信息发布时空范围和对象的精准确定，以及个性化精准客流诱导信息发布方法的优化机理。

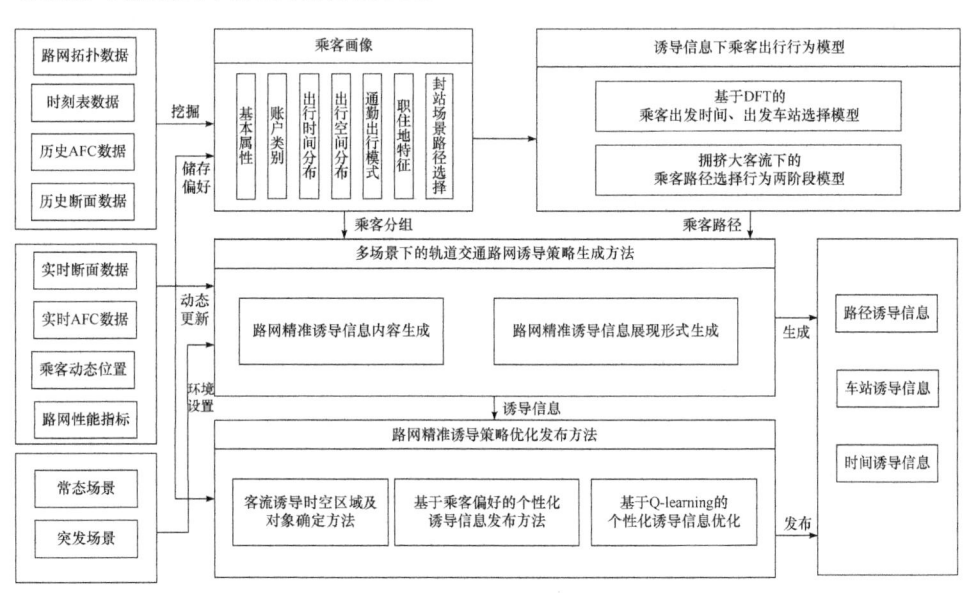

图 7-1 城市轨道交通路网精准诱导技术路线

基于乘客画像信息和乘客选择行为模型，输入路网状态实时信息，首先生成出发车站、时间推荐信息和出行路径推荐信息，包括候车时间、发车间隔、可达状态、拥挤指数，以及突发事件信息等多种指标组成，结合卡账户、乘客画像提供的偏好信息和数据标定效用系数，确定诱导信息推荐内容。然后，确定诱导信息的展现形式,通过设计偏好调研探讨展现形式对不同乘客画像乘客的影响机理。最后,提出路网精准诱导信息发布方法,包括基于路网仿真的诱导信息发布时空范围确定、基于客流拥挤贡献度的诱导信息发布对象确定;提出面向不同类型乘客的个性化诱导信息发布策略,并基于Q-learning算法考虑乘客偏好的诱导信息发布优化,最终输出乘客出发时间、出发车站和路径诱导的信息。

7.2 路网精准诱导信息生成方法

7.2.1 诱导信息内容生成方法

基于路网的实时及未来预测客流数据,研究诱导信息的内容(可达状态、拥挤指数、耗时、票价、途径总站数、换乘次数、限流车站等),生成满足不同乘客需求(出发车站、出发时间推荐、路径推荐等)的初始诱导方案。

1. 出发车站、时间推荐信息生成

正常场景下的信息内容包括候车时间、发车间隔、可达状态、拥挤指数。突发场景下,在以上基础上增加故障信息提醒。

发车间隔、可达状态可通过获取车站时刻表和开放关闭状态等信息直接得到。赵若愚[1]提出拥挤指数和候车时间通过客流演化进行估计,利用聚类和分类方法对路网中的点(车站)、线(区间)、网(区域)的拥挤状态等关键性能指标进行评估与分级。这些指标未来的状态可以通过建立面向数据驱动的客流状态辨识和路网性能指标预测方法获得。

在计算路径综合效用时,首先判断可达状态,若不可达则不推荐该车站和时间;然后结合乘客偏好,对出发车站和时间依据候车时间、发车间隔、拥挤指数三个指标按乘客偏好中选择的优先级制定效用系数,计算综合效用进行排序,向乘客进行推荐。例如,可基于 MNL 离散选择模型构建乘客出发车站选择模型,利用极大似然估计法、t值检验法和拟合优度判定法等方法标定参数。MNL 模型及其效用函数为

$$P_{k,n}^{rs} = \frac{\exp(\lambda V_{k,n}^{rs})}{\sum \exp(\lambda V_{g,n}^{rs})}, \quad k,g \in K_n^{rs}, n \in N \tag{7-1}$$

$$U_{k,n}^{rs} = V_{k,n}^{rs} + \varepsilon_{k,n}^{rs} \tag{7-2}$$

$$V_{k,n}^{rs} = \alpha_n^T \sum_{i,j} T_{ij} + \alpha_n^E \sum_{i} E_{i,n}^{p,q} + \alpha_n^H H_k^{rs} + \alpha_n^Q Q_k^{rs} + \alpha_n^M M \tag{7-3}$$

其中,对于乘客 n,在 OD 对 rs 对应的出发车站为 k,$P_{k,n}^{rs}$ 为该车站被选择的概率;

$U_{k,n}^{rs}$ 为车站 k 的效用, 由效用固定项 $V_{k,n}^{rs}$ 和随机误差项 $\varepsilon_{k,n}^{rs}$ 组成; 参数 λ 与 $\varepsilon_{k,n}^{rs}$ 的方差成反比, 取值大于 0, 一般取 1; $\sum_{i,j} T_{ij}$、$\sum_{i} E_{i,n}^{p,q}$、H_k^{rs}、Q_k^{rs} 为车站 k 的候车时间、发车间隔、可达状态、平均拥挤费用(拥挤指数); M 为乘客的出行目的(通勤/非通勤等), 作为哑元变量处理, α_n^T、α_n^E、α_n^H、α_n^Q、α_n^M 为对应的系数。

2. 路径推荐信息生成

在正常场景下, 信息内容包括耗时、票价、途径总站数、换乘次数、限流车站、拥挤度、满载率。在突发场景下, 对不可行路径取消显示, 并在受影响路段进行受影响指标的变化说明(如拥挤度增加、耗时增加等)。

票价、途径总站数、换乘次数、限流车站可通过获取车站线网图、时刻表、开放关闭状态和运营管控策略等信息直接得到。拥挤度和满载率可通过客流演化进行估计, 利用聚类和分类方法对路网中的点(车站)、线(区间)、网(区域)的拥挤状态等关键性能指标进行评估与分级。

在计算路径综合效用时, 首先判断路径可达性, 若不可达, 则不推荐该路径; 然后结合乘客偏好, 对路径依据其他指标按乘客偏好中选择的优先级制定效用系数, 计算综合效用进行排序, 向乘客进行推荐。

7.2.2 诱导信息展现形式确定方法

本节利用 APP 进行偏好调研, 探究城市轨道交通诱导信息发布形式对乘客出行选择行为的影响机理, 考虑信息发布形式和乘客画像特征的交叉影响, 提出面向不同特征人群的主动式和定制式精准发布方法, 实现诱导信息发布形式的定制化设计。

一方面, 乘客行为在很大程度上依赖诱导信息的内容和展示形式[2]。另一方面, 乘客对诱导信息的偏好也可能因个人特征而不同[3]。具体而言, 在借助交通信息诱导乘客出行过程中, 路径选择结果随着乘客的特征差异[4], 以及信息展示形式的不同[5]均存在显著差异。Sharples 等[5]发现乘客特征比诱导信息对决策的影响更大。Hooi 等[6]强调良好理解乘客选择偏好对于成功发挥出行信息系统功能的重要性。诱导信息的展示形式选择多样, 但这些信息在某种发布形式下是否会吸引出行者的注意力、是否在他们的出行过程中能够起到真正的诱导作用、如何改变出行者的出行选择尚未探究清楚。虽然已有众多研究分析与旅行时间和旅行费用有关的路线选择偏好, 但是信息提供形式的影响机理研究却很少。因此, 为提高运营诱导的有效性, 有必要探究不同信息展现形式对不同特征乘客路径选择行为的影响机理。

既有研究采用不同的方法探究乘客对不同诱导信息显示格式的响应,包括显示性偏好(revealed preference,RP)问卷调查、陈述性偏好(stated preference,SP)问卷调查[2,5,8]。虽然 RP 数据被认为是实际选择行为的反映,但有时仅从 RP 数据很难获得模型所有参数的精确估计。因为它在捕获没有明确选择方案的信息方面,所以自然受到限制,一些调查属性难以被测试者感知而被忽略[8]。SP 实验受到假设偏差、锚定效应和战略行为的影响,准确性较低,调研结果未必是对方真实的选择[9]。

通过 APP 向乘客提供城市轨道交通实时出行信息,在不同的信息展示方案下,不同的乘客在查询信息后选择自己将出行的路线跳转至对应导航界面,后台记录并存储该展示方案下该画像乘客选择路线的结果。调研内容由访问乘客画像、展示 APP 信息并记录路径选择行为构成。

① 在访问乘客画像时,获取出行者社会经济信息包括两个方面,即人口统计信息(包括性别、年龄、受教育程度、就业类型、是否有私家车)、出行级别信息(包括地铁周使用次数、智能手机用户、当前交通信息访问方式、首选交通信息访问方式,其中访问方式包括交通类 APP、社交软件、广播等)。

② APP 信息包括三种内容、两种格式和两种类别。展示形式调研维度设计如图 7-2 所示。

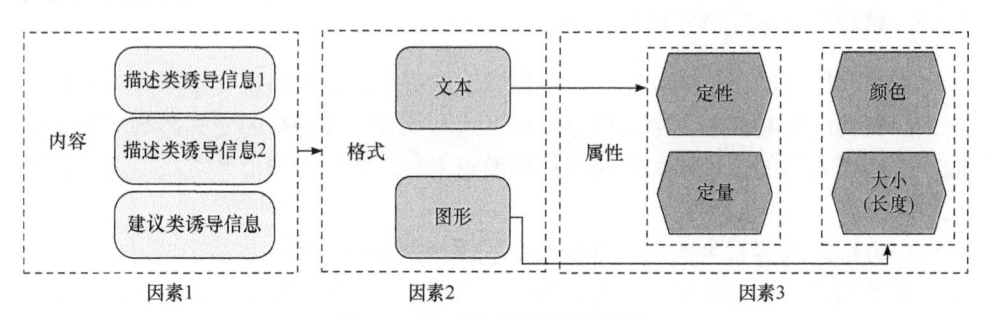

图 7-2 展示形式调研维度设计

内容包括描述类诱导信息 1(旅行时间、候车时间、列车满载率)、描述类诱导信息 2(叙述拥挤原因和持续时长)和建议类诱导信息(建议的路径更改信息和建议原因)。

格式包括图形、文本。

类型包括两方面,对于文本分为定性、定量,对于图形分为颜色、大小(长度)。

通过正交设计得到减少备选的方案,最终选择其中占主导地位的选项。考虑乘客出行的实际情况,每次给每名被调查者提供的信息展示界面只有一种。

在数据统计分析部分,由于深度神经网络具有内在的效用解释和自动学习效用规范的能力，因此可考虑利用收集到的数据，借助深度神经网络进行统计学习，分析个人选择。

7.3 路网精准诱导信息发布方法

7.3.1 诱导信息发布时空范围确定

1. 常态下诱导信息影响范围识别

网络化行车、客流管控信息的时空影响范围分析是确定诱导信息发布时间和关键基础。如何基于既有路网的评估信息，识别拥挤信息在路网中的影响范围，是动态、精准确定诱导信息发布的时间，以及空间的关键问题[10]。

依据城市轨道交通诱导信息的处理流程，以 15min 粒度粗略提炼诱导信息的发布时机，以及每个发布时机对应的诱导区域。具体方法与流程如下。

首先，依据实时预测的客流需求和时刻表信息，运行网络运营状态仿真系统，形成未来 1h 线网运营状态数据(包括分时段的各区间满载率、站台拥挤度等)。全网所有线路集合为 L，区间集合为 S，车站集合为 N，时间段集合为 K，$K=\{(0\sim15);(15\sim30);(30\sim45);(45\sim60)\}$，每个时间段任一区间的满载率为 $x_{s,l}^k$。

然后，以 15min 为粒度，筛选未来 1h 内所有满载率超过 120% 的区间，用集合 $\Omega=\{s\,|\,x_{s,l}^k\geqslant 120\%,\delta_s^l>0,\forall s,k,l\}$ 表示，其中 s 表示分方向的区间，有 $s\in S$；l 表示任一分方向的线路，$l\in L$；N_l 表示线路 l 的区间数量；k 表示未来 1h 中的特定时段，$k=1,2,3,4$ 分别对应时间段集合的元素；整数参数 δ_s^l 表示区间 s 是线路的第几个区间，有 $0\leqslant\delta_s^l\leqslant N_l$；区间 s 的初始站、终点站依次为 s^-、s^+。

从集合 Ω 中按时间段统计，给定时间段 k 的所有满载率超过 120% 的区间集合记作 Ω_k，有 $\Omega_k=\{s\,|\,x_{s,l}^k\geqslant 120\%,\delta_s^l>0,\forall s,l\}$，$\Omega=\Omega_1\cup\Omega_2\cup\Omega_3\cup\Omega_4$。进而，统计给定时间段 k 的单向连续 3 个区间最大满载率超过 120% 的区间集合 H_k^3，即

$$H_k^3=\{s\,|\,x_{s,l}^k\geqslant 120\%,x_{l(\delta_s^l+1),l}^k\geqslant 120\%,x_{l(\delta_s^l+2),l}^k\geqslant 120\%,\delta_s^l+2\leqslant N_l,\delta_s^l>0,\forall s,l\}$$
$$=\{s\,|\,l(\delta_s^l+1)\in\Omega_k,l(\delta_s^l+2)\in\Omega_k,\forall s\in\Omega_k,l\in L\} \tag{7-4}$$

统计给定时间段 k 的单向连续 4 个(或 $j,j>4$)区间最大满载率超过 120% 的区间集合 $H_k^4,\cdots,H_k^j,\cdots,H_k^{\max\{N_l\}}$，则有

$$H_k^j=\{s\,|\,l(\delta_s^l+1)\in\Omega_k,l(\delta_s^l+2)\in\Omega_k,\cdots,l(\delta_s^l+j)\in\Omega_k,\forall s\in\Omega_k,l\in L\} \tag{7-5}$$

值得注意的是，这些集合只包括满足连续 j 个区间最大满载率超过 120% 的初

始区间,不包括其他相关的区间。这些集合还存在以下关系,即

$$H_k^j \subseteq H_k^4 \subseteq H_k^3, \quad j > 4 \tag{7-6}$$

也就是说,给定时间段 k 的单项连续的 3 个及以上区间最大满载率超过 120%的区间集合仍可用 H_k^3 表示。

然后,分析任一区间在不同时间段的满载率情况,从给定时间段 k 开始统计持续两个时间段满载率超过 120%的区间,记作 D_k^2。结合前面的定义,有

$$D_k^2 = \{s \mid s \in \Omega_k \cap \Omega_{k+1}, 1 \leq k \leq 4\} \tag{7-7}$$

基于路网运营状态数据,以线路为单位统计 1h 内各断面的最大满载率,进而得出每条线路在 1h 的最大满载率,记作 Γ^l;统计 1h 内最大满载率超过 100%的线路,记作 Γ^h,则有

$$\Gamma^h = \{l \mid \Gamma^l > 1\}, \quad l \in L \tag{7-8}$$

结合前两步内容,确定各个时间段 k 的诱导信息发布的空间范围 R_k,即

$$\begin{aligned} R_k &= H_k^3 \cup D_k^2 \cup \{s \mid s = l(i), 1 \leq i \leq N_l, l \in \Gamma^h\} \\ &= R_k \cup \{s \mid s = l(i), 1 \leq i \leq N_l, l \in \Gamma^h\} \end{aligned} \tag{7-9}$$

根据各个不同的事件段 k 的信息发布空间范围 R,直接设置各个区间的发布开始时间集合 g_s,$g_s = \{k \mid s \in R_k, k = 1, 2, 3, 4\}$;否则,该区间不发布诱导信息。每次信息发布的持续时间均简单设置为 15min。

基于上述静态方法,下面给出面向乘客的动态诱导空间范围的更新方法。考虑乘客接受和响应诱导信息的时间和运营者诱导策略发布的可靠性,本节方法为最小 5min 粒度的动态乘客诱导范围的更新方法。具体方法和流程如下。

首先,以 5min 粒度重新划分诱导周期,确定初始时段的诱导空间范围,利用前瞻性路网仿真系统动态评估不同空间范围(区间)的拥挤消解时间,即当前空间范围 $s \notin R_t^T$ 不满足满载率阈值条件的精确时间(如 $s \notin R_t^T, 1 \leq t \leq 5$),进而确定当前诱导信息策略的持续时间(或拥挤的持续时间)。其中,R_t^T 表示以分钟为单位的诱导空间集合,与 R_k 的确定方法类似。

然后,依次遍历所有诱导时段,在既有路网状态基础上接入未来预测的 AFC 数据,动态更新各路径的时间和拥挤效用,利用前瞻性路网仿真系统按照上述方法形成新的诱导空间范围和拥挤的持续时间。

2. 突发事件下诱导信息影响范围识别

在突发情况下的城市轨道交通诱导信息发布方面,主要的研究问题有两个,

即如何识别并确定诱导对象；如何发布诱导信息。在确定诱导对象方面，需要确定何时、何地、对哪些客流进行诱导，因此需要完成三个部分的工作。

① 城市轨道交通封站影响站点范围的确定。
② 城市轨道交通封站影响时间范围的确定。
③ 受影响客流标定(卡账户、APP 用户确定)。

在诱导信息发布方面，要确定不同车站诱导信息的发布强度及发布内容。在此基础上，如何确定不同车站诱导信息的发布强度和发布内容是封站情况下诱导信息发布关键技术的最后一环。

7.3.2 个性化诱导信息发布方法

基于乘客出行数据可以将乘客分为以下几种类型。

1. 通勤乘客

通勤乘客由于工作需要，出行时间和出行频率都相对固定。通勤乘客的出行时间一般为工作日的早晚高峰，每天的出行时间波动较小，且一天出行两次，出行 OD 的分布也较固定。这类乘客由于出行频率较高，对路网较为熟悉，同时由于工作时间的要求，对旅行时间的敏感性较高。此外，在上下班出行过程中，存在解决早餐和晚餐的餐饮需求。

2. 旅游乘客

旅游乘客大多第一次接触该城市，对城市、路网的熟悉程度均较少，主要依赖外界提供的出行信息，对于城市旅游信息、交通接驳信息、出行路径规划和导航等信息诱导有较大的需求。该类乘客的出行时间和出行频率波动性较大，短时间内的出行频率较高，出行 OD 的分布也较为广泛。

3. 特殊乘客

特殊乘客，如老人、残疾人、孕妇等，由于自身原因，在出行过程中，往往需要外界的帮助。因此，这类乘客对出行引导，以及相关的公共服务设施有较大的需求。此外，该类乘客的出行频率和出行时间有一定的波动性。由于其行动的不便，对旅行时间的敏感程度不高。

4. 其他乘客

其他乘客区别于以上三类乘客类型。该类乘客的出行时间和出行频率均不确定，出行目的也较为多样，可能以休闲为主，因此对于旅行时间的要求不高，出行 OD 分布也较为广泛。

结合不同类乘客的出行偏好，运用音频、视频等等各种交通信息进行共享，建立有针对性的、多种交通方式融合的出行信息服务对接，为乘客提供轨道交通出行前、中、后的精准化服务。轨道交通乘客全出行链诱导服务如图 7-3 所示。轨道交通乘客诱导信息发布策略如表 7-1 所示。

图 7-3 轨道交通乘客全出行链诱导服务

表 7-1 轨道交通乘客诱导信息发布策略

项目	通勤乘客	旅游乘客	特殊乘客	其他乘客
进站前	1. 出发车站、时间推荐信息。在乘客常用出行时间，主动推送乘客常用出行车站的车站状态(候车时间、发车间隔、可达状态、拥挤指数) 2. 推送给乘客站内导航，以及目的地周边的天气情况 3. 推送临时办公区域导航，主动推送餐饮购物优惠活动等推荐	1. 出发车站、时间推荐生成信息。根据乘客定位，推送出发车站，根据乘客查看APP时间，推送建议出发时间。主动推送多种交通方式的出行路径查询服务 2. 推送给乘客站内导航、惯常的出行路径，以及目的地周边的天气情况 3. 推送热门旅游线路或是游客服务中心的位置和联系方式 4. 推送旅游观光团活动，乘客可报名	1. 出发车站、时间推荐信息；优先推送客流很少、无障碍通道设施完备的车站 2. 推送给乘客站内导航、惯常的出行路径，以及目的地周边的天气情况 3. 推送协助进站提醒，为身体原因不方便独立进站的乘客提供帮助	1. 主动推送出发车站、时间推荐信息。在线网发生拥堵时可建议出行时间推后或提前，若乘客出行时间不变，则优先为此类乘客推荐绕行路径对应的附近出发车站 2. 推送给乘客站内导航，以及目的地周边的天气情况

项目	通勤乘客	旅游乘客	特殊乘客	其他乘客
出行过程	1. 推送路径信息，包括耗时、票价、途经总站数、换乘次数、限流车站、拥挤度、满载率。结合乘客设定的个人偏好优先推荐耗时最少路径(效率优先) 2. 推送换乘提醒、过站提醒等信息；提供换乘导航服务，包括换乘路线、换乘距离与时间、换乘限流信息等；优先推送旅行时间短的路径 3. 提供目的地的天气状况、目的地周边商场信息，以及地标建筑等信息 4. 推送地铁周边购物休闲娱乐资讯、短视频等	1. 推送路径信息，包括耗时、票价、途经总站数、换乘次数、限流车站、拥挤度、满载率。结合乘客设定的个人偏好优先推荐拥挤度低路径(舒适度优先) 2. 推送换乘提醒、过站提醒等信息；提供换乘导航服务，包括换乘路线、换乘距离与时间、换乘限流信息等 3. 主动推送站内换乘导航 4. 提供目的地的天气状况、目的地周边商场信息，以及地标建筑等信息 5. 推送小游戏、城市旅游攻略、旅游宣传片等	1. 推送路径信息，包括耗时、票价、途经总站数、换乘次数、限流车站、拥挤度、满载率。结合乘客设定的个人偏好优先推荐拥挤度低路径(特殊人群安全性优先) 2. 推送换乘提醒、过站提醒等信息；提供换乘导航服务，包括换乘路线、换乘距离与时间、换乘限流信息等，优先推送少步行的路径 3. 主动推送站内换乘导航	1. 推送路径信息，包括耗时、票价、途经总站数、换乘次数、限流车站、拥挤度、满载率。结合乘客设定的个人偏好推荐拥挤度低路径(平衡路网运力) 2. 推送换乘提醒、过站提醒等信息；提供换乘导航服务，包括换乘路线、换乘距离与时间、换乘限流信息等；路网拥挤时为此类乘客优先推荐绕行路径 3. 提供目的地的天气状况、目的地周边商场信息，以及地标建筑等信息 4. 推送地铁周边购物休闲娱乐资讯、短视频等
出站后	1. 进行出站导航，并推送站外天气情况、公交接驳信息、共享单车点、站内公共设施位置及使用情况等信息 2. 结合上下班时间，在上班时段，为其推送站外咖啡、早餐等信息(乘客可以在出行前通过 APP 预定目的地车站附近的咖啡、早餐，并在出站时取餐)；在下班时段，为其推送周边购物、餐饮、娱乐等信息	1. 进行出站导航，并推送站外天气情况、公交接驳信息、共享单车点、站内公共设施位置及使用情况等信息 2. 提供目的地附近的景点、风味小吃的介绍、位置、价格信息	1. 进行出站导航，并推送站外天气情况、公交接驳信息、共享单车点、站内公共设施位置及使用情况等信息	1. 进行出站导航，并推送站外天气情况、公交接驳信息、共享单车点、站内公共设施位置及使用情况等信息

7.3.3 个性化诱导信息发布优化

在诱导策略生成后，如何优化诱导策略是近年来的一个热点，以乘客路径选择诱导信息为例，可以利用 Q-learning 对诱导信息进行优化。基于路网精准诱导策略生成方法，并将路网实时状态、APP 定位信息推送给乘客，考虑不同场景(如拥挤、封站等)下乘客对实时诱导信息的响应，建立多场景下诱导策略与路网运行状态之间的映射关系，构建基于 Q-learning 的强化学习环境、状态和激励函数等关键要素。诱导策略的优化是通过优化乘客出行偏好系数实现的，主要通过学习乘客出行偏好达到精准诱导的目的。乘客出行偏好学习是根据乘客的历史出行路径集，使用强化学习模型对结合调研结果标定的用户初始出行偏好系数进行修正，使推荐路径更符合乘客的出行偏好。乘客出行偏好系数的修正步骤如下。

Step 1，输入数据，包括乘客历史出行路径集，路径选择模型中旅行时间、换乘次数和拥挤度对应的参数值，并从第一名乘客开始遍历所有乘客。

Step 2，遍历该乘客信息，信息包括用户 ID、出发时间、历史出行路径(起、终点车站)。

Step 3，确定状态集，将计算得到的某乘客历史推荐路径数据和实际路径数据一致的路径条数之和即遵从总条数作为状态集。

Step 4，确定活动集，将拥挤程度系数 θ_1：$\{\theta_1, \theta_1+10\%\theta_1, \theta_1-10\%\theta_1\}$，换乘次数系数 θ_2 $\{\theta_2, \theta_2+10\%\theta_2, \theta_2-10\%\theta_2\}$ 和旅行时间系数 θ_3 $\{\theta_3, \theta_3+10\%\theta_3, \theta_3-10\%\theta_3\}$ 作为活动集。

Step 5，初始化 Q-table 矩阵为零矩阵，其中行表示状态，列表示所有可选活动，即活动集。

Step 6，获得初始推荐路径和初始状态。将默认参数值带入路径选择模型，得到该乘客的初始推荐路径，将推荐路径与历史路径进行比较，得到推荐路径与实际路径相同的路径条数之和，获得初始状态。

在选择的模型中，路径的总效用由固定效用和随机效用线性组成。固定效用受乘客的旅行时间、换乘次数和拥挤程度的影响，三者权重分别为 θ_1、θ_2 和 θ_3。

Step 7，更新推荐路径和状态。随机选取一个活动，更新 θ_1、θ_2、θ_3 的值，将更新后的参数值带入路径选择模型，计算得到参数值变化后对应的推荐路径，将推荐路径与历史路径进行比较，获得更新状态。

Step 8，计算 θ_1、θ_2 和 θ_3 值变化后的奖励函数 reward，以及 Q 值。

Step 9，利用贝尔曼公式更新 Q-table 矩阵。将当前状态 S_n 的 Q-table 矩阵和固定 θ_1、θ_2 和 θ_3 得到的奖励值，以及下一个推荐路径和乘客实际路径相同的路径条数之和组成的 Q-table 中所有 θ_1、θ_2 和 θ_3 对应值中的最大值加权，求得当前状态的更新 Q-table 矩阵。

Step 10，判断是否达到迭代次数(500 次)，若未达到迭代次数，将由对应 θ_1、θ_2 和 θ_3 的推荐路径和实际路径一致的路径条数之和确定的新状态作为当前状态，并转到 Step 7；否则，终止迭代，将 Q 值最大对应的乘客推荐路径和乘客实际路径一致的路径条数之和对应的 θ_1、θ_2 和 θ_3 和该用户 ID 存入乘客出行偏好系数记录表。

Step 11，判断该乘客是否为最后一个乘客，若是，则输出乘客出行偏好系数记录表；否则，返回 Step 2，遍历下一个乘客信息。

7.4 广州地铁多场景下客流精准诱导信息系统

7.4.1 系统体系结构设计

系统可以分为数据接入层、数据存储层、处理服务层和应用服务层四个层次。数据接入基于各类数据接口完成数据的接入，主要包括线网拓扑属性接入、路径集接入、OD 末班车数据接入、区间满载率数据接入、突发事件数据接入和乘客位置接入。数据存储来自数据接入层的数据，主要包括线网拓扑属性、OD 路径集、OD 末班车、区间满载率、突发事件、乘客轨迹、乘客偏好和乘客位置存储。处理服务层基于存储的数据，实现系统各项业务功能。处理服务层主要包括突发事件处理服务、OD 末班车查询服务、OD 路径推荐服务、消息推送服务、信息发布服务、乘客出行偏好服务、乘客出行偏好学习、路径导航服务、导航订阅服务等服务。应用服务层包括后台管理系统和 APP 应用，分别为后台工作人员和用户提供服务。图 7-4 所示为系统总体结构图。

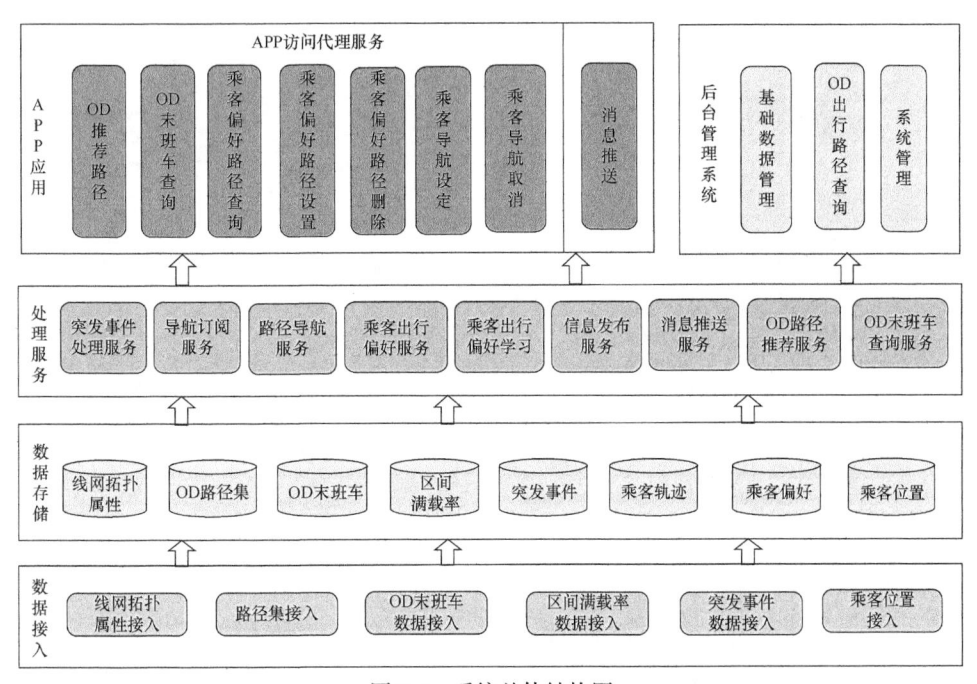

图 7-4 系统总体结构图

7.4.2 系统关键功能服务描述

1. 正常前瞻性诱导服务

根据列车时刻表等实际运营数据，动态更新出行路径的候车时间、总旅行时间等时间指标，推算乘客到达路径各区间的时刻。在此基础上，结合区间分时满载率、车站常态限流信息等客流数据，前瞻性地评估路径各区间及整体的拥挤水平，确定出行路径是否受客控影响。在已知可达状态、拥挤指数、耗时、票价、途径总站数、换乘次数等路径基本信息的情况下，应用已建立的路径选择模型对可行路径排序，诱导乘客合理规划出行路径。同时，计算设定时刻前后一小时的旅行时间，前瞻性地诱导乘客选择出发时刻。正常前瞻性诱导 APP 和系统界面如图 7-5 和图 7-6 所示。

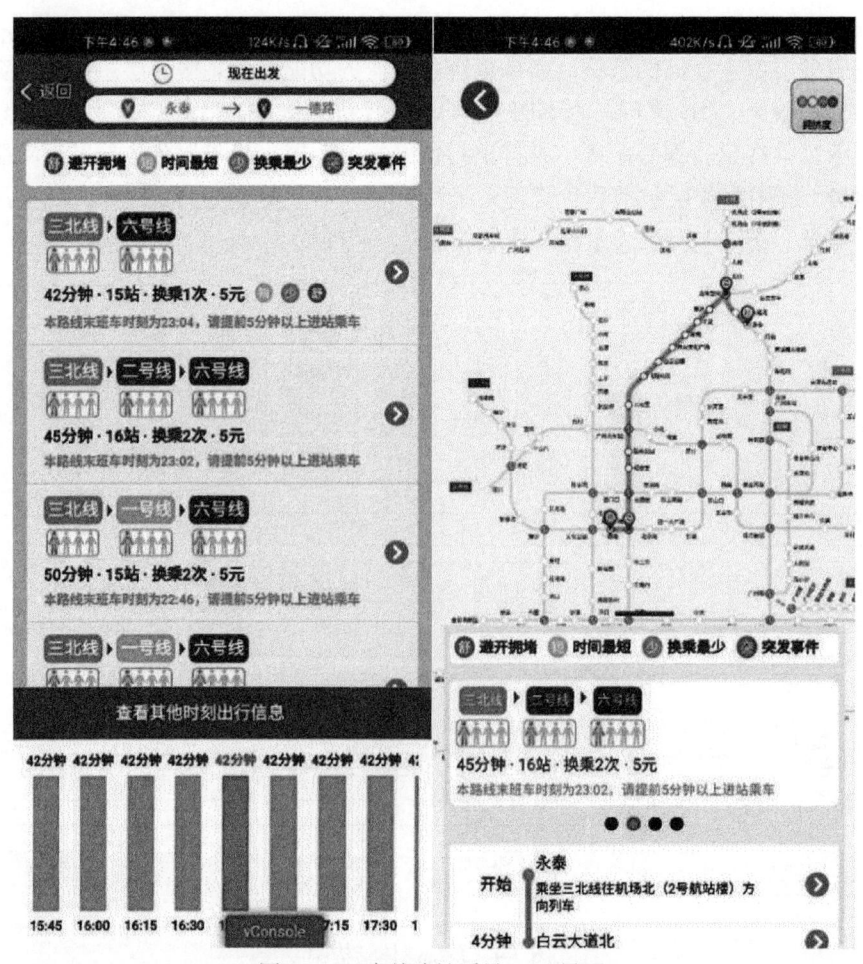

图 7-5　正常前瞻性诱导 APP 界面

图 7-6　正常前瞻性诱导系统界面

上述功能涉及的处理服务主要是 OD 推荐服务。OD 路径推荐服务包括 OD 路径查询功能、OD 路径明细查询功能、OD 路径时间序列查询功能。

OD 路径查询功能主要针对不同的出行需求(由管理员在后台管理系统中查询时输入或由乘客在 APP 应用查询时输入出行日期、出发时刻、起点站和终点站)，生成该出行需求下各出行路径列表。

OD 明细查询功能主要针对不同的出行需求(由管理员在后台管理系统中查询时输入或由乘客在 APP 应用查询时输入出行日期、出发时刻、路径号、起点站和终点站)，生成该出行需求下各出行路径中经过车站的详细信息。

OD 路径时间序列查询功能主要针对不同的出行需求(由管理员在后台管理系统中查询时输入或由乘客在 APP 应用查询时输入出行日期、出发时刻、路径号、起点站和终点站)，查询 OD 路径在输入出发时刻前后 1h 的旅行时间列表。

OD 路径推荐服务中的 OD 路径查询功能、OD 路径明细查询功能、OD 路径时间序列查询功能的查询结果都是基于路径生成逻辑和 OD 路径推荐逻辑生成的。

路径生成逻辑针对不同的出行需求(由管理员在后台管理系统中查询时输入或乘客在 APP 应用查询时输入)，生成该出行需求下各出行路径的明细属性信息。路径生成逻辑图如图 7-7 所示。在正常情况下，OD 路径推荐逻辑基于路径生成模块输出的路径生成表和偏好学习所得路径选择模型的参数,根据输入的起点站、终点站、出发时间及优先级(时间短、不拥挤、换乘少、综合)完成 OD 可行路径推荐计算，得到诱导出行径路。在非正常场景下，根据输入的起点站、终点站、出发时间和突发事件影响的时空范围完成 OD 可行路径推荐计算，得到诱导出行路径。

2. 突发主动诱导服务

如图 7-8 所示，当路网中发生突发情况时，APP 会为用户显示行路径中的受影响车站，并根据乘客的常用路径进行消息主动式推送，方便乘客了解路网状况(给出受影响路径及其可能的等待时间)，合理选择其他路线出行。

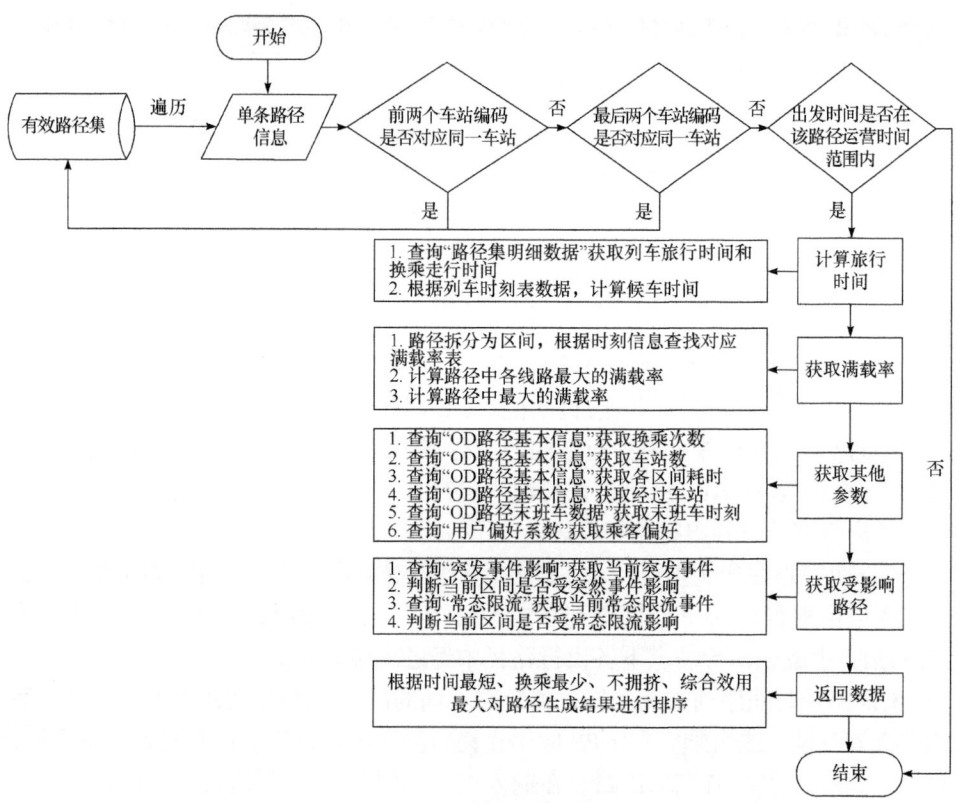

图 7-7　路径生成逻辑图

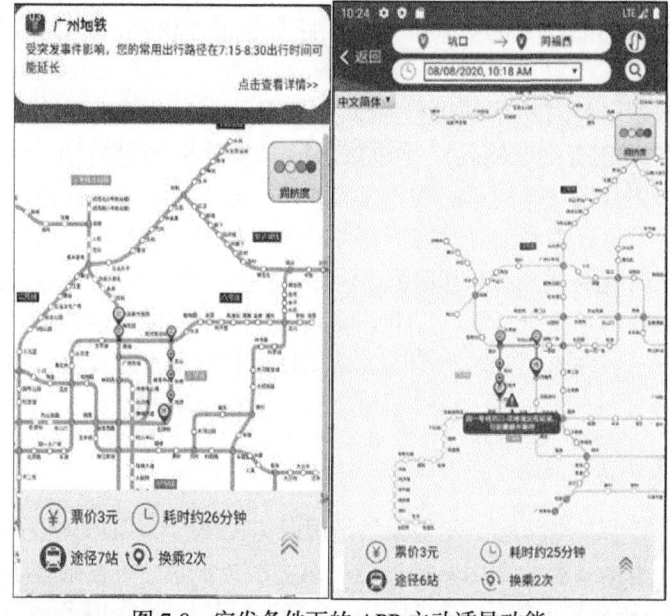

图 7-8　突发条件下的 APP 主动诱导功能

突发主动诱导服务主要包括突发事件评估处理服务和突发事件信息发布服务。突发事件评估处理服务对突发事件影响的空间范围进行评估，生成受影响路径集合，并进一步分析和推算路径受影响的时间范围。

突发事件信息发布服务为用户提供的延误诱导信息包括路径延误标签、路径延误发生范围和路径延误提醒等。其主要流程分为监听突发事件消息、判断突发事件类型和延误时间、计算受影响区间和路径。

3. 末班车服务

通过接口从已有系统动态获取各 OD 路径可达时间段，当乘客在正常运营场景或列车延误场景设置查询出行路径时，将各出行路径可达情况和最晚可达时间同步展示。此外，乘客还可查询指定时刻下指定站点前往全网其他站点的可达情况。

末班车服务主要有末班车查询服务。末班车查询服务是根据出发车站、出发时刻查询该时刻出发车站到全网其他车站的可达状态，返回全网其他车站的可达状态数据，包括车站数字编码、车站名称、车站所属线路名、OD 可达状态、最晚可达时刻等。

7.5 本章小结

本章以轨道交通个性化精准诱导为目标，提出轨道交通精准诱导理论，明确个性化诱导的内涵、诱导时空确定方法和诱导信息发布优化方法。以广州地铁为例，验证个性化诱导的流程、强化学习发布方法，并最终指导设计广州地铁多场景精准诱导系统，支撑轨道交通智能化服务。

参 考 文 献

[1] 赵若愚. 拥堵条件下城市轨道交通客流诱导方法与系统研究. 北京: 北京交通大学, 2019.

[2] Zhao W J, Quddusb M, Huang H L, et al. Analyzing drivers' preferences and choices for the content and format of variable message signs(VMS). Transportation Research Part C: Emerging Technologies, 2019, 100: 1-14.

[3] Wu Z Z, Liang Y Y. Variable message sign location selection basing on drivers' perception. Transportation Research Procedia, 2017, 25: 1745-1754.

[4] AlKheder S, AlRukaibi F, Aiash A. Drivers' response to variable message signs (VMS) in Kuwait. Cognition, Technology & Work, 2019, 21(3): 457-471.

[5] Sharples S, Shalloe S, Burnett G, et al. Journey decision making: the influence on drivers of dynamic information presented on variable message signs. Cognition, Technology & Work, 2016,

18(2): 303-317.

[6] Hooi L, Asitha K S. An impact analysis of traffic image information system on driver travel choice. Transportation Research Part A: Policy and Practice, 2016, 88: 175-194.

[7] Spyropoulou I, Antoniou C. Determinants of driver response to variable message sign information in Athens. IET Intelligent Transport Systems, 2014, 9(4): 453-466.

[8] Pnevmatikou A, Karlaftis M, Kepaptsoglou K. Metro service disruptions: how do people choose to travel. Transportation, 2015, 42(6): 933-949.

[9] Schmid B, Jokubauskaite S, Aschauer F, et al. A pooled RP/SP mode, route and destination choice model to investigate mode and user-type effects in the value of travel time savings. Transportation Research Part A: Policy and Practice, 2019, 124: 262-294.

[10] 蔡昌俊. 城市轨道交通网络化运输组织. 北京: 人民交通出版社, 2020.

w